JN168746

コリン・ウィルソン＋デイモン・ウィルソン

Colin Wilson & Damon Wilson　松田和也✣訳

Human beings have always been cruel,
savage and murderous.
Is all that about to change?

An End To Murder

上

殺人の
人類史

青土社

殺人の人類史　上　目次

発端　9

第1部　現在にいたる長い血みどろの道——デイモン・ウィルソン

第1章　「科学の大いなる悲劇」　23
第2章　「カインの遺伝」　34
第3章　渚のダーウィン　46
第4章　縁者殺害　62
第5章　「なぜ戦う」　82
第6章　「悪魔の棲む楽園」　107
第7章　文明化された人喰い　127
第8章　「いたる処で鎖に」　151
第9章　「我はスパルタクス」　166

第10章　「彼らは私の妻と子を売ることはもうできない。もう二度と。もう二度と。われわれは今や自由である。神を讃えよ」　185
第11章　「神経症的無責任の原始状態に生きてるって……つまり戦争のこと」　211
第12章　「弟の番人」　241
第13章　「勝利の……匂いが」　255
第14章　「草は何によって育つかッ⁉」　279
第15章　「群衆の狂気」　297
第16章　自発的死刑執行人たち　320
第17章　「悪事が降る雨のように来る時には」　337
第18章　あなたに残虐行為をさせ得る者　364

下巻目次

第2部　殺人者と生きる――コリン・ウィルソン
第19章　ロッティング・ヒルの三人の殺人鬼
第20章　怪物狩り
第21章　「虎よ、虎よ」
第22章　性の精髄
第23章　ポルノを創った男
第24章　全てを憎んだ男
第25章　悪鬼《ブギーマン》
第26章　悪霊に憑かれた世界
第3部　結論――デイモン・ウィルソン
第27章　なぜ戦わない
第28章　腐った林檎
第29章　良い林檎
終結
訳者あとがき
参考文献
人名索引

殺人の人類史　上

気がついてみると、私は微妙な立場にいた。父であり、共著者であるコリン・ウィルソンの死によって、本書――彼の最後のオリジナル原稿が含まれている――の二人分の献呈先を私が一人で決めねばならなくなったのだ。

だが私は父の献呈先を誰にすべきかは確信している。その点について、彼と話し合う機会はなかったとしてもだ。父に代って、私は本書をジョイ・ウィルソンに献げる。私の母は彼の著述家として仕事をする間、ずっと父の傍に立ち、彼が愛し抱擁した子供たちを与え、彼の人生を静澄な幸福で満たし、そして彼のアイデアの全てを最初に聞かされる人物だった。母無くしては、コリン・ウィルソンははるかに悲観的で、はるかに創造性のない著述家だっただろう。

私自身の献呈先としては、私自身の妻ルーシーとしたい。彼女は根気よく、忍耐強く、母が父にしたのと同じ役割を私に対して果たしてくれた。最後には、愛して止まぬ妻が私を私の墓に押し込んでくれることを衷心から望む。母が父にしたように。

デイモン・ウィルソン、二〇一五年三月六日

発端

人類には根本的に邪悪な何かがある。そして皮肉なことに、われわれが達成した驚くべき進歩の光に照らして初めて、その邪悪は最も明確に見ることができる。

われわれはこの惑星を支配する生命体である。創造性と知性において、われわれに肉薄する種はいない。いかなる環境にも適応するわれわれの能力を凌ぐものは、いかなる環境をも自らの必要性に応じて変えてしまうわれわれの能力のみである。人間の社会は動的で、常に進化しており、驚く程多面的である。われわれの博愛主義は、他の人間の困難のみならず、争い合う動物の苦難に対しても感情移入することができる。そして以上のほとんど、おそらく全てについて、平均的な読者なら疑問を持つだろうという事実それ自体が、人間精神のユニークなまでに探求的でソクラテス的本質の証拠であるとみなしうる。

だが、地球上に人類の達成に比肩する生物はいない一方で、人類ほど自滅的に、内輪で相互に殺し合う生物もいない。人類史は文字通り、冷血な殺人、情け容赦のない血讐、恐るべき虐殺と破壊的な戦争のカタログである。この惑星上で、生まれ持った闘争の習慣が、自分自身の生存に対する主要な脅威となっている生物はわれわれが唯一である。ダーウィンの用語で言えば、われわれは一つの謎

——あまりにも成功したがゆえに、自分自身の存在を脅かしている生物である。

なぜ人類がこれほどまでに例外的に暴力傾向を持っているのかという問いは、言うまでもなく、しばしば問われる。だが通常は修辞的に、である。そこで与えられる回答は一般に、政治的もしくは宗教的な動機を持っており、通常は科学的推論よりも、考慮に値しないドグマに依拠している。

政治家に言わせれば、その原因は常に、政敵が犯罪への対処法を誤ったことであり、その解決策は常に、自分により大きな権力を持たせることである。司祭に言わせれば、それは常に神の命令に従い得なかったこと、つまり、司祭の命令に背いたことである。そして万人にとって、暴力は純然たる悪というわけではないと思われる。暴力的な解決を許容する方便というものは常にあるのだ。殺さねばならぬテロリスト、戦わねばならぬ戦争、打《ぶ》たねばならぬ子供——少なくとも、他の人間に対して暴力を揮う傾向を全く持たぬ人間は誰もいない。

このような主張を聞けば、それは他の人間にのみ当てはまることであって、誰もが自分だけはあらゆる暴力を憎んでいると考えるのは当然のことだ。第二次大戦における、次のような実話がある。[*1]

ある若い兵士が敵に捕えられた。彼らは彼が優れたピアニストであることを知ると、ピアノの前に座らせて、演奏するよう命じた。そして彼が演奏を止めた瞬間に外に連れ出して銃殺すると言った。若者はぶっ続けで二二時間以上も演奏したが、遂には両腕と指に激痛が走るようになった。そして彼は一音も出すことができなくなり、泣きながら頽れた。このヘラクレスのような偉業に対して、敵たちは心の底から祝福した。それから彼らは彼を外へ連れ出して射殺した。

今この瞬間のあなたの反応をよく観察して頂きたい。あなたはどれくらい、彼に感情移入しているだろうか？　彼の恐怖、苦痛、そして背後から聞える敵たちの笑いと拍手が、彼の命を救うという意味ではないということに気づいた時の最後の絶望。この若い兵士を苦しめ、殺した男たちをどう思うか？　このような無慈悲な残酷さを正当化する方法などあるだろうか？

では、ここに次の事実を付け加えよう。この若者はヴァッフェンSS——ナチスの武装親衛隊——の隊員であり、この戦争における最悪の暴虐を無慈悲に遂行してきたのだ。彼を苦しめて殺したロシア人たちは何百マイルもの焦土の上を血路を開いてここに到達したばかりで、その途上、退却するナチスによって虐殺された何千もの同胞——非戦闘員である男、女、子供を嫌と言うほど目にしてきたのである。

さて、この話に対するあなたの感情的反応はどれくらい変わっただろうか？　もしもこの追加情報を聞いても倫理的憤慨が些かも減じることがなかったのなら、あなたは見上げた人だろう。この若いナチが個人的に犯罪に手を染めたかどうかは知らなくとも、大抵の人は、彼が近代史において最も憎悪された制服を着て死んだという事実によって、彼を恐るべき手段で殺害したことを承認する方向へ些かなりとも傾いたはずである。

これが典型的な人間の特質だ。われわれはほとんど自動的に、自分が賛同する目的のために行なわれた暴力なら何であれ、直ちに合理化し正当化しようとするのである。本能のレベルで、目的が手段を正当化するかのように行動するのだ。たとえ知性においては不快な正当化を拒否するとしても。この、不要な人間の暴力の謎は、木を見て森を見ない典型例である。個々の犯罪の事例——木——にば

＊1　Antony Beevor, *Berlin: The Downfall 1945* (2007)

かり注目し、われわれの習慣的と思える残虐性という森からは目を背けるのである。

とは言うものの、一方でわれわれの世代は、人類史の他のいかなる時代と比較しても、過去にこの惑星上を歩いたものの中で最も共感的かつ非暴力的であると言える。ここ二〇年ほどの間に次々に提出されたどの公式報告を見ても、全地球的な規模で確実に暴力が縮小していることは間違いない。確かに、今もなお残虐性の暴発はある――シリアルキラーの出現、一時的な犯罪の急増、そして言うまでもなく、戦争。だがこれらは、人類が獲得し始めたらしい総体的な受動性に比べれば、短期的な逆流に過ぎない。そして最近のトレンドでは、犯罪と軍事の両面において、実際に暴力の漸減が続いている。それも過去三〇〇年にわたって。今のあなたが暴漢に刺されたり、侵略軍に殺されたりする危険は、歴史上の過去のいかなる世代よりも少ないのだ。

確かに今日においても、われわれは絶えず暴力犯罪に悩まされているが、あなたが格別に不運な人でもない限り、おそらく現実の暴力との唯一の接点はニュース程度のものだろう。二四時間年中無休でＴＶのニュースチャンネル（そして言うまでもなく、常に存在するインターネット）はわれわれに犯罪を見せつけている。しかも、一日に一度か二度新聞を読むだけで事足りていた時代には耳にしたこともなかったような犯罪を。

ケチなローカル犯罪や国内外の何の変哲もない暴力行為――一昔前なら新聞の編集者の書類刺しに刺されっぱなしになっていたようなもの――も、今では自動的に記事に投入される。それはなるべく同じネタを反復することなしに毎日の二四時間のニュースの枠を埋めるためだ。だがそういう反復は依然として必要であり、さらに言えばＴＶの画面は世の中のいたるところにある。だから同じ犯罪について一日に一ダース回も耳にすることもあるだろう。このような悪いニュースの絨毯爆撃に曝されていれば、ほとんどの人々が今のわれわれは人類史上最も暴力的な時代を生きていると錯覚したとしても驚くべきことではない。ましてや、最も平和な時代であるなんてことはあり得ないと。(偶然だが、私はこの最後の段落を書いた数分後にラジオを聞いていた。そこでインタヴューを受けていた人がこう言った、「あらゆるところに暴力があります。TVかラジオを点けてみなさいな……」)

地球上の人口が今や七〇億を突破しているという事実を考えて頂きたい。七〇億以上の人間がいる。にも関わらずこれらの人々の圧倒的大多数は、生涯、暴力行為に関与することなく過ごすのである。もしも今のわれわれがわずか数百年前の先祖と同程度の暴力的世界にいたとすれば、この惑星は人間の血で冠水していただろう。

一九八一年、政治学者ロバート・ガーは、単純だが衝撃的な研究を発表した。[*2] イングランドの法廷と行政区の記録を比較した結果、一三世紀のオクスフォードの街では、平均して市民一〇万人当たり、年間一一〇件の殺人が起こっていた。二〇世紀のロンドンでは人口一〇万人当たり一件に過ぎないのとは実に対照的である(そして殺人事件の発生率はガーの研究の時点以後、さらに下がっている)。単純に言って中世のオクスフォードでは、現代のロンドンにいるよりも一一〇倍も殺されやすかったのだ。

中世のイングランドは、ヨーロッパの他の場所と比べて特に暴力的であったわけではない。オクスフォードは第二次バロン戦争(一二六四―六七)の流血沙汰に巻き込まれることもなかったし、この戦争を除けば同世紀のイングランドは概ね平和だった。従って暴力による死は、何にせよ、孜々として

＊2　'Historical Trends in Violent Crime in Europe and America: A critical review of the evidence', by Robert Ted Gurr, in *Crime and Justice* (volume 3) (University of Chicago Press, 1981)

日常生活に励んでいたオクスフォードの市民が引き起こしたものだ。

　歴史上のほとんどの期間にわたって、ほとんど全ての人間が、外出の際には武装していたという事実を思い起こして頂きたい――最小限、ナイフ程度は携行していたのである。さらに、「名誉を侮辱した」者の殺害は適切な対処法であると一般に受け入れられてもいた。このような殺人は法的に見れば確かに殺人ではあったが、自らの名誉を守ることはほとんどの法廷で罪の軽減事由とみなされていた。今日における狂気と同様に……。

　われわれの祖先――文明の払暁から、数世代前までの――は、今日では想像もつかないような形で、生まれつき残虐だった。妻や子を殴るのはごく普通のことであり、些細な口論から刃傷沙汰に及ぶのもごく普通のことだった。奴隷および／あるいは農奴はほとんどの経済体制の支柱であり、拷問と公開処刑は一般的な司法行為だった。そして政治的利益のための戦争は正義であり、王や貴族の高貴な仕事と考えられていた。

　テッド・ガーの数字が描く単純なグラフは、イングランドにおける中世と現代の間の、確実な、もしかしたら急激な殺人件数の下落を示している。そしてそれ以後の事実上全ての研究が、同じ期間内の世界的な暴力の同様の下落を示しているのだ。ある地域、例えば西ヨーロッパなどは、この傾向を先導している。また別の地域、例えば開発途上の特定の国や合衆国などもまた、緩慢にではあるが明らかに同じ道をたどっている。過去八〇〇年の間に、殺人は終わりに向かい始めたのだ。

　なぜか？

　この問いに答えるためには、人間は本質的に暴力的なのかどうかという、より根源的な問題について考えねばならない。人間は生まれながらに殺人者なのか、それとも後天的に周囲の人々から、問題に直面すれば攻撃するようしつけられるのか？「氏か育ちか」という論争は、近代科学における最古の論争のひとつである。シェイクスピアもまた、一六一一年の戯曲『テンペスト』でそれに言及している。

悪魔だ、生まれながらの悪魔だ、あの性情では幾ら教えても身につかぬ。[*3]

不要な人間の暴力に関して言えば、この問題は解決の糸口さえ見えない。半世紀以上の間、人類にも関わらずこれはおそらく現代における最も重要な問題のひとつである。単独で、あるいは組み合わせることによって、これらの兵器――核、化学、細菌――は、都市、文明、人類、あるいはこの惑星上の全ての生命までをも滅ぼすことができる。

五〇年間にわたる冷戦下、われわれは全面的破壊の影に生きていた、敵側の支配者たちが、単に政治論争に勝つためにこの惑星を破壊するリスクを負う決意をしているのかすら確証を得られなかったのである。この時代をわれわれが生き延びることができたのは、彼我が理性で恐怖、憎悪、妄想をコントロールしたからか？　それとも単に幸運だっただけなのか？

冷戦中に世界を全面的壊滅の瀬戸際まで追いやった（少なくとも二度）ような政治的危機は過ぎ去ったのかもしれない。だが大量破壊兵器は依然として現存している。

＊3　William Shakespeare, *The Tempest* (Act 4, Scene 1)

本書は、元々私の父――コリン・ウィルソン――が二〇一一年に着手したものである。当初の目的は、彼の五〇年以上に及ぶ犯罪学への興味を考察することであった。彼は二〇一二年春に脳卒中に倒れ、精神的には障害はなかったが、話したり書いたりすることができなくなった。

彼の息子である私もまた、長年にわたって犯罪学に関する本を書いてきた――その幾つかは父との共著である。そこで私は、このプロジェクトを引き継ぐことを提案し、有り難いことに、出版社であるコンスタブル&ロビンソンは――その編集者であるダンカン・プラウドフットを通じて――快諾してくれた。

当面の問題は、父が既に執筆済みの部分の続きを、私がそのままの形で書き続けることができないということであった。御覧の通り、彼が書いていたのは一種の自伝である――焦点が当てられていたのは、犯罪に対する彼の興味、そして犯罪行為を理解したいという哲学的願望である。つまり私は彼がそれ以後の部分に何を書こうと計画していたのかを全く知らなかったのだ。

だが私は、犯罪学と人間の暴力に関する彼の最も綿密な研究が『世界残酷物語』であることは知っていた。これはオリジナル版が一九八四年に上梓され、二〇〇五年に彼自身の手でアップデートされている。長年の間にこの本を幾度となく読んだ私は、同書をこれまでに書かれた犯罪に関する本の中で最も影響力があり、洞察力に富むものと評価する人が私だけではないということを知っている。父は同書を次のような言葉で締め括っている。

人類の三〇〇万年を越える歴史を振り返ると、それは人間の心のゆっくりとした再プログラミングの歴史だったことが解る。最初の大きな曲がり角は、心が自らの存在に気づいた時だ。人間が初めて水溜まりで自分の顔を見て、「自分」と考える時を知った時、彼は偉大さの可能性を備えた。同時に犯罪性の可能性も備えたのである。

しかし、人間の進化の歴史が何かを教えてくれるとすれば、それは「犯罪者は現実の独立した存在ではない」という思いである。彼は一種の影、ブロッケン山の妖怪、すなわち幻影に過ぎない。彼は自分の可能性を誤解した挙げ句の産物である。子供が歪んだ鏡に顔を映し、自分が怪物に変身したと思い込んだようなものである。

犯罪者とは、鏡に映った歪んだ顔に他ならない。「人類の集合的な夢魔」である。こう考えることは、それ自体が「楽観論」の根拠にもなり得る。ノヴァーリスは言う、「夢を見る夢を見た時、われわれは目覚め始める」。

そこで私は『世界残酷物語』の、続編とは言わぬまでも姉妹編を書こうと努めた。本書には、彼がオリジナル原稿として書いたあらゆるもの——彼の生涯最後の原稿——を余さず収録したが、それを核として、その周囲に、人間の不要な暴力の理由を理解しようとする彼の終生の意図と調和する形で一冊の書物を構成した。

私が担当した箇所に見られる見解は言うまでもなく私自身のものであって父のものではない。だが私には、何十年にもわたって父——偉大な楽天主義の哲学者の一人と私が信ずる男——と語り、共に執筆するという途方もない幸運があった。本書で表明された私の見解の幾つかは、正直に言って、彼の同意は得られないだろう。だが、それは父と仕事をする際の問題にはならない。彼は常に他人の見解を考慮する人であり、そして私はどんな議論においても、十分な考察も無しに父が他人の見解をにべもなく拒絶するのを聞いたことがない。

揮う者にとっても揮われる者にとっても不要な人間の暴力が今なおこれほどまでに謎である理由の一つは、それを理解しようとするためにわれわれが使う道具にある。その道具とは、自らの本能的直観以外に、主として進化生物学、歴史分析、行動心理学、司法精神医学などだ。これら全てが提供する結論は、あまりにも議論の余地が多く、またあまりにも個人の解釈に依拠しすぎている。そして同様の問題は、歴史――われわれの研究データのほとんどの供給源――への理解においても生ずる。

以下の頁で、私と亡父は祖先の類人猿から今日にいたる人類の進化を図示し、特に暴力の歴史的傾向と、何ゆえにその暴力は起こったのかを巡る理論に注目する。多くの事柄は議論の的となっている――科学界でも、またその他あらゆる場所でも。例えば私は第3章のほとんどを水棲類人猿説に当てたが、進化論の正統派が現在、そのアイデアそのものを純然たる異端とみなしていることは重々承知の上である。だが私はたまたま、父がこの理論を支持する証拠を信じていたことを知っている。私も同様である。だから私は喜んでそれを本書に含めた。それによって一部の読者が離れるだろうことは解っているが。

本書の最終目的は、なぜ人間はかくも暴力的なのか、そしてさらに重要なことに、何ゆえにわれわれは最近、あまり暴力的でなくなってきたように見えるのかという理由を示すことである。

これは進行中の傾向なのか?

われわれは遂に、殺人の終わりの始まりを見ているのか?

それは読者諸賢、そして未来の歴史が決めることだろう。

歴史理解のための道具が不確実な結果をもたらす可能性があるからこそ、私はまず神聖なる科学の殿堂の内部で定期的に起こっている血讐と集団間の闘争を概観することから始めたい……。

デイモン・ウィルソン、二〇一三年三月

第1部　現在にいたる長い血みどろの道

デイモン・ウィルソン

第1章　「科学の大いなる悲劇」

われわれの最も初期の祖先が暴力的な殺人者であったのか――あるいはなかったのか――は、白熱した科学的論争の主題である。だが、古人類学や進化生物学の標準的な教科書しか読んでいない人には、とてもそうは思えないだろう。

初期のヒト科の進化に関するレイモンド・ダート教授の「キラーエイプ仮説」は現在のところ、大学の講堂や考古学の発掘現場で幅を利かせており、過去五〇年間ずっとその調子であった。この仮説には幾つかの問題点があり、明らかに対立する概念――イレイン・モーガンの「水棲類人猿説」――の方がこれらの難問の多くに答えているように見えるにも関わらずである。もしも贔屓にして貰いたいと願う学界でイレイン・モーガンの名や、その仮説に言及しようものなら、冷やかされるか、野次り倒されて終わりだろう。なぜそんなことに？　それを理解するためには、われわれの科学的知見というものがどれほど仮定的で、かつ最近になって発達したものかを知らねばならない。

二〇世紀が始まるまでに、人類の文明は見かけ上、その頂点に達していた。フランス人は後にこの時代を指して「良き時代《ラ・ベル・エポック》」と呼ぶ。英語は黄金時代《ゴールデン・エイジ》。巨大な定期客船が嵐の海を素速く安全に渡り、大規模な常備軍が平和を約束した――特に、それまで戦争の温床であったヨーロッパでは。大英帝国は地球の大部分を支配した、原始的な民族を文明化するという無私の責務を引き受け、彼らを援助してその天然資源を存分に搾取した。そして最も文明化された国々では、民主主義が幅を利かせた——富豪（合衆国）や君主（ほとんどのヨーロッパ）の父性的な手に導かれて。

この時代に共通して信じられていたのは——学識深い人々の間でも、一般大衆にも——科学は既に行き着くところまで行ってしまったという観念である。前世紀の素晴らしい、途方に暮れるような発見ラッシュによって、多くの人々は発見しうる限りのものは何であれ、既に発見されたと確信した。人間は鳥のように飛び、全速力の馬よりも速く移動し、天然痘やコレラのような致命的な病を易々と防ぐにいたった。ゆえに、一八七五年にマックス・プランクという若い音楽家が物理学を学びたいと述べた時、とある一流の物理学教授は彼に言った、「この分野ではほとんど全てのものが既に発見されており、残っているのは少しの穴を埋めることだけだ」。つまり、物理学は既に科学としては停滞しているというのである。だがプランクはこの教授の陰鬱な忠告を無視した。

五〇年後——既にタイタニックは沈没し、第一次世界大戦はヨーロッパを荒廃させ、大英帝国は揺らぎ、全体主義が擡頭しつつあった頃——プランクの素粒子の量子論は、宇宙に関する人類の理解を根本的に変えた。そして物理学に起こったことは、事実上、科学のあらゆる分野に起こった——大瀑布のような発見に次ぐ発見が研究者の努力に応えたのである。だが学界の自己満足、近視眼、教条主義は依然として、科学的発展のいくつもの領域を妨げていた。

例えば、古生物学——化石の調査を通じて先史時代の生命を研究する学問——は奇妙な難問を生み出していた。特定の種が、例えば南アメリカとアフリカの両方で発見されたりしていたのである。この二つの大陸は何千マイルもの大洋で隔てられているにも関わらず、どうやってほとんど同じタイプの生物種を育んだのか？　ダーウィニズムの説くところによれば、それぞれの隔てられた大陸には独立して進化した種が住み着くはずである。これらの種はそれぞれ局地的な環境に適応しており、ゆえに物理的に離れている他の大陸には見当たらない。これはかなりの程度まで現実に即している。例えばキリンはアフリカで高い所の木の葉を食べるために進化したが、南アメリカではメガテリウムと呼ばれる象ほどの大きさのナマケモノがかつて、これと同じ届きにくい食料源を活用していた。南北アメリカにはキリンはおらず、アフリカにもアジアにもかつて巨大ナマケモノが棲息したことはない。実際、ほとんどの哺乳類や植物は局地的な地域に限定されており、おそらくその地域で進化したのだろう。

だが、このスッキリした仮説から外れる、変則的な発見がある。例えば原始的なウマは、かつては大西洋の両側にいた――だが南北アメリカでは絶滅し、アフリカとアジアでは生き延びた。クマとイヌ科――オオカミ、ジャッカル、ディンゴなど――はこの惑星上のほとんど全域にいる。サルもまた、世界中にいる（オーストラリアを除く）が、その近縁種である類人猿は人類を除いて、オーストラリアにもヨーロッパにもアジアにも南北アメリカにも進出しなかった。戸惑うことに、南アメリカに発祥する有袋類の祖先は、どうにかして九〇〇〇マイルの大洋を渡ってオーストラリアに住みついた。そしてキツネザルの化石はマダガスカルとインドで発見されているにも関わらず、その周辺、あるいはその間にあるどの土地でも発見されていない。これは実に奇妙なことであった。

このディレンマに対する上手い解答を提供したのは博物学者や古生物学者ではなく、地質学者であった。彼らはその頃、地球表面の一部の地域が、想像もできないほど強力な地下の力によって押し上げられてきたことに気づいたばかりであった。それによって例えば、なぜ海産の貝殻が時に山の頂上で発見されるのかが説明できる。同様に、他の地域は海面下に沈んだらしい。かくして北海の漁師は、目に見える陸地から何マイルも離れたところで、時にマンモスの骨や牙を発見するのである。

一八六一年、有力な地質学者エドゥアルト・ジュースは、大陸間の地峡の繋がり――「陸橋」――がかつて海洋から隆起し、動物と植物の大陸間の移動を可能にしたのかも知れない、と示唆した。これらの陸橋はその性質上、間違いなく不安定なものであり、後には崩壊して海に還ったと彼は主張した、それによって冒険心に富む種はそれぞれの故郷の大陸と切り離されたのだと。ジュースによればこれらの陸橋は一頃は全ての大陸を繋いでいた。これによって世界中の陸塊は事実上、ひとつの巨大な（かなり離れているとは言え）大陸となっており、彼はそれを「ゴンドワナ大陸」と呼んだ。これは変則的な種の分布の問題に対するすっきりした創造的な解答であり、一〇〇年近くの間、広く受け入れられていた……だが結局、全くの法螺《ほら》話であることが証明される。

エドゥアルト・ジュースが知らなかったこと――彼の名誉のために言うなら、当時知られていた知識の範囲内では想像もつかなかったこと――は、大陸の位置は固定されているわけではないということである。実際には大陸は地球の表面を、地質学的観点から見れば猛烈な速度で滑走している。地球の陸塊はわれわれからすれば想像を絶する重量に見えるが、その実質は――相対的な話だが――鋳物工場のタンクの中の溶けた金属の表面に浮かぶ鉱滓と大差ないものなのだ。このタンクに相当するのが膨大なマグマの塊と鉄でできた地球の核であり、われわれの惑星の大部分を占めている。

「大陸移動説」は実際には早くも一九一二年にアルフレート・ヴェゲナーというドイツの気象学者によって提唱されていた。だが主として彼が専門の地質学者ではなかったという理由で、彼の説は斯界の専門家からは黙殺されるか、明け透けに嘲笑された。一九五〇年代後半の海溝の研究――そしてそれに続く、全ての大陸が乗っている構造プレートが移動しているという発見――によって、ようやく主流派の地質学者がヴェゲナーの主張を真面目に考え始め、そして最終的にはそれを受け入れたのだった。

現在では陸橋は必ずしも離れた大陸での植物や動物の分布を説明するものではないとみなされている。ゴンドワナ大陸――ジュースの超大陸――は実際に存在したが、その成立には必ずしも陸橋を必要としなかったのだ。なぜなら現在でこそばらばらの陸塊は、当時（五億七〇〇〇万年から一億八〇〇〇万年前）はただひとつの陸塊に集結していたからである。

当時の古代種は海や大洋を渡る必要はなかった。なぜならそんなものは当時存在しなかったのだから。後に大陸が離れ始めても、まだ互いに近かったので、ある種のものは空を飛んだり、漂流物に乗ったり、島伝いに移動したりしてひとつの陸塊から別の陸塊に移ることができた。現在ではその距離ゆえに不可能な旅である。この行き当たりばったりの旅行の方法は、離れた大陸で発見される生きた種が極めて稀少で、ほとんどはひとつの大陸にのみ棲息していることの理由かも知れない。

ヴェゲナーの大陸移動説が現在では普遍的に受け入れられている（そして科学者たちが屈辱的にもジュースの陸橋説を破棄した）という事実は、アメリカの物理学者で哲学者のトーマス・クーンが「パラダイム・シフト」と呼んだものの古典的事例である。クーンの指摘によれば、どの科学分野においても、確立された思考様式というものは常に、その例外や矛盾がほとんど馬鹿馬鹿しいほど積み上がるまで何とかして古い観念に執念深くしがみつこうとする性質を持つ。そうなって初めて――しばしば何らかの新しい、そしてどう見ても制禦不能な証拠に強制される形で――既存の体制は突如として「革命」を経験する。それはひとつの抜本的な変化であり、それを経た後には趨勢を決める科学者たちが信じ始める観念は、時にはわずか数ヶ月前まで彼らが侮辱的に嘲笑していたものなのだ。

いかなる分野であれ専門家が提示する科学的な首尾一貫性のイメージは、大抵の場合、そういうものである――イメージ、あるいは幻想と言っても良い。ひとつの理論は、どれほど「定評のある」ものであっても、単に相関する諸概念による構造物、反証ひとつで毀損したり根底から覆されてしまう程度の代物に過ぎない。生物学者のトーマス・ハクスリーが痛ましくも述べたように「科学の大いなる悲劇は、醜い事実が美しい理論を屠ることである」。

傑出した科学者であっても普通の人間と同様、このさもしい利己主義の誘惑に屈する。考えても頂きたい、何十年にもわたって信奉し、それによってキャリアや名声を築き上げてきた理論が危機に瀕している――それも、あなたの学問的達成の十分の一も成し遂げていない青二才の手で――ことが解ったとしたら、あなたは彼らの見解を、完全にオープンな心で受け入れることができますか？

守るべき学問的名声を持つ人々はあまりにもしばしば、妬ましい攻撃に対して専門分野の中で政治的影響力を揮ったり、自分のお気に入りの理論を危うくするかもしれぬ証拠を意図的に誤魔化したりする――その証拠の持つ実際の科学的メリットは無視してである。確かに、この種の軽蔑に値する行動は必ずしも科学的営為に付き物というわけではない（さもなければ、われわれは今も蛭に血を吸われ、馬と馬車で移動していただろう）。だがそんなことはあり得ないと断言できる者はほとんどいない。

この過剰なまでに防衛的な態度は、概念を固定化し、「定評ある」理論の周囲に強力な疑似宗教を形成する。上級の専門家が神官のように振舞い、異端の思想家は外の闇の中に追放されてしまうのだ（研究資金を断たれることによって）。このような傾向を嫌と言うほど解かっていたトーマス・ハクスリーはこうも述べている、「教義を採用したとき、科学は自殺する」。

そしてクーンによる概念の革命がこのような抵抗を転覆させた後ですら、新たに受け入れられた理論があっという間に化石化して、それ以前の正統信仰と同様に融通の効かないものとなってしまうということもある。それが新しいもので、かつ古い理論を駆逐したからと言って、必ずしもその新鮮な概念が真実に近いとは言い切れないのだ。そして古い理論を拒絶することで（そして自らのキャリアを新しいものに繋ぐことで）科学者は未だに価値のある概念を捨て去ってしまう危険を冒すことになる。一九四五年の小説『動物農場』の序文で作家ジョージ・オーウェルが指摘したように、「ひとつの正統信仰を別のものに交換することは必ずしも進歩ではない」。

例えば、一旦は完全に否定されたにも関わらず、エドゥアルト・ジュースと「陸橋」の支持者たちは完全に誤っていたわけではない。実際、かつてシベリアと北アメリカの間には陸橋があり――地質学者は「ベーリンジア」と呼ぶ――現在ベーリング海峡と呼ばれる海を繋いでいたのだ。

およそ一万二〇〇〇年ほど前、最後の氷期で海面が低かった頃、ベーリンジアは海氷上に突出するほどの高さがあり、そこを通って人類はアジアからアメリカへ移動することができた。その後の気候の温暖化で融解した大量の氷によって海面が上昇すると、ベーリンジアは波間に消滅し、大陸間の繋がりは途切れた。

それにまた、今日のどんな地図でも見ることのできる巨大な陸橋もある。南北アメリカを繋ぐ、パナマ地峡および中央アメリカがそれだ。この陸橋は海底火山がこの二つの大陸の間に鎖状の島々を形成したことが発端である。その後、一五〇〇万年前から三〇〇万年前の間に地殻の二つのプレートがごりごりと衝突し、それによってこれらの島々は隆起して鎖状の山脈を形成、最終的には二つの陸塊を繋ぐ地峡となった。エドゥアルト・ジュースが唱えた通りに、動物種はこの陸橋を用いて大陸間を往来した――それは今なお続いている。このパナマ地峡の形成はこの惑星に重大な影響をもたらした。太平洋と大西洋を切断することにより、新たな陸塊は大海流の流れを遮断したのだ。このことはヒマラヤ山脈の隆起――インド島のアジア大陸への衝突によって引き起こされた――と相俟って気候を激変させた。北アジアとヨーロッパははるかに寒冷化し、アフリカは極めて長期にわたる旱魃に襲われた――それはかなりの程度、今日にいたるまで続いている。この数百万年にわたるアフリカの乾期はおそらく、奇妙で独自な才能を持つ類人猿の擡頭を促した――われわれの起源であるヒト科の祖先である。

現在知られている最古の類人猿は、一五〇〇万年前から二〇〇〇万年前までの間（中新世）にサルであるその親類から分岐した。当時、アフリカはほとんど全土が熱帯のジャングルに覆われていた。樹上性のサルと類人猿はその環境に完璧に適応していた。霊長類は中新世においては齧歯類のようなものであり、広域に分布し、極めて多様で、恐ろしいほど多産であった。中新世の化石類人猿だけでも四〇以上の属が発見されている――現存するものの八倍である。そして化石として残るもの、その中でも考古学者によって発見されるものはいずれも偶然に頼っているという事実からすれば、まだ発見されていない初期類人猿の他の科はまだまだ数多く存在していると思しい。

その後、気候パターンが変化してアフリカは乾燥し始め、ジャングルのほとんどはサヴァンナの草原に置き換わった。化石記録によれば九〇〇万年前から五〇〇万年前までの間に非常に多くの類人猿とサルの種が絶滅した――高度に特殊化した生物集団がその生息環境を失った時に普通に起こる現象である。また、これらの生物の一部が進化して新しい環境に適応するということも良くある。われわれの祖先にもそれが起こった。

問題は、次に何が起こったのかに関する証拠が事実上、何もないことだ。現時点で、「中新世化石ギャップ」と呼ばれるものが存在し、われわれの最古の祖先に関する確かな化石は存在しない。四足歩行の類人猿はおよそ二〇〇〇万年前以後、数多く存在している。それからおよそ六一〇万年前から五七〇万年前の間に、中央アフリカに直立した完全な二足歩行の類人猿（Orrorin tugenensis）がいた。これはわれわれの遠い祖先かも知れない（確定したわけではないが）。その数百万年のギャップの間、われわれの祖先がどのようなものであったのか、はっきりとは解らない。なぜなら今のところ、その化石は発見されていないからである。ダーウィンが最初にその説を詳述して以来ずっと、進化の議論に類人猿と人間の間の「ミッシング・リンク」の問題が揺曳してきたことからすると、この証拠のギャップはとりわけ皮肉なことだと言えるだろう。懐疑派は常に「半分人間で半分類人猿」の化石がどこにあるのかと問い、そしてダーウィンはただ、こうした「猿人」は存在したに違いないし、化石証拠もいずれは見つかるだろうと答える以外になかった。

それから一〇〇年以上経って初期類人猿の化石が発見された——明らかに樹上性で背中は湾曲し、現在の類人猿と同様に指背による四足歩行をしていた。さらに前述のOrrorin tugenensis、これは明らかに直立して歩行していた、というのもその寛骨は両脚の上に垂直にバランスを取る胴体の重量を支えるように進化しており、ちょうど現在のわれわれと同様であったからである（ここで鍵となるのは二足歩行である。なぜなら類人猿と人間のそれ以外の主要な違い——巨大な脳——は、われわれが直立歩行を開始して何百万年も後に獲得したものだからだ）。だが指背歩行と人間のような二足歩行の間にある発達段階を示す背中と腰を持つ化石類人猿は未だ発見されていない。かつてのダーウィン同様、このミッシング・リンクである猿人は確かに実在したに違いないとは言えるが、それは依然として苛立たしいほど捕らえどころがないのである（ミッシング・リンクの可能性のある Sahelanthropus tchadensis は七〇〇万年前に遡る。だが発見されているのは頭蓋骨の断片だけで、ゆえにそれが二足歩行か指背歩行か、あるいはその中間かについては確言できない）。だが少なくとも現在、われわれの祖先である謎のミッシング・リンクがいつチンパンジーの祖先と分かれたのかに関しては、より確かな年代を特定することができる。だがその発見もまた、かなりの科学論争の原因となって来た。

ミトコンドリアDNA（mtDNA）は人間のゲノムの一部である。これは何世紀もの間に定期的に変異するので、mtDNA「変異マーカー」を研究することで人口集団や近縁種の間の違いを比較することができる。これによって初期の人類の発展と移動を再構成することが可能となる。

例えば、初期の現生人類がアフリカを出て他の地域に乗り出す直前の時期の mtDNA マーカーは全人類が共有している。だが後に残った者と、その最初の移住の後に西や東に移動した放浪集団とではそれ以後の mtDNA は異なっている。なぜなら彼らはもはや交雑することを止めたからだ。ゆえに、今日から遡ってあらゆる違いが消滅する時点までの mtDNA 変異マーカーを数え、それに正しい年代を乗算するだけで、人間の特定の分岐が生じた大体の年代が——数千年単位で——判明する。

一九六七年にアラン・ウィルソンとヴィンセント・サリクが行なったチンパンジーと人間の mtDNA の比較研究により、われわれが樹上性の親戚と分れたのはわずか三〇〇万年前から五〇〇万年前の間に過ぎず、当時の古生物学者が見積もっていた九〇〇万年前から三〇〇〇万年前ではなかったことが判明した。言うまでもなくこの報告は古生物学界を激烈な非難と憤怒の嵐に叩き込んだが、mtDNA の証拠を覆すことはできなかった。

二〇〇五年に行なわれたもう一つのチンパンジー／人間の mtDNA 研究——スディル・クマルとア

リゾナ州立大学のチームによるもの――は遺伝学者と古生物学者の間の懸隔をある程度縮めた。彼らは人間の祖先とチンパンジーの祖先の分離を七〇〇万年前と五〇〇万年前の間に置いたのだ。これによって Orrorin tugenensis（さらには Sahelanthropus tchadensis までも）を人間の祖先とみなすことができるようになった――ウィルソン＝サリクの研究にはできなかったことである。

無論、これら全ては単なる学問上の論点に過ぎないように見える。ウィルソンとサリクの遺伝学上の研究は、われわれが実際にチンパンジーやボノボと同じ類人猿の共通種の末裔であることを決定的に証明した（ゴリラとオランウータンはその限りではない。彼らの祖先はそれよりも数百万年早く類人猿の「上科」――Hominoidea――から分岐した）。とは言うものの、われわれがそこから分れて今にいたるとして、それが何だというのか？

その答えは、われわれの祖先がチンパンジーやボノボの祖先と分れた後に彼らに生じたことこそが、われわれ固有の心理的構造に関する多くのことを説明するかも知れないのであるということだ。特に、われわれは生まれながらの殺し屋なのか、あるいは全く異なる何かなのかという点について。

第2章「カインの遺伝」

人間の身体の進化がまた知性の発達に——そして不要な暴力に関与しがちな本能に——どう影響したかを理解するためには、先ず第一にわれわれの身体がいかに奇妙なものであるかを考察せねばならない。

人間と他の霊長類（そして事実上、地球上の他のあらゆる生物）との主要な違いは、われわれの歩き方である。われわれが完全な二足歩行であるのに対して、類人猿と猿は指背による四足歩行。だがわれわれの二足歩行の仕様は極めて奇妙である。効率的に進化した大型の二足歩行生物というのは、例えばダチョウかエミューである。いずれも重心が低く、常に両脚の真上に保たれている——全速力で走っている時ですら。一方人間はと言えば、痛ましいほど重心が高く、上半身は重く、しかも進行方向に傾く。

つまり、われわれの重心は移動の際に不安定に前に揺れる。早く移動すればするほどその傾きは大きくなり、バランスは崩れる。ゆえに走る人はしばしば躓いてしまうのである。実際、人間は速く走ることよりも、むしろ転倒しないように持続的に制御することに主眼を置いている。このトップヘヴィな造りのために、われわれはじっと突っ立っている時ですら容易に足下を掬われて転倒したり、あるいは少なくともよろめいたりする。ダチョウをよろめかすためには破城鎚が必要だろう。

主としてこの奇妙な構造のために人間はまた同サイズのどの哺乳類と比べても足が非常に遅い。確かにわれわれが地球上で最速の長距離走者の仲間であるのは事実である。だがそのことは、素速い逃亡こそが主要な防衛手段であった時代に、ヒョウだのサーベルタイガーだのから逃げるのに大して役立ったとは思えない。また直立することによって腹や喉、性器周辺が攻撃者に対して丸出しになるという事実もある——どの部位にダメージを負っても即座に無力化されるか、即死だろう。現存する陸上生物でこれほど無謀な進化上のギャンブルをしたものは他にない。彼らは、腹を地面に向けて歩くことで攻撃からかなり守られている。

最後に、人間の二足歩行の動きのお陰で出産が狂気の沙汰と言えるほどに苦痛で危険なものとなったという厳然たる事実がある。これこそ、われわれがほとんど例外なく出産の際に泣き叫ぶ唯一の哺乳類である理由である。われわれは腰から上の胴体のバランスを取るため、骨盤を再進化させて耐荷重性をはるかに高める構造にすることを余儀なくされた。四足歩行の類人猿の骨盤はそれに比べると極めて軽い。この変化によって産道を通している骨盤出口は著しく狭まり、仰天するほどのパーセンテージで母親と新生児に出産時の合併症を引き起こすこととなった。近代医学の時代にいたるまで、女性の最大の死因は常に出産であった。

簡単に言えば、この非効率な歩き方のせいでわれわれの祖先は人間進化の初期段階で絶滅していたはずなのだ——その知性が動物レベル以上に発達するはるか以前に。だがどういうわけか彼らは生き残り、食物連鎖の頂点へと這い上った（もはやライオンもトラもクマもわれわれの生存を脅かすものではなくなった）。

われわれはいかにして後期中新世の絶滅のボトルネックを生き延びたのか。それを説明する理論とされるものを提唱したのはレイモンド・アーサー・ダートである。だが彼の観念が科学界の体制派から全面的に受け入れられるまでには、何十年にもわたってその同じ体制派からの嘲笑に耐えねばならなかった。一八九三年に生まれたダートはオーストラリア人の医師で、とりわけ解剖学に興味を抱いていた。二〇代の時に医学の勉強を中断し、軍医として第一次大戦に従軍。人間は生まれつき暴力的で攻撃的であるという結論に達したのはこの頃らしい――とある古参兵の悍ましい外貌が、彼の後の科学的思索を彩ることとなった。

一九二二年、ダートは南アフリカのウィトワーテルスラント大学の解剖学部長となった。ここで一九二四年、絶滅した霊長類の幼獣の頭蓋骨の化石を見せられる。拳ほどの大きさのその頭蓋骨は南アフリカ北西のサヴァンナ地帯にあるタウングの石灰採取場から発掘されたもので、驚く程完全な状態だった――頭蓋、顔面、下顎まで揃っていたのである。ダートは直ちにそれが極めて重要な発見であることを見て取った。脳の容量は若いチンパンジーのそれと同等だが、歯は類人猿にしては非常に小さかったのだ。そしてこの頭蓋骨が脊椎に接続されている角度は、この「タウング・チャイルド」が直立して歩いていたことを示していた。

彼はこの生物をAustralopithecus africanusと名付け、これこそ知られている中で最古の二足歩行の類人猿であり、ゆえに人類の祖先と思しいと発表した（Australopithecus africanusはおよそ三三〇万年前に遡る。五七〇万年ほど前のOrrorin tugenensis〔第1章参照〕が発見されるのは二〇〇〇年のことである）。

この驚天動地の発見はだが、科学界の体制派からは黙殺がせいぜいであった。なぜか？　先ず第一に、レイモンド・ダートは古人類学者（人類と人類以前の祖先の化石を研究する訓練を受けた者）ではなかった――一介の医者に過ぎなかったからだ。

第二に、〈タウング・チャイルド〉の頭蓋骨は既知の証拠に当てはまらなかった。なぜならそれは人間のような歯と比較的小さな脳を備えていたからである。当時は一九一二年にサセックス州のピルトダウンで発見された頭蓋骨こそが類人猿と人類を繋ぐ最古のリンクの最有力候補とみなされていたのだ。この「ピルトダウン人」もまた二足歩行であったが、人間の大きさの脳と類人猿のような顎および歯を備えていた――ダートの発見とは正反対である。

そして最後に、Australopithecus africanus はアフリカで発見された。もしもそれがわれわれの祖先であるのなら、われわれは全員アフリカ人の末裔ということになる。今でこそ馬鹿げた話に聞えるが、一九二〇年代においては――白人ばかりの、ヨーロッパ中心の古人類学界においては――われわれ全員が（おそらく）黒人の祖先の末裔であるという考えはあり得ぬものであった。むしろサセックス州の猿人（たぶん素敵な白い肌をしていただろう）の子孫であると信ずる方がはるかに心地よかったのである。

ダートは彼の発見に対する冷たい反応にショックを受けて、解剖学の講義に戻った。おそらく二度と彼の頭蓋骨を古生物学の最前線に押し出したりはすまいと誓っていたのだろう。だが一九四〇年代の初めには他の Australopithecus の化石も発見され、その全てがダートの元来の結論を雪辱していた。同じ頃、ピルトダウンの頭蓋骨（および人類はイングランドに発祥したという信仰）は古人類学者からますます疑いの眼差しで見られるようになっていた。これは同種の化石の事例が全く出て来なかったためである（むしろ出せなかったというべきか、「ピルトダウン人」は幼稚な捏造であった――現代人の頭蓋にオランウータンの下顎をくっつけたものだったのである。だがそれが最終的に明らかになるのは一九五三年、その発見から四一年後のことである)。

かくして一九四〇年代の古人類学界にクーンの言うパラダイム・シフトが起った。ダートのAustralopithecus africanusはおそらく人類の祖先であり、アフリカはおそらくわれわれを含む霊長類の故地かもしれないと認められたのである。

ここまでの記述で、「おそらく」とか「かも知れない」という言葉が頻出することに気づかれたかも知れない。実際、初期人類の進化に関する科学を裏付ける物的証拠は極めて乏しく、ゆえにその多くは知識に基づく思弁に依拠している。これまでに発見されている初期のヒト科の化石を全て集めても(一般に展示されている彩色石膏の模型とは正反対に)、小さな博物館ひとつ埋めることすらできないのだ。実際、古人類学においては、われわれの初期の家系図を繋ぐのに必要な大量の当て推量を凌ぐものは——新たな発見や理論が出る度に、学界内部の競争相手から飽きもせずに浴びせられる攻撃のえげつなさくらいのものだ。

レイモンド・ダートは無論、悲しいかなこのことをよく知っていた。だが彼の次なる古人類学への冒険は、以前のものと同様の論争を巻き起こすこととなった。一九五三年、ダートは「類人猿からヒトへの捕食的遷移」と題する論文を発表した。この中で彼はAustralopithecus(およびその未発見の「ミッシング・リンク」である祖先、ダートはこれを簡単に「前人類」と呼んだ)が草食によって生活していたということはほとんどあり得ないと主張した。

現在の類人猿は一般に草食として知られる(チンパンジーは時折狩猟をし、小さな動物を殺して喰うことが知られているが、この栄養源は彼らの食餌のわずか三%に過ぎない)。だが類人猿の生活の場は果物の豊富なジャングルであり、ゆえに草食主義は彼らにとっては生存のための最も効率的な手段である。

一方われわれの祖先は食料の乏しいサヴァンナに棲息しており、現在のヒヒのように雑食性であったと考えられる。ほぼ間違いなく、人間は他の類人猿から分岐した後のある時点で草食から習慣的な肉食へと移行した――ダートは単純にサヴァンナはこの変化を促しやすい場所であると考えていた。

さらに、サヴァンナには身を隠す樹木があまりにも少ないので、われわれの指背歩行の祖先は常に捕食者を見張る必要があった。背の高い草はこれを困難としたので、より長い時間直立していられる猿人の方が、生き延びて遺伝子を残す可能性は高かった。

その結果として生じた、完全な二足歩行に向かう進化は、彼らの両腕と両手を指背歩行から解放した。仕事のない両手は、言わば進化の遊び道具である。そこでわれわれの祖先は棒や石、骨などを道具として使い始めた、今日のチンパンジーが時々やるのと同じである。この道具の使用の発達は、次に、より対置的な親指による手先の器用さの発達のみならず、より優れた知能の進化へと影響を与えた。かくしてジャングルの類人猿の鋳型から、サヴァンナ生活は前人類を形成した。

以上のことは何一つとして、それ自体は取り立てて議論を呼ぶようなものではない。だがダートはそのアイデアをさらに突き詰めた。すなわちAustralopithecusの肉食の祖先はそれ以前の類人猿のどの種にもましてはるかに攻撃的であった、と示唆したのだ。ただ生き延びるために。

これはヒヒに関しては確かに真実である。われわれにそれほど近いわけではないが、ヒヒは同様に攻撃的な生物であり、他の種類の霊長類よりも複雑な社会構造を持っている。これは、彼らが樹上性の親戚よりも苛酷な環境で進化したからというのはほぼ間違いない。

ゆえに、とダートは推論する、苛酷なサヴァンナにおいて捕食者から身を守ることを覚える過程で、前人類たちは自らが捕食者となったのだと。そして、部分的に二足歩行となることによって両手を解放していた前人類は、より効果的に武器を揮う必要性から、完全な人間の二足歩行へと移行したのだと。

獲物を狩って殺すことはまた、習慣的な肉食があらゆる肉食動物に提供するボーナスを与えただろう——時間である。草食動物は覚醒時間のほとんどを、食料を集めて食うことに費やさねばならない。一方生肉は重量当りのエネルギー比率が高く、生の植物よりもゆっくりとそのエネルギーを解放する。それゆえに、ライオンやイヌのような肉食動物は時間のほとんどを転《うた》た寝して過すことができるのである。だが前人類は——対置的な親指、発達した知能、暇な両手で——その消化時間を使って単純な社会構造、基本的なコミュニケーション、より良い道具を創り出した。

肉は、とダートは言う、中毒となり、そして次に前人類の進化の燃料となった。そして肉を得るためにわれわれの祖先は殺し屋にならざるを得なかった。そして単に他の動物のみならず、他の前人類たちをもその対象としたのである。猿人は、と彼は考えた、より良い狩猟と生活の縄張りを確保するために同種をも殺した。また、他の猿人を殺すことでわれわれの祖先は他のほとんどの哺乳類固有のものと思しい共食いへの禁忌をも克服した、と示唆する。前人類は共食いの戦士であると考えたのだ。

ダートは言う、この野蛮な傾向は現代人の中にも、遺伝的性質として残存している。われわれはそれを文明という薄板で覆い隠し、概ね抑制している（現代の生活においては、命を賭して戦うことを要求されることは滅多に無いからである）。だが、それは表面のすぐ下に残っている。そしてそしてそれは人類がかくも羞じている、あらゆる野蛮と非道とを説明する。ＤＶから歴史上のあらゆる戦争、そしてアウシュヴィッツのガス室にいたるまで——その背景に投じられているのは、暴力的で共食いの前人類の影である。

このような人間の本能に関する荒寥たる見方を記述したのはレイモンド・ダートが初めてではない。彼よりも一七年前、一九三六年に、老境に差し掛かったH・G・ウェルズは『クロッケー選手』と題する暗い短編を書いている。かつては楽天的なSF作家であった彼は、世界が第二次世界大戦へと傾きつつあることを見て取ることができた。そして人類に対する希望を失い始めた。

この短編においては、気取り屋の若いクロッケー選手がカインズマーシュというノーフォーク州の村に関する不穏な物語を聞かされる。その村の村人は全員、絶え間ない、だが漠然とした恐怖に憑依されており、それに対して予測不能の暴力と狂気で反応する。「憑依」しているのは実際には、われわれの野蛮な猿人の祖先の反復的な記憶であった。物語の終わりにクロッケー選手は、自らもまた人殺しとしての遺伝的性質の恐怖に感染していると――そしてあらゆる新聞にその現れが見えると――認めるが、それに対処するにはあまりに無力である。

この物語はある意味では、H・G・ウェルズが目の当たりにした、ナチス（彼らは彼の書物を禁書とし、それから焚書した）のような政体において利用されている計算された野蛮に対して、寓意による警告を発する試みである。だがウェルズは明らかに――ダートと同様――このような野蛮は元来、われわれが共有する祖先である前人類に由来するものであると確信していた。

ウェルズもダートも、この共有する確信を、同じ聖書の人物を参照して説明している――カインである。アブラハムの宗教において、カインは最初の人殺しであり、全人類の祖先である。『クロッケー選手』において、カインズマーシュの発狂した村人の一人は、その憑依とは「カインの呪いだ！……カインの罰だ！」と叫ぶ。

これは、全人類が最初の殺人に汚染されていること――われわれは全員、カインの殺人傾向を受け継いでいるという信念に対する言及である。そしてその論文においてレイモンド・ダートは「最古のエジプトやシュメールの記録から、最新の第二次世界大戦における暴虐までの人類史の、血に塗れ、虐殺に満ち溢れた書庫」は、全人類が猿人の祖先から受け継いだ「このカインの印」を示している、と論じている。

ダートの「類人猿からヒトへの捕食的遷移」は古人類学界のほとんどにおいて冷淡に迎えられた。彼の論文を発表した科学誌――〈国際人類学および言語学批評〉――の編集者ですら、それとは手を切った。添付された否認陳述において編集者は述べている、「言うまでもなく［Australopithecus africanus は］現在のブッシュマンおよび黒人の祖先であるに過ぎず、それ以外の人間の祖先ではない」。これは実際には、その論文でダートが論じていることとは正反対である。つまりダートによれば、われわれは全員、同じ暴力的な前人類の祖先に由来しているのだ。

〈批評〉の編集者の態度は、実は典型的なものであった。ダートの説は単にあまりにも不快で忌まわしく、真剣な考察に値しないという脊髄反射である（彼らの態度は突き詰めて言えばこうだ、「アフリカ黒人の祖先が暴力的な人食いだという点においてはダート博士は正しいのかも知れないが、読者よ、科学誌に執筆するような種類の人間の祖先ではあり得ないということは間違いのないことなのだ……」）。

より科学的な言説としては、ダートの主張には物理的証拠がほとんど無く（主として Australopithecus の骨の断片のみに基づいている）、憶測だらけだという指摘もある。だが、既に見たように、これは古人類学のほとんど全てに当てはまる批判である。ダートは単に、彼が現代人の中に見出した野蛮を記述し、その起源をわれわれの祖先である猿人の生活に求めたに過ぎない。ゆえに彼の理論は、古人類学という不確定な世界において、他の全てと同様に重要である。だが彼の同業者たる科学者たちは、彼を厄介でエキセントリックな部外者として扱い続けた。

だがここでもまた、レイモンド・ダートの見解は最終的には勝利を収めた、それも極めて現代的な形で。つまり、大衆的な人気を獲得したのだ。アメリカの劇作家で映画の脚本家であるロバート・アードリーという人物が古人類学に興味を持ち、たまたま趣味の読書でダートの論文に出くわした。彼はそのアイデアに魅了され、ダートの理論を拡充して一冊の本に仕上げた。一九六一年に出版された『アフリカ創世記』である。同書の中で彼はダートの仮説に新しくキャッチーな名前を付け――「キラーエイプ仮説」――同書は国際的ベストセラーとなった。

アードリーの影響の下――そして冷戦が生み出した悍ましい時代精神の中で――キラーエイプ仮説は直ちに、科学者以外の人々の間に広く受け入れられた。一九五〇年代におけるフロイト派精神分析の圧倒的成功は人々に、人は誰もが怪物的なもう一つの自己を――オイディプス的な、非合理なハイド氏的人物を――潜在意識の中に潜ませているということを信ずるよう教えていた。キラーエイプ仮説は彼らに、その怪物のもっともらしい（そして罪悪感を感じずに済む）起源を与えた。

あらゆる人間が野蛮な遺伝的本能を共有しているという概念は、大衆の想像力の中で人気のあるテーマとなった。スタンリー・キューブリックの一九六八年のカルト映画『二〇〇一年宇宙の旅』は実際に、暴力の利用法を覚えることを通じて生き延び、繁栄する前人類の描写から始まる。すぐにキラーエイプ仮説の影は、漫画本から政治哲学まで、いたるところに見られるようになる（例えば、ペンタゴンの主要な冷戦戦略である「ゲーム理論」は部分的に、全ての人が究極的には利己的であり、無慈悲であるという信念に基づいている）。

この着実な社会的圧力の下で、古人類学界内部でこれを信じていなかった人々も、ほとんど普遍的にダートの理論に鞍替えした。そして――これまたクーンのパラダイム革命の古典的な事例だが――ほぼ間違いなく今回は、かつて同じ仮説を拒絶していたとき以上に考え無しのプロセスだった。

ダート／アードリーのキラーエイプ仮説に完全に口説き落とされた科学者の一人が、英国の動物学者デズモンド・モリスである。一九六七年の著書『裸のサル』において、モリスは、現代人の態度の――そして特にわれわれの性的態度の――大きな部分が、サヴァンナの祖先の狩猟採集民としての進化に由来すると論じた。

例えばモリスによれば、前人類の雄は同族の中のどれが自分自身の子供なのか（彼の遺伝子を受け継いでいるのか）を知る必要があった。どこかの他所の雄の子供ではなく、自分の子を守ることにエネルギーを費やすためである。そこで彼は一匹の雌と一雌一雄関係となり、それによって彼女の子供たちが同時にまた自分自身の子供であることを確実にした。だが、彼が狩りに出ている間、彼女が貞節を守っていたことをどうやって確認することができるだろうか？　進化は、猿人の体毛の大部分を失わせることでこれに対する答えを提供した。これにより、肌と肌を合わせる性交はより悦びの強いものとなり、前人類は一人のパートナーのみに愛情を持つことを学んだ。かくして初期の人類は「裸のサル」となり、排他的な愛という感情が発達した。

『裸のサル』は一般大衆の間では大人気となったが、進化生物学者にはさほどの感銘は与えなかった。モリスの通俗化された進化の説明は、彼らには「目的論的」という印象を与えたのである――すなわち、進化というものが何らかの意味で「目的を目指す」ものであると示唆していると。実際には進化とは目的のある知的な進歩ではない。それは段階的な洗練であり、変わりゆく環境の中で、子供を産み育てるまでの期間を生き延びる必要性によって、多くの世代に浸透していくものである。

先の事例を解剖してみよう。もしも一雌一雄関係が雄にとって自分の遺伝子を残すチャンスを増やすとしても、雌にとってはどうなのか？（あるいは、なんとなれば、父が狩りに出てしまった時にその辺をうろうろしている他の雄にとってはどうなのか？）。間違いなく、雌の進化という観点から見れば、より多くの雄が彼女と彼女の子供を守ってくれる方が良い。彼女の利益は、可能な限り多くの潜在的な守り手と番って、誰が父親であるかを曖昧にすることにあるのであって、ただ一匹の雄と排他的な一雌一雄関係を結ぶことにあるのではない。一雌一雄関係を作る本能の発達についての説明としては、モリスの仮説はかなり不完全である。

『裸のサル』はまた、ウェルシュTVの脚本家イレイン・モーガンに感銘を与えることもなかった。同書の中でモリスは、支配的な雄のハンターが静かに直立し、捕食者や獲物を見つけ出す様子を描写した。雌の前人類の役割はこれほど英雄的なものではない。子育てと木の実集め——巨大化した乳房はより良い授乳のためではなく、雄に尻を思い起こさせ、交尾を奨励するためであると。モーガンはフェミニストであったから、初期の女性性に対するこの追従的なイメージを嫌った。

彼の名誉のために言うならば、デズモンド・モリスが同書の中で、われわれの共通の女性の祖先を貶めようとしたと信ずるに足る理由は無い。『裸のサル』は、当時ほとんど全ての人類学者が共有していた理論を単に大衆化しただけである。つまり、現代人はその身体的・心理的構造の多くをサヴァンナ育ちの祖先から受け継いでおり、初期の人類の進化の原動力は従属的な雌の採集者ではなく、暴力的な雄のハンターであったと。

イレイン・モーガンは静かに苛立った。それから彼女は、この独り善がりの、自己満足的な男性理論に根底から揺さぶりを掛け始めた。

第3章　渚のダーウィン

イレイン・モーガンが世に知らしめた画期的で議論を呼ぶアイデアは、これまでずいぶんと汚名を被ってきた。人前で「水棲類人猿説 aquatic ape theory」という言葉を口にするだけで、少なくとも聴衆の半分はくすくす笑うことだろう――その言葉を聞けば、嫌でもシュノーケルとゴムの脚鰭を着けたチンパンジーのイメージが先ず浮かぶ。科学的なアプローチの真面目さを人々に印象づけたいなら、あまり幸先の良いスタートとは言えない。

この主題に関するBBCのラジオ番組（「進化の傷痕」二〇〇五）で、著名な古人類学者フィリップ・トバイアス教授はこうコメントした。「悲しむべきことに、名前というのはそれ自体の最悪の敵になると思います。名前を聞いただけで笑われてしまうからです。ですから、ここでは単に水と人類の進化について語りましょう」。

無論、前章で見たように、モーガンが人類の進化論という地雷原に踏み入ろうとした元来の動機は、水とは全く関係が無かった。彼女は単に、デズモンド・モリスの『裸のサル』に描かれた男根中心主義的のような見解に肘鉄を食らわしたかっただけだ。

モリスが描いた進化の概要では、雌の前人類が二足歩行になった理由はほとんど無いように見える。

結局のところ、雄が全ての狩猟と防衛を担当していたのであり、それには直立姿勢が必要であった。雌に与えられた役割――木の実集め、交尾、妊娠――だけなら指背歩行者でも充分に上手くこなしていけただろう。

これはまたしても、なぜ前人類は二足歩行になったのかという問題を浮かび上がらせる。哺乳類の骨格構造は子宮内で性的特徴よりも先に形成される。ゆえに両性は常に、だいたい同じような作りとなる。だがそれは、なぜ人間が女性の生殖を困難にしてまでこれほど完全な二足歩行を獲得する方向へ進化したのかという理由の説明にはならない。人間の二足歩行が妊婦に与える苦痛と危険からして、進化の原動力として、より安全な出産の方が食料としての肉のために狩猟する必要性よりも優っているのではと疑う人もいよう。

雌もまた獲物を狩り、ゆえにダートのいう「キラーエイプ」の姿勢を取る必要があったのか？　これはあまりありそうもない。と言うのも大型類人猿の雌は、その長い妊娠期間のゆえに生涯の大半を妊娠および／もしくは育児に費やすことになりがちだからだ（雌のチンパンジーは、おそらく現存する生物の中で最もわれわれの祖先である前人類の雌に近いと思われるが、平均して五年に一度出産し、妊娠期間は九ヶ月である。だがその子供たちは誕生後、一〇年近くも母親に依存して暮らす）。このことは、次に挙げるような獲物を追跡し、撲殺する上ではかなり邪魔になる。レイモンド・ダートはそれらの獲物の痕跡を、Australopithecus の糞の堆積物と思しいものの中に発見した――

……グロテスクな絶滅種であるツリーベア（Chalicothere）、絶滅したウマ（Hipparion）、絶滅したキリン（Griquatherium）、ゾウ、サイ、カバ、ブタ、最大種であるクーズーから最小種であるダイカーやガゼルまで、一四種もしくはそれ以上のアンテロープ（その内八種は絶滅したと思われる）、そしてライオン、ハイエナ（二種）、リカオン、ジャッカルなどの肉食獣まで。

そんなわけで、前人類を二足歩行へと進化させたものが何であれ、モーガンにとってはそれが単純な狩猟と武器の使用であるというのは疑わしく思えた。そこで『裸のサル』を再読した彼女は、そこにデズモンド・モリスが（極めて不幸なことに）造語した「水棲類人猿説」という名称の仮説への言及を発見した。

その基本的な主張は以下の通りである。われわれの祖先である類人猿が、ボノボやチンパンジーの祖先から分岐した後――だが彼らがまだ体毛のない大きな脳の二足歩行になる前――に、彼らは渚で生活するようになった。おそらく数百万年にわたって習慣的に水と接することで、進化的な変化が引き起こされ、彼らは森林に暮らす親類とは顕著に異なるものとなった。最も特徴的であったのは、水中では直立や水泳の際に浮力によって身体が支えられるので、足の長い二足歩行への進化が促されたことである。その後、環境の変化によって彼らは渚を去り、完全な陸上生活に戻った。だが、彼らを水棲哺乳類に変え始めた進化上の変異はそのままで、以来、それはわれわれの特徴となっている。

モリス自身、初期の人類の進化に関するこの説明にかなり熱狂していたように思える。だが彼はまた、それが古人類学者たちに真剣に取沙汰されていないということも知っており、ゆえにそれに関してはわずか三段落を割いただけで、もともと誰がそのアイデアを考えついたのかすら述べていない。

これに興味を惹かれたイレイン・モーガンはデズモンド・モリスに手紙を書き、水棲類人猿説に関する詳細を訊ねた。彼は返事の中で、〈ニュー・サイエンティスト・マガジン〉一九六〇年三月号の記事を挙げた。海洋生物学の分野では世界最高の専門家の一人であるサー・アリスター・クラヴェリング・ハーディが執筆したにも関わらず、それは科学界からはほとんど反響を得られず、以来、完全に黙殺されていたのである――モリスが掻い摘まんで取り上げるまでは。

ハーディの理論に対する進化生物学者の反応の無さはそれ自体奇妙なことである。というのも、彼が示したことは革命的であると同時に、常に解剖学者を悩ませてきた人間の発達の幾つかの要素を合理的に説明しうるものだからだ。例えば、人間はその皮を剥ぐのが極めて容易であるというのは不幸な事実である。ナイフを発明したほとんどあらゆる文化は、ある時点で、刑罰や拷問として生きながらの皮剥ぎを採用した。これは単なるサディズムではなく、実用的なことである。人間の皮膚は極めて剥ぎやすい、たとえその対象がまだ生きていたとしてもだ。その理由は、大量の皮下脂肪である。

一九三〇年、ハーディは博物学者フレデリック・ウッド・ジョーンズの描いた解剖学の本を読んだ。ウッド・ジョーンズによれば、人間の死体の表皮を剥ぐ際、分厚い皮下脂肪の層は常に皮膚にくっついてくるという。彼がこれまでに見たことのある他の全ての動物は、皮を剥がされると、脂肪は筋肉にくっついたままで、皮膚だけが綺麗に剥がれていた。

アリスター・ハーディは大西洋への航海から戻ったばかりだったが、この航海で彼は現地調査を行なう動物学者として、南大西洋のクジラの研究に従事していた。そのための主要な方法は死んだ鯨を切り刻むことで、そして彼は直ちに、人間の皮膚に関するウッド・ジョーンズの謎に対する答えを見出した。クジラやアザラシのような海生動物の脂肪層は、やはり皮膚にくっついてくるのである。つまり人間の皮下脂肪はおそらく、陸上動物の脂肪ではなく、海生動物の脂肪層のように進化したのだ。

この問題をよりつぶさに追求したハーディは、初期の人類が半水棲のフェーズを通過したことを示すさらなる証拠を見出した。先ず第一にわれわれは他の霊長類に比べて容易に体重過剰になりやすい。人間の赤ん坊が脂肪に包まれて生まれてくるのに対し、チンパンジーやゴリラの赤ん坊は事実上、全く脂肪を持たずに生まれてくる。そしてそれ以後の人生をずっと、われわれは身体の中に余剰の脂肪を蓄積する傾向を持ち続ける――オランウータンに好きなだけ餌を与えても、人間とは異なり、体重過剰になって移動するのに電動車椅子を要するというようなことにはならないのである。陸上哺乳類にとっては、あまりに多すぎる脂肪は不要な手脚を生やす――単に邪魔――ことと同じくらいリスキーなのだ。だが水棲哺乳類なら、体温と浮力を保つために脂肪層が絶対に必要である。

海洋生物学者としてハーディはまた、自分の見ているものこそわれわれが毛皮を失って「裸のサル」となった理由だと考えた。キラーエイプ仮説の信奉者によれば、それはサヴァンナの太陽の下で狩猟するには毛皮はあまりにも暑すぎるためである。だがサヴァンナの大型捕食者で毛の無いものは他にはいない。ハーディはより小さな半水棲の哺乳類、例えばカワウソやビーバーなどにとっては油っぽい毛皮は有効な断熱材であり、皮下脂肪の備蓄を維持するためにより少ない食料ですむということを知っていた。だが大型の哺乳類、例えばアザラシやカバにとっては、脂肪の備蓄は広い表面積の体温を保つのに有効な方法である。断熱システムは一つあれば十分であり、ゆえにわれわれの祖先はあまり効率の良くない毛皮を失ったのだろう。

それから、われわれの背中の毛包の方向。人間の背中の毛――わずかに現存するもの――は、他のあらゆる霊長類とは逆方向を向いている。だがこれはビーバーやラッコのような半水棲の動物と同じ方向なのである。ハーディにしてみればわれわれの毛皮は、われわれがそのほとんどを失う前には水力学効果を最大にする方向に進化していたように思えた。

最後に、彼は人間の手が他の霊長類のそれよりもはるかに鋭敏であることに気づいた。われわれの皮膚は薄く、末端の神経端末数が極めて多い。これはわれわれの祖先が泥濘んだ河床や砂浜の浅瀬で触覚のみを頼りに食料を探さねばならなかったからではないかと考えたのだ。

ハーディは、前人類が長期間、水棲の動物となるべく進化したと確信するようになった――カワウソは部分的にそうなっている。アザラシはより進んでいる。そしてクジラやイルカは完全にそうなっている。だが、彼がこの仮説を発表することは無かった。彼はそれが、自分が特別の訓練を受けていない学問分野――人間の進化――への「不法侵入」であると解っていたのだ。そしてもしもこのような風変わりなアイデアを自分の正式な専門分野外で発表するようなことをすれば、自らのこれまでの学問的キャリアを台無しにしてしまうかも知れないと。

だが一九六〇年代には、アリスター・ハーディは英国科学界における重鎮の一人とみなされるようになっていた――ナイトの爵位を受け、王立協会のフェローの地位も得た。そこで彼は、〈英国潜水クラブ〉でのトークで自分の仮説に言及してみた。そこにいた一人のジャーナリストが、その奇妙に聞えるアイデアを翌日の第一面にぶちまけた。こうして秘密がバレてしまったハーディは、〈ニュー・サイエンティスト〉誌の次号に自らの仮説を発表したが、その結果はまさに彼が何十年にもわたって恐れてきた通りのものとなった。もしも彼がこれほどの崇敬を集める人物でなかったら、このような科学界のエチケット侵害は直接攻撃の的となっていただろう。実際、仲間の科学者たちは彼があたかも一時的に発狂したかのように反応し、その仮説を真面目に論ずることを拒否した。

一〇年近く後、ハーディは極めて熱意溢れるイレイン・モーガンから連絡を受けた。彼の理論に基づく人類進化の本を書きたいというのだ。最初はお茶を濁していた彼も遂に承諾し、その結果、一九七二年に『女の由来』が上梓された。この挑発的なタイトルは、ダーウィンの『人間の由来』のパロディである。

モーガンはハーディの元来の仮説をさらに詳述した。と同時に、科学界の体制派が初期人類の進化について男性中心の見方をしているように思えることに対して反駁を加えるという自らの中心的な目的をも語った。例えば女が通常、男よりも肌が柔らかいのは皮下脂肪が多いからである。モーガンはこれを雌の前人類が雄よりも長時間水中で過したことを示していると見た。なぜか？ 水は陸棲の捕食者に対する理想的な防御だったからである。捕食者の中に前人類よりも泳ぎが上手く、水中で攻撃を仕掛けてくるようなものはほとんど、あるいは全くいなかった。このような受動的な防御——比較的温暖なアフリカの浅瀬に突っ立っているか、座っているだけ——は妊婦や育児中の母親にとっては極めて魅力的だっただろう。森林の類人猿が高い木の上に座っているのと同様に。より活動的な（子育ての重荷が少ない）雄の前人類は、水中に隠れて過す時間が短かっただろう。そうして狩りをしたり浜辺を漁ったりすることに多くの時間を割いていたのだ。かくして、彼らは皮下脂肪の必要性が少なかったのである。

そして人間の暴力というわれわれの研究の観点から見れば、このことはまた男が一般に女よりも野蛮である理由も説明するかしれない。浜辺を漁る雄は、攻撃的な防御に頼る自然の傾向が大きいからである。対して水に守られた雌は受動的な防御を好む。

ハーディはわれわれが毛皮を失っていない——むしろ一般的な霊長類よりもはるかに長く伸している——箇所の一つが頭頂部であることに気づいていた。これは彼によれば日除けである。水中の生物は影を見つける機会がほとんど無いからだ。イレイン・モーガンはこの点に関しては彼に同意しない。

彼女によれば半水棲の動物にとっては日光はさほど大きな問題ではない。なぜなら必要に応じて皮膚を冷やすことができるからである。彼女によれば長い毛髪は別の目的に役立っていた——赤ん坊や幼い子供が掴まるところである。

霊長類の子供は一般に、母親が両手を他の目的に使用している時にはその胴体の毛皮に掴まる。だがもしもその毛皮が一日の大半にわたって水中にあるとしたら？　長い毛髪は親の手を煩わさずに掴まるのに丁度良いだろう。そして母親はほとんどの時間を子育てに使うので、雌の頭髪は雄よりも太く長く進化したのかも知れない——今の人間が往々にしてそうであるように。実際、妊娠中の母親の頭髪は出産前の数ヶ月、普段よりも長く太く、そして（巻毛の母親の場合）より直毛になると傾向があることにも注目すべきだろう。

そして出産と言えば、人間の赤ん坊は水中に浸けられても生き延びることができるという特徴を持って生まれるという奇妙な事実がある。水中出産（肩までのプールか浴槽内で出産する）は先進国では徐々に人気が高まっている。多くの母親にとって水の浮力は攣縮の痛みを軽減するが、一方それで赤ん坊が溺死する危険はほとんど無い。生まれてきた赤ん坊は自動的に息を止めて水面に浮かび上がり、頭を水の上に出して初めて人生初の呼吸をするのである（生存のためのこの特徴は、例えばイルカのような海棲哺乳類の新生児にも見られる）。

誕生前の一ヶ月で赤ん坊が身に着ける余分の脂肪は自然の浮力を提供し、水中での断熱に役立つ。胎脂と呼ばれる新生児の皮膚を覆う脂肪質の物質と同様である。胎脂が存在する理由は長い間よく解っていなかった。陸棲の動物で他に胎脂を持つものはなく、特に何かの役に立っているようにも見えなかったからである。だが胎脂は確かに長距離泳者が軽量の断熱剤として身体に塗る鵞鳥脂によく似ている。それから二〇〇五年、アザラシの幾つかの種——最も有名なのはゼニガタアザラシ——が同様の物質に覆われて生まれることが判明した。つまりこの胎脂もまた人間の遺伝子の中に紛れ込んだ水棲の特徴のように見える。

（成功する科学理論の定義とは、それによって現時点では証明されていないデータについて正確な予想ができることである。この場合、もしも人間の胎脂が実際に半水棲生活への適応であるなら、他の水棲哺乳類もまた同様の適応をしているかも知れないと予想できる。ゼニガタアザラシは水棲類人猿説の決定的な証拠というわけではない。だがそれは間違いなくその裏付けを強化している）。

類人猿は水に落ちれば石ころのように沈む。なぜならほとんど体脂肪がないからで、そうなると即座に溺れてしまう。呼吸を止めることができないからだ（類人猿は水を非常に恐れるので、しばしば動物園では単に周囲を浅い壕で囲うだけで隔離することができる）。だが人間の赤ん坊は深い水に落ちると自動的に喉頭を閉じ——呼吸を止め——て浮かび上がり、泳ぐような動きをするので、大人に助けられる決定的な瞬間を確保することができる。この水との親和性は新生児の段階を過ぎても続く——その期間は定期的に監督下において深い水に浸した場合、いつまで続くか解らない。実際、泳ぎは赤ん坊の頃に水に浸かる体験を欠いたためにわれわれのほとんどが失ってしまい、後に再び獲得するスキルと言えるのだ。

人間の手足の進化もまた水棲の歴史を示している。扁平で櫂のようなその構造は他の陸棲動物の中に類似するものがない。だがクジラやアザラシ、そしてイルカの鰭の中の骨の構造を見ると、直ちにその類似が見て取れるのである。陸棲から水棲への進化の初期の段階において、これらの生物がわれわれの末端に極めて良く似た、部分的に進化した鰭を持っていたことはほぼ確実である。そして人間の方はと言えば、赤ん坊が手足に水掻きを持って生まれて来るのは比較的良くある畸形である。これは単なる障害なのか、それとも昔の遺伝的青写真への先祖返りなのか？

「キラーエイプ仮説」という言葉は近年では流行遅れになってしまった。今ではより科学的な用語に聞える「サヴァンナ仮説」に置き換えられている。だが本質的にそれはレイモンド・ダートが提唱しロバート・アードリーが大衆化した仮説と何ら変わってはいない。それはまた依然として初期人類の進化に対する「定説」であり続けている。

サー・アリスター・ハーディは一九八五年に他界したが、最後まで彼自身の仮説を完全な学問的論文として発表する勇気を持ち合わせなかった。だがイレイン・モーガンは数十年以上も孤軍奮闘を続け、水棲類人猿説に関する半ダースもの本を出した——後のものほど学問的になって行っている。そして彼女は進化生物学者や古人類学者から、全方位的な嘲笑と軽蔑を受けた。水棲類人猿説は依然として進化論争の中では周縁的なものに留まっている。それはその理論が反証されたからではなく、科学界の体制派が——ほとんど半世紀にわたって——それを客観的に調査することを拒否し続けてきたからである。それは単に「非科学的」「トンデモ」「大衆迎合」と一蹴されているのだ。

水棲類人猿説の激烈な批判者たちが専門分野という閉ざされた学問的聖域の外にいる人からどう見えているのかを全く理解していないらしいのを見ると、暗澹たる気持ちになる。彼らは尊大で、悪意があり、縄張り主義で、利己主義で、そして中でも最悪なことに、非科学的であるように見える——特に、彼らが頑なにサヴァンナ理論を同レベルの批判に曝すことを拒んでいるという点においては。

水棲類人猿説を誹謗中傷する人はしきりに化石証拠がないと言い募るが、そもそも沿岸という環境は変化しやすく保存には不向きであるがゆえに、そこに棲む動物が化石化することは滅多に無いという事実を考慮に入れていない。そしてそういうことであれば、「中新世の化石ギャップ」（第1章参照）のお陰で、キラーエイプ／サヴァンナ理論に関しても決定的な化石証拠はないのである。実際、化石の残らない海岸線で前人類が進化的な時期を過したことこそが、中新世の化石ギャップの原因かもしれないのだ。

水棲類人猿説はあまりにも憶測に頼りすぎているとも言われてきた。これまたサヴァンナ理論もレイモンド・ダートの憶測に大いに依拠しているという事実を無視している（それゆえに彼は、彼の説が進化論の福音となる前には徹底的に批判を受けたのだ）。サヴァンナ理論もまた水棲類人猿説と同様に願望思考に依拠しているのである――どちらのアイデアも同様に乏しい化石証拠に危なっかしく依拠しているわけだから、そうならざるを得ないのだ。だが幾つかの答えのない進化上の疑問に関して言えば、体制派の理論が答えられないにも関わらず、水棲類人猿説はもっともらしい説明を提供しているのである。

前章で、進化上の生存という観点から見れば人間の二足歩行がいかに奇妙で不格好なものであるかを見た。サヴァンナ理論――前人類は走ることと武器の使用を同時に行なう最も効率的な方法としてこのような移動をするよう進化した――は二つの事実から覆される。まず第一に人間の二足歩行は第2章で挙げた理由によってかなり非効率的であり、そのことは既知の動物の歴史上、それを採用した生物は他にないという事実にも示されている。

第二に、最初の前人類は道具や武器を使用していたようには見えない。（現時点で）発見されている最初期の基本的な道具はおよそ三四〇万年前のものである――われわれが二足歩行になってから少なくとも二三〇万年も後のものなのだ（直立した類人猿である Orrorin tugenensis をわれわれの祖先とするならば）。

もしも道具が前人類の環境の一部であったと確言できないのなら、道具の使用が前人類の進化に影響を及ぼしたという主張は成り立たない。

水棲類人猿説による人間の二足歩行の説明によれば、それは自己防衛のために浅瀬で泳いだり歩いたり立ったり座ったりして体重の多くを支えるために浮力を活用したことの進化的帰結である。そしてわれわれが再び陸棲動物に戻った後も二足歩行が今日まで残ったのは単なる僥倖に過ぎないとする。このアイデアは他の霊長類もまたかなり長時間にわたって水中で直立して歩くという事実によってある程度裏付けられる。ゴリラとチンパンジーは通常は水を恐れるが、その恐怖を克服して浅瀬の中で何時間も遊んだ——座ったり直立したりして——事例もある。そしてボルネオのテングザル（Nasalis larvatus）は泳ぎが好きで、また長時間にわたって水中を二足歩行する。

ちなみに、人間とテングザルはもう一つの水への適応を共有している——巨大な鼻である。ほとんどの霊長類が泳ぎを嫌うのは浅く上向きの鼻孔のために水が直接鼻腔に入るためである。人間とテングザルの鼻は天然のエアロックの中に空気を閉込めるので、ある程度水の浸入を防ぐのである。

さらに人間の呼吸制禦の問題がある。われわれは意識的に呼吸を止めることができる——これは潜水に必須であると共に、われわれの発話を可能とする意識的な呼気の制禦にも必須のものである。他の陸棲動物でこれができるものはいない。彼らは完全に自動的に呼吸しており、ゆえに頭が水中に沈むと即座に溺れ始める。一方、海棲哺乳類——イルカやクジラなど——は完全に意識的に呼吸している（そのため眠る時には脳を半分ずつ覚醒状態に置き、規則的に浮上して呼吸できるようにしている）。人間は半水棲動物に似ており、ゆえに随意に息を止めることができるが、呼吸制禦の必要のない時には自動呼吸に移行することもできる。

ゼニガタアザラシは水中で三〇分間も呼吸を止めることができる。マッコウクジラの場合は四五分である。平均的な人間はわずか一分から二分というところで、世界最高の素潜りの達人でもたったの一一分半である。だがそれは陸棲哺乳類としてもはやネコやニワトリと同様に呼吸制御を行なう進化的必要性がない種としては悪い数字ではない。

サヴァンナ理論は呼吸制御を、複雑な音によるコミュニケーションを身に着けたことの副作用として片付けてしまう。だがこれは本末転倒に見える。複雑な音は呼吸制御の結果である。ならば一体どうやって、呼吸制御ができる前にそれを発達させることができたのか？　そしてここでもまた、なぜわれわれはこの妙技を発達させた唯一の陸棲動物なのか？

だがおそらく水棲類人猿説を支持する最も注目すべき裏付けは、脳に関する医学知識に由来するものだ。完全に機能する正常な脳を育てるために、人間の赤ん坊と子供は定期的にオメガ三系列脂肪酸とヨウ素の投与を必要とする。妊婦もまた胎児のためにそれが必要である。どうやらわれわれは前人類の段階のどこかでこれらの栄養素を大量に摂取していたらしい。そして生理学的にそれに依存することが無くなっても、まだわれわれはそれを必要とする。

現代の輸送、防腐剤あるいは冷凍倉庫などが発明される以前は、このような食料源は内陸部ではほとんど無いほど稀少だった。実際、内陸育ちの人は伝統的に「クレチン病」と呼ばれる脳の発育不全の発生率が高い。これはヨウ素の欠乏によって引き起こされる症状である。だが沿岸の文化にはクレチン病はほとんど見られない。あらゆるシーフードにヨウ素が豊富に含まれているからだ。さらに魚肉にはオメガ三系列脂肪酸が凝縮されており、事実上「脳の食糧」と言えるものとなっている。海辺では海藻や貝のような食糧がいつでも手に入るが、そこで健康的な食べ物を集めるのはわれわれの祖先にとって苛烈なサヴァンナの平原よりもはるかにリスクの少ないプロセスだっただろう。（また、身体に比べて脳の大きさの割合の大きい他の種――ネズミイルカやイルカ――もまたその食餌を通じて大量のヨウ素とオメガ三系列脂肪酸を摂取しているという事実も注目すべきだろう）。

サヴァンナ理論に拘泥する人々は、前人類の幼児の脳の成長を促すのに必須の栄養素は獲物の動物――他の初期人類も含まれている――の脳と脊髄を食って補給したに違いないと示唆する。だがもしそうなら、なぜ他の肉食動物の中に巨大な脳を発達させたものが一つもないのか？　実際には腐食性の肉食動物――たとえばジャッカル、オオカミ、ハイエナ――ですら、大量の脳組織や骨髄を食ってはいるものの、身体に対する脳の割合は低い。

今日では一部の古参の古人類学者までが、われわれの祖先である前人類はそもそもサヴァンナの動物だったのかという点に疑問を呈するようになっている。フィリップ・ヴァレンタイン・トバイアス教授は傑出した古人類学者で、かつてレイモンド・ダートその人の下で働いていたこともある（そして「ピルトダウン人」の頭蓋骨が捏造であると最終的に暴露する一助となった人物でもある）。一九九五年にトバイアスが明らかにしたところによれば、南および東アフリカのさまざまなAustralopithecus発掘地での発掘の結果、アウストラロピテクス属が棲んでいた当時、これらの場所はいずれもサヴァンナどころか、森林に覆われた地域だったことが判明した。ダートはこれらの地域はずっとサヴァンナだったと前提していた、なぜなら有史以来ずっとサヴァンナだったからである。だが彼は微小な植物や種子の化石を探し当てて分析することのできる現代の考古学の技法を知らなかったのだ。

道具の使用とサヴァンナという環境の両方の証拠が疑問に曝された今、人間の身体的進化をサヴァンナ／キラーエイプ仮説に求める説明はやや活気がなくなっているように見える。事実、トバイアス教授は一九九五年にロンドンでの会合でこう述べているのだ。「サヴァンナ仮説はもうない。窓から投げ捨ててしまえ！」。

ここまでの歴史をお読みになれば、客観的な読者なら、もしも出来事の順番が違っていたら、と仮定することができるだろう。もしも状況が逆だったらと考えて頂きたい。もしもハーディの水棲類人猿説が最初に提唱されて受け入れられ、その後にダートのキラーエイプ仮説が出ていたとしたら。進化生物学におけるコンセンサスは水棲類人猿説を投げ捨ててキラーエイプ仮説に乗り換えていただろうか？

その場合は――新しいアイデアの扱い方に関する実績からして――同じ古人類学者と進化生物学者が、今キラーエイプ／サヴァンナ理論を擁護しているのと同じように獰猛に水棲類人猿説を擁護していただろう。「一番乗りになる」ことが科学的分析の決定的要素ではないとしても、論者を特定の事実に繋ぎ止めるだけの物理的証拠がほとんどない場合、それは明らかにかなり重要な意味を持つ。

この論争からあらゆる熱狂と憤激を取り除いてしまえば、双方の側に真実の要素が含まれているように見えるというのが実際のところだろう。陸橋説対大陸移動説の双方が正しかったと判明した時のように（第1章参照）。われわれの祖先である前人類がかなりの長期にわたって浜辺で過ごし、水棲生活に向けて進化したことはほぼ確実である。その証拠は明らかにわれわれの身体の奇妙な進化の中に刻印されている。だがわれわれはまた、このフェーズが続かなかったことも知っている（なぜなら現在のわれわれは水中に住んでイルカと戯れているというようなことがないからだ）。乾いた土地に戻ったわれわれの祖先は、その直立姿勢、ますます優秀となった脳、そして器用な手のお陰で、極めて危険な捕食者となった。その証拠は次章で見る。この捕食者としての能力によってわれわれは、今日の世界でわれわれの種が位置している支配者の地位に向かって進み始めた。

そして身体のみならず、精神も……

水棲類人猿は基本的に防御的な動物だった——浅瀬を逃避と防御の手段として用いていたのである。だがわれわれはそこに留まらなかった。陸上に戻ったわれわれはダートのキラーエイプとなった。そして彼が述べたように、われわれが今日にいたるまで精神構造の中にその攻撃性の亡霊を受け継いでいるというのは全くあり得ることである。

第4章　縁者殺害

小説家ジョージ・マクドナルド・フレイザーは冷笑的に記した、「無知ほど議論を燃え立たせるものはない」。たぶんこれこそ、前人類の進化という分野がこれほど激烈な論争の温床となっている理由だ。われわれは幾つかの主要な事実については確かに知っているが、それ以外のわれわれの「知識」たるや実際には単なる創造的推量でしかなく、その周囲を不確実性の泥濘みが取り囲んでいる。

この問題はどういうことかというと、例えば言葉の通じない、そして全く何も知らない人に合衆国というものを説明することを想像していただきたい。しかもそのために使えるのは昔、クルマで旅行したときの何枚かの写真だけ。例えばニューヨークの写真が一枚、ロッキー山脈が数枚、グランド・キャニオンが一枚、そしてディズニーランドが一枚。相手はおそらく、合衆国というのは部分的にはずいぶんと都会化されているが、それ以外の場所は頭がおかしくなるほど山ばかりで、少なくとも一部には何だかよく解らない鼠神を崇める人々が住んでいるという妥当な結論を下すだろう。このような結論には幾つかの真実の要素が含まれているが、全体像から欠落しているもののために全く使い物にならないものとなっている。

前人類の進化を理解するという話になると、まさにわれわれはそういう立場にある。これまでに発見されている不完全なヒト科の化石は、何百万年という時間の中に無造作に撒き散らされており、それ以外の部分の歴史は全くの暗黒なのだ。よってそれらの化石を好きなように論じ、並べ直すのは良いが、それでは初期人類の進化に関する信頼できる首尾一貫した全体像など及びも付かないのである。われわれは緻密な推測をすることはできるが、その推測は正しいと同程度の確率で全くの的外れともなりうるのだ。

実を言うとわれわれには、これまでに発見されている初期の二足歩行のヒト科の化石が実際にわれわれの直系の祖先のものなのかどうかすらはっきりとは解からないのである。われわれは現在この地球上で二足歩行をする唯一の霊長類だが、数百万年前にはおそらくだが、アフリカに多くの種類がいたらしい。われわれが発見した化石動物の一部はおそらくわれわれの直系の祖先であろうが、その他のものは遠い関係でしかないらしい。前人類の家系の平行する側枝、すなわち類縁種である。

(私は本章で「類縁種 cousin species」という言葉を大量に使う。この言葉に私は、「表面的には異なるが交雑して子供を産むことができるくらいには遺伝的に近い一対の種」という意味を持たせている。現代の事例で言えばライオンとトラ、イヌとオオカミ、ウマとロバ、ヒツジとヤギなどである。これらはいずれもハイブリッドの子供を為し得るし、現に為されている。人間とチンパンジーは、遺伝子レベルでは近いにも関わらず、類縁種ではない。どれほど交雑してもハイブリッドの子孫が生まれないからである)。

例えば、Paranthropus boisei はゴリラに似た二足歩行のヒト科で、一二〇万年ほど前に絶滅した。かつては Australopithecus africanus の一種に分類されていたが、現在では一般にわれわれの祖先の系統から分岐した側枝と考えられている。彼らはわれわれの直系の祖先——Homo habilis——が彼らと競合するようになると同時に絶滅した。

一〇〇万年前の化石からはDNAは採取できないので、次にわれわれの為すべきことは発見された二足歩行の類人猿がわれわれの祖先の系統であるように見えるかを調べることである。これは喩えるなら、ラベルのない一九世紀の家族写真のアルバムを見て、誰が自分の直系の親族なのか、その顔が自分に少しでも似ているかどうかを手掛かりに推定するようなものだ。

そんなわけで、ここに前人類および初期人類の発達に関してかなりの妥当性を持って確かであると言えることの概略を述べる——暴力傾向の添付証拠も含めて……。

われわれはミトコンドリアDNAの研究のお陰で、われわれがおよそ五〇〇万年前から七〇〇万年前にチンパンジーおよびボノボの祖先から分岐したということを知っている。そしてこの分岐後のある時点で——それが何千年か何百万年かはまだ確かではないが——われわれの祖先が部分的に共食いになり、おそらく他の大型類人猿よりも攻撃的になったということを。さらにまた、進化という尺度から言えば比較的短期間の内に、われわれの祖先は身体的には最も近縁の類人猿の類縁種とは極めて異なる形に進化したが、遺伝子的にはほとんど同一のままであったということも。

(二〇世紀の科学がもたらした最大の衝撃の一つは、われわれのDNAの少なくとも九五%がチンパンジーやボノボのそれと同一であるという発見であった。実際、デトロイトのウェイン州立大学薬学部で行なわれた二〇〇二年の議論を呼ぶ研究では、われわれのDNAは驚くなかれ九九・四%までチンパンジーのそれと同一であった。研究者たちによれば、この発見に照らすと、チンパンジーは人類の一つの枝として分類し直し、種の名称もPan troglodytesからHomo troglodytesとすべきであるという)。

さらにまたわれわれは、類人猿から初期前人類への最初の身体的変化の一つが人間型の二足歩行の発達であったということも知っている——それが提供するあらゆる不利と、後に見るように幾つかの重大な利点を含めて。二足歩行の Orrorin tugenensis の存在によって証明されたように、これが五七〇万年前よりも後に起ったということはあり得ない。この期間——長さで言えば七〇万年から一三〇万年までのどこか——におそらくわれわれは進化の水棲類人猿の段階を通過した。われわれはまた、二足歩行の類人猿は数百万年にわたって存在した後に道具の使用を開始した、そして前人類の頭蓋骨の中で脳がチンパンジーのそれよりもはるかに大きくなるにはそれ以上の期間を要したと考えている。

四〇〇万年前までにはレイモンド・ダートの Australopithecus africanus の最古のものがいた。これらの生物は大いに成功を収め、二〇〇万年以上にわたってアフリカ全土に広がった後に他のものに取って代わられた。彼らの脳と身体の大きさはだいたいチンパンジーと同じくらいだったが、直立して歩いていた。皮肉なことに、Australopithecus africanus はダートのキラーエイプ仮説の根拠となったにも関わらず（第2章参照）、その化石化した歯の研究によれば彼らは主として果実、ナッツ、種子を食べていた。だが近年の発見によれば彼らは少なくとも時々は肉を喰っていた。

エチオピアのディキカで発見されたおよそ三四〇万年前の動物の骨の化石は、屠殺の痕跡を示している。何者かが——地元のアウストラロピテクス属と考えられている——石を用いてその骨を叩き割り、中の骨髄を食った。だが彼らが生きた獲物を狩ったのか、あるいは単に屍体を漁っただけなのかは今も不明である。

二〇〇万年前よりも新しい Australopithecus africanus の化石はまだ発見されていない。彼らが類縁種——Homo habilis——によって絶滅させられたのか、それとも Australopithecus africanus が進化してこの属の新たな枝となったのかに関しては依然として謎のままである。

Homo habilis――現時点でその最古の標本はおよそ二二〇万年前のものである――は、身体は概してアウストラロピテクス属よりも小さい。だがそれ以前のヒト科とは異なり、彼らは単に適当な棒や石を拾うだけでなく、道具を作っていた（Homo habilis とはラテン語で「手先の器用なヒト」を意味する）。石を剥離させた（あるいは「砕石」した）痕跡がさまざまな Homo habilis の発掘地で発見されており、これは彼らが原始的な手斧を作っていたことを示している。これらの手斧が競争相手であるヒト科の他種、例えば Australopithecus africanus や Paranthropus boisei を絶滅させるのに役立ったかどうかは今も論争の的である。

われわれはこの種に Homo という属名――われわれ自身の亜種、Homo sapiens sapiens と同じ――を与えた。つまり彼らを類人猿よりも人間に近い最初の生物として指名したのである。これは Homo habilis が現在知られているどの類人猿よりも大きな脳を持っていたからだ。

われわれと他の動物との違いは何かと訊ねれば、ほとんどの人は大きな脳と答えるだろう。これは幾分誤解に基づいている。というのも脳の大きさは必ずしも脳の能力を示すわけではないからである。例えばゾウの脳は人間のほとんど四倍の大きさであるが、イヌよりも、あるいはラットと比べてもさほど知能が優れているわけではない（「知能と言ってもいろいろなタイプがある」と気が済むまで論じることもできる。だが決定的な要素は、遺伝学に関する限り、ある種が知能を使うことで生存と異なる環境への適応がどれほど上手くできたかである。その点に関してはラットは常にゾウに勝っている）。

脳の能力は主として神経経路の潜在的な複雑さに支配される。とは言うものの、脳の大きさは、それを収納している身体の相対的な大きさを考慮に入れれば知能の指標となる。人間は身体の大きさに対して大きな脳を持っている――全身の体重の二％である。一方シロナガスクジラは人間の五倍近くの大きさの脳を持っているが、全体重のわずか〇・〇〇七％に過ぎない。そして（無神経の誇りを覚悟で言えば）誰が誰を絶滅寸前まで狩ったのか？（ところで、われわれの親愛なるラットの脳は体重の〇・五％である。ゾウの脳は平均して体重の〇・一％だ）。

特別サイズの脳は高価な贅沢である。だからこそ、進化上の方策としてそれを使うのに成功した主はほとんどいない。われわれ人間はその体重の二％が全エネルギー備蓄の実に二〇％を食い尽くしている。そのために余計に食糧を集めねばならないという必要性は、人類史のほとんどにおいて生きるか死ぬかの問題であった。のみならず、人間は自分自身が自分よりも頭の脳力は弱くても身体の能力の高い動物の夕食になる心配までせねばならなかったのである。

この「夕食にならずに集める」という問題を克服するために、われわれの祖先はレイモンド・ダートの言うキラーエイプになったらしい――そして肉がわれわれの食餌の主要な部分となった。より大きな脳のお陰でより複雑な防御と狩りの戦略を取ることができ、そしておそらく言語が獲得された。同時に二足歩行の姿勢によって他のいかなる霊長類よりも豊富な狩猟と戦闘のための道具を獲得することができた。なぜなら、人間の二足歩行の数多い欠点にも関わらず（第2章参照）、そこには幾つかの利点もあったからである。そしてわれわれの祖先の増大する脳の容量はそれらを徹底的に活用したに違いない。

先ず第一に、それによってわれわれは一度に何時間も、あるいは最高のコンディションなら何日も継続的に走り続けることができるようになる。これに対して四足歩行の走行耐性は、その前脚ゆえに極めて限定的である。これは前脚が地面に触れる度に肺が圧迫されるためで、ゆえに四つ足の動物は呼吸の調子を走行ペースに合せる必要がある。速く走れば走るほど、脚と肺のシンクロが崩れないように呼吸を速くせざるを得ない。全速力で走る四足獣は自動的に呼吸が速く、浅くなる。そのため脳や筋肉が必要とする酸素を充分に採り入れることができず、すぐに息が切れて速度を落さねばならない。

前人類の二足歩行にはこのような問題は無い。走りながらでもゆっくりした深い呼吸ができるのだ。それは水棲類人猿の時代に獲得した意識的な呼吸制御の賜物でもある。そんなわけで、筋肉が疲労困憊するまで情け容赦のない継続的なペースを維持することができるのである。ほとんどの大型四足獣に比べて速度は速くはないが、追いかけているどの動物にもましてはるかに遠くまで走ることができるのだ。イソップは言う、「ゆっくりと着実な者が競走に勝つ」。獲物が視界にいるか、あるいはその足跡を追跡できる限り、われわれの祖先は文字通りそれが死ぬまで追い詰めることができたのである。

無論、獲物があらかじめ傷ついていればその方が都合が良い。そして前人類の手と眼の連携が威力を発揮するのはそこである。他の霊長類もまた極めて正確な投擲力を持っているが（それは衝撃的なほどである。動物園のサルの檻を見に行った人なら実感できるだろう）、彼らはそれを防御以外の目的には使わないようだ。初期の人類は投擲を攻撃手段として発達させた。われわれの高い直立姿勢、二焦点の視覚、自由に振ることのできる腕、器用な手は、石や、はるか後の時代なら槍や矢と組み合わせることで致死的な威力を持つ。人間は遠距離から殺すことを習得した唯一の哺乳類なのだ。

集団で協力しての狩猟もまた、初期の肉食のヒト科にとって進化の飛躍をもたらした。実際、これを行なう陸生の哺乳類は極めて少ない。オオカミとその親戚である野犬は群れで狩りをする。雌ライオンとその遠い親戚であるハイエナも。野生のチンパンジーとボノボもまた協力して狩りをするが、肉は彼らの食餌のわずか三%以下なので、極めて稀にしか行なわない。だが確言することができるが、われわれの祖先は他の捕食者の獲物の残りを漁ったり、自ら狩りをするときには協力して行なっていた。なぜならわれわれがそれを、いつの頃からか受け継いでいるからだ。

肉を協力して狩ることは、われわれの祖先にもう一つの興味深い影響を及ぼした。食糧を分かち合うことを覚えたのである。ある種の社会的な草食動物もまた協力して狩りをする――熟した果樹のような良い餌場の場所を見つけ、教え合うのである。だが彼らはひとたび手に入れた食糧を分け合うことはない――何にせよ、普通はまた木に戻れば豊富な食糧があるのだから、自分が集めた食糧をくすねようとする者に対して「自分で取って食え」という反応を示すのは当たり前のことだ。一方狩猟をする肉食動物の群れの場合、通常は獲物は一匹で、分け合わねばならない。だから全員に割り当てがある。確かに誰がいつ食うかを決める支配的ヒエラルキーはあるが、このような食糧の分かち合い――群れの中の最強の者から最弱の者まで――は他の大型哺乳類のほとんどに見られない社会的な繋がりと絆を生み出す。

そんなわけでもしも Homo habilis が単に腐肉の欠片を漁っていたのではなく狩猟をしていたのなら、その企てを成功させるための強力な殺しの手段と、そしておそらくは初期段階の真社会性の（つまり、社会的に複雑な）群社会を持っていたはずである。惜しむらくは、Homo habilis――ほぼ間違いなく地球上に出現した最初の本物の人間――に関するわれわれの知識は控えめに言っても極めて少ないと言わざるを得ない。彼らは一四〇万年ほど前までアフリカにいたようであるが、数少ない現存する化石に見出される幅広いヴァリエーションは多くの論争を引き起こしている。

有力な古人類学者の中には、Homo habilis をはっきりとした亜種として受け入れることに慎重な態度を示す者すらいる。彼らは昔から「くずかご」種と呼ばれて来た。いかなるパターンにも当てはまらない断片的な化石から楽観的に再構成されたもので、実際にはそれらの化石は互いに全く無関係のものかもしれないのだ（喩えるなら、はるか未来の古人類学者が極めて少数の不完全な人間とゴリラとチンパンジーの化石を発見し、それを一つの生物に再構成しようとしているような状況である）。

幸運なことに、人間の進化の次の段階（と一般に受け入れられているもの）は、かなりましな化石記録を残している。現時点で最初の Homo erectus は中央アフリカ東部で発見されたおよそ一八〇万年前のものである。最新の標本はおよそ一四万三〇〇〇年前のものだ（進化の尺度から言えば、つい昨日のことである）。

彼らは精力的な探険家だった——Homo erectus の化石はケニア、スペイン、ジョージア（アメリカの州ではなく東欧の）、インドネシア、ヴェトナム、中国で見つかっている。そして彼らが燧石で道具を作っていた証拠がイングランドのサフォーク州で発見されており、これは七〇万年前のものである（皮肉なことにサフォーク州と言えば正体不明の詐欺師が、捏造の「ピルトダウン人」の頭蓋骨を埋めた場所〔第2章参照〕でもある。お陰で古人類学者は何十年も間違うこととなった）。

エレクトゥスは賢かった。われわれの基準から見れば何と言うこともない脳だったが、火の使用と、当時の地球上で最高の道具造りの両方に熟達していた。また身体も立派だった。身長六フィート、その骨格は現代人よりも筋骨逞しかったことを示している。Homo erectus の化石に関する有力な専門家の一人であるアラン・ウォーカーは、この種を「当時のヴェロキラプトル」と呼んでいる。

彼らの獰猛さの状況証拠は彼らが地球全体に成功裏に分布したことに示されている。Homo erectus は人類史上、最も恐ろしい肉食獣と遭遇したに違いない——サーベルタイガーから、ポニーほどもあるダイアウルフ、そして巨大なホラアナグマまで——だがそれでも彼らを止めることはできなかった。

そして忘れないでいただきたいが、オランウータンを除く現在知られている大型類人猿にはアフリカの外に出たものすらいないのだ。

ではHomo erectusはレイモンド・ダートの言う野蛮な人食いの「キラーエイプ」だったのか？　スペイン北部のグラン・ドリーナの洞窟で発見された証拠によれば、そうだ。考古学者たちはこの洞窟で、屠殺された動物の骨と混じって子供の骨を発見した。人骨は骨髄を取るために割られ、頭蓋骨は脳を食うために砕かれていた。人骨は三〇万年前から七八万年前のものまであった。このことはつまり、人食いが食糧の欠乏する季節の自暴自棄の行為ではなく、グラン・ドリーナの洞窟のHomo erectusの間ではかなり習慣的に行なわれていたということである。そして人骨が他の動物の食い滓と共に投げ捨てられているという事実は、その殺害に何ら文化的意味はなかったということを示している。犠牲者は殺害者にとって単なる食糧に過ぎなかったのだ。

祖先がしでかしたこの野蛮さの証拠に反して、われわれはHomo erectusがこの地球に初めて導入したもう一つの行為についても考察しなければならない。それは人間の共感、すなわち利他主義である（科学用語として見れば、利他主義は単に他者に共感して助けるということだけではない。利他主義と言えるのは自分自身に対する差し迫ったコストを度外視して他者を助けるという行動である。自分に必要のない食べ物を与えるのは確かに慈悲深いが、利他主義ではない。自分自身が飢えており、食糧が不足している時に他人に与えるのが利他主義なのだ）。

一九七三年、リチャード・リーキー（先ず間違いなく二〇世紀の古人類学における最有力者）率いる探険隊がケニア北西部のトゥルカナ湖周辺地域を調査した。リーキーのチームは驚く程完全なHomo erectusの骨格を発見した。それは一〇歳くらいの少年で、一四五万年ほど前に死んでいた。

その遺骨があまりにも完全であったために、驚くべき発見が実現した。少年の頭蓋骨にはブローカ領に相当する空間があった――脳の前頭葉の一部で、現代人においては言語機能を司っている。この脳の特徴は類人猿には発見されておらず、また Homo erectus 以前の既知の前人類にも見られない。全ての古人類学者が認めているわけではないが、これは Homo erectus が話せたことを示しているのかもしれない。

〈トゥルカナ・ボーイ〉の近くで、リーキーのチームは年上の Homo erectus の骨格の一部を発見した。一七〇万年ほど前に死んだ女である。彼女は明らかに病気だった。その骨は異常成長に覆われており、おそらく彼女は「ビタミンA過剰症」を患っている時に死んだと思われた。これは中毒の一種で、長期にわたる吐き気、嘔吐、眩暈、視覚異常、動作のぎこちなさ、変形骨増殖等の症状を呈する。興味深いことに、トゥルカナの女の病気の原因は狩りの成功であった。ビタミンA過剰症は、肝臓にあまりにも大量のビタミンAを処理させることによって引き起こされる。このようなビタミンの過剰摂取の原因は大型肉食獣の肝臓を食ったことだと考えられてきた（この状態が初めて西洋医学の注目を集めたのは一五九七年のことで、オランダの探険家がホッキョクグマの肝臓を食うという過ちを犯した）。彼女は屍体漁りをしていて肝臓を見つけたのかもしれないが、通常、放置されている屍体は内臓から先に食われてしまうので、彼女とその仲間は大型で危険な肉食獣を狩って殺したと考える方が妥当だ。

だが、さらに印象的なのは――そして心温まるのは――これほど骨が異常成長するまで長生きしたにも関わらず、このトゥルカナの女は介護を受けていたということである。彼女は原始のアフリカの野生状態で自活できる状況には全くなかっただろう。だから誰か他の者が彼女を守り、恐らくは食料や水を与え、そしてもしかしたら移動もさせていたに違いない。

この事実は大したことではないように思われるかも知れない。だが思い起こして頂きたい、われわれは Homo erectus の話をしているのだ。現代の人間よりもはるかに野生動物の方に近かったような生物である。このような生物、あるいは生物集団が純粋な利他主義を示すというのは、控えめに言っても驚くべきことだ。

動物は――われわれがどれほど彼らを情緒的に擬人化しようとも――懇切な生物ではない。そもそもそうなり得ない。人間以外の生物にとって生命は、とある科学者の述べた「赤の女王効果」に支配されている。この名称は『鏡の国のアリス』から採ったもので、その中で赤の女王はアリスに、「その場にとどまるためには、全力で走り続けなければならない」と言う。

野生生物はその全エネルギーを生存と繁殖に費やさねばならない。進化的競争という鞭の下、動物種は「走り続けなければならない」――すなわち自らを最高の効率に維持しなければならない――ただ自然の序列における地位を維持するだけのために。捕食者と進化上の競争相手は、落伍者に対しては全く慈悲など持たない。ほんの少しでも遅れれば――本能的に現状に満足したり、重要でない活動に無駄な労力を割いたりして――すぐに絶滅してしまう。ドードーやカロライナインコのように食い尽くされたり、競争相手の種によって快適な棲息地から追い出されてゆっくりと滅んで行く。過去一〇〇〇年の間にヨーロッパアカリスに起こったことだ。それから食物連鎖の中で下もしくは横にいた、より厚かましくて精力的な種がその地位に取って代わる。これこそ「適者生存」という言葉の意味だ。

それゆえにイヌやイルカや類人猿のような知能のある動物ですら、他の生物に対して、たとえ同じ種や直接の親族であったとしても、欠片の共感も、ましてや利他主義などは示さないのである。トゥルカナの女とは違って、彼らは絶対に何週間も何ヶ月にもわたって病気の同族の世話をして自分自身の生命を危険に曝すということはしない。放置して死なせるというのが自然界の唯一の処方なのだった、人間が到来するまでは。

ならばなぜわれわれの祖先は――依然として他の動物の食い物になるという危険に常に曝されているにも関わらず――他者に対して利他的になるという危険を冒したのか？　その答えは彼らの巨大な脳、発達途上の言語能力、そしてその両方の結果として生じた社会的発達と関係しているのだろう。だがほぼ確実にそれはわれわれの奇妙な二足歩行のもう一つの副作用の結果でもある。

第2章で見たように、前人類の産道は骨盤が二足歩行に適した、体重を支える形に進化したことによって締め上げられることとなった。これによって出産は母子にとって著しく危険なプロセスとなった。同時にまたこれは、人間（そしておそらく前人類）の赤ん坊は他の大型哺乳類に比べて早い発達段階で生まれて来なければならないということを意味する。母親の狭い産道を通り抜けるために、赤ん坊の頭は小さく柔らかくなければならないのである。ゆえに赤ん坊は全く無力な段階で生まれてきて、何ヶ月にもわたってその状態に留まる。生まれたばかりの仔馬がその場で立とうとすることを考えれば、人間の新生児とは著しい対照を為していることが判るだろう。

この事実からわれわれは、人間が一雌一雄制を指向する本能の起源について、デズモンド・モリスの複雑すぎる「裸のサル」説（第2章参照）よりもましな考えを得られる。つまり親が二人いた方が一人しかいない場合よりも上手く赤ん坊の世話ができるということだ。ゆえに母子の近くに留まることは父の遺伝子的利益の一環なのである。母子に対する相互の愛情が、自動的ではないにしても、これをより容易にする。

この核家族の氏族集団は上手い防衛構造であり、それと先に述べた二足歩行による致死的な狩猟技術が組み合わさると、Homo erectus の部族はどこへ行っても最も危険な捕食者となり得ただろう。その氏族集団（たとえ実際の子供でなくとも、ほとんど確実に自分の遺伝子の一部を共有している）内部における他者への共感は自分の遺伝子を生き残らせ、拡散させる機会を補強するもう一つの方法である。無論、逆に氏族の外から来るもの（自分の遺伝を何一つ共有しない）は自動的に脅威となる。外国人恐怖症、愛国主義、人種差別はいずれも遺伝子を共有しない者に対して共感しないように促す原始的本能に由来している。

この緊密に編まれた基本的な氏族構造は最初期の人類文明と言うべきものなのかも知れない。オオカミやチンパンジーの群れの中の各自もそれぞれの面倒を見るが、狩りのできない、あるいは速く動くことすらできない病気の雌を介護するほどではない。トゥルカナの女が仲間の Homo erectus からここまでの世話を受けていたかどうかは解らないが、他者を守り、病気の仲間に感情移入する本能がわれわれの祖先の中に深く根付いていたことは間違いない。なぜならわれわれもその特徴を受け継いでいるからだ。

そんなわけで現在の科学的コンセンサスによれば、Homo erectus は地球のほとんどを征服した、賢く、力強く、協力的で、愛情深く、話もできる……人喰いである。最後のものを除けばいずれも確実に、彼らの子孫であるわれわれの中にもある特徴だ。もしもわれわれが自分の直近の家族や氏族に属さない人間を喰うというキラーエイプの本能を卒業したのなら、過剰な暴力へ向かうその他の遺伝的傾向もまた脱することができるかもしれない。

だがここでわれわれは殺人を巡る大きな科学上の謎に逢着する——先史時代のカインとアベルの伝説、おそらくわれわれの進化上の「原罪」である。すなわちわれわれの直接の祖先、Homo sapiens は、われわれの最も近しい親類である Homo sapiens neanderthalensis を絶滅させたのか？（われわれ現代人は、Homo sapiens sapiens と呼ばれる亜種である。人はしばしばこの名称を省略して Homo sapiens と言うが、それは誤り。あなたをあなたの親の下の名前で呼ぶようなものだ）。

ネアンデルタール人は五〇万年前から二〇万年前の間に発生し、おそらく（Homo heidelbergensis という中間段階を経由して）Homo erectus を祖先としている。後者は他の種族が世界漫遊の旅に出た後もアフリカに残っていた。初期のネアンデルタール人はまず――一三万年ほど前に――北アフリカと中東に移動し、それからヨーロッパ全域、コーカサス、そして中央アジアの広い領域に入植した。第四紀の氷河期の頃、ネアンデルタール人は氷や雪に対処するために大きく頑丈で保温性のよい身体に進化していた。

われわれの祖先である Homo sapiens――時には「クロマニヨン人」とか、あるいは単に「初期現生人類」と呼ばれる――は二五万年ほど前にネアンデルタール人と共通のアフリカの先祖から分岐し、独立した、だが極めて近縁の類縁種として進化した（いずれも、考古学者によって最初に発掘された場所の地名に基づいて命名されている――ドイツのネアンデル渓谷と、フランスのクロマニヨン洞窟である）。

初期現生人類はネアンデルタール人よりもはるか後――七万年前から六万年前――にアフリカの外に出た。地球が現在と同様に穏やかだった間氷期である。ゆえに彼らの身体は温暖な気候に適応するよう進化している。われわれの祖先はネアンデルタール人よりも背が高いが、体重は四分の三に過ぎない。それでも生き延びたのは二五％も細いクロマニヨン人で、絶滅したのはネアンデルタール人の方だった。

七万七〇〇〇年前から六万九〇〇〇年前までのどこかの時点で、インドネシアで火山の爆発があった。トバ超噴火である。大気中の塵雲は地球全土に一〇年に及ぶ連続的な冬をもたらした（既に絶賛進行中であった第四期の氷期に加えて）。遺伝学の研究によれば初期現生人類のほとんどはこの時期に死んだ。あらゆる現代人の祖先の総人口は、ある時点で一万五〇〇〇人程度にまで減少した。今日においても人間は他のほとんどの動物種よりも疫病に弱いが、それはこの遺伝的ボトルネックのせいである——われわれはあまりにも遺伝的に近すぎて多くの免疫システムの脆弱さを共有しているため、病気を蔓延させやすいのだ。

ゆえにわれわれの祖先が真剣にネアンデルタール人の領域に攻め込むことができるほど人口を回復させたのは六万年前のことである。だがその歩みは遅かった。最新の研究によれば初期現生人類がヨーロッパに大量入植するのはようやく四万五〇〇〇年ほど前のことである。そして三万九〇〇〇年前にはもはやネアンデルタール人は残っていなかった。われわれが到達した途端、彼らは滅びたのだ。

では、われわれの祖先が彼らを殺したのか？ ここでもまたあまりにも証拠が少ないために決定的な結論が出せないでいる。だがクロマニヨン人とHomo sapiens neanderthalensisの険悪な関係を示すようなひとつの化石が発見されている。二〇〇九年にフランス南西部のレ・ロワ発掘地で発見されたネアンデルタール人の子供の顎骨である。

考古学チームの長であるサントル・ナスィヨナール・ド・ラ・レシェルシュ・スィヤンティフィックのフェルナンド・ロッツィによれば、この骨の切り傷からして骨の主はレ・ロワ洞窟に住んでいた初期現生人類によって殺され、解体され、喰われたという。その傷は鹿の骨に付いていた石の肉削ぎ器によるものと同じで、その両方の標本が同じ場所から発見されていた。

だが言うまでもなく、ひとつの殺人の証拠がそこで起こったジェノサイドを証明しているわけではない。古人類学者の中にはわれわれの祖先は単にネアンデルタール人よりも進化していただけだとか、初期現生人類は徐々に馬鹿でかいネアンデルタール人を良い狩り場から押し出していったのだという者もいる。彼らによれば Homo sapiens neanderthalensis は二〇世紀にアメリカハイイロリスの侵入によってヨーロッパアカリスが豊かな森林地帯から追い出され、ほとんど絶滅してしまったのと同じような形で絶滅したのだという。ハイイロリスは実際にアカリスを襲ったわけではない。単に「赤の女王」の生存戦略において優勢となることによって彼らを追いだしたに過ぎない。

実際、科学者の一部はわれわれの祖先が初めて姿を見せ始めた頃には既にネアンデルタール人は絶滅しかけていたと考えている。彼らもまたトバ超噴火の影響を受けていたはずで、氷期の気候は間違いなく、変動しやすく情け容赦のないものだった。身体的に特殊化したネアンデルタール人はこの新たな環境に適応することができなかったのかもしれない——今日のホッキョクグマがグローバルな気候変動に対処できないように。

それから三万九〇〇〇年前にカンピ・フレグレイ超火山——現在の南イタリア——の破局噴火があった。そのため何十年にもわたって大陸の気候は大荒れとなった。おそらくこれにより、既に動揺していたネアンデルタール人の箍が外れてしまった。何にせよ、見積によればネアンデルタール人はその成功の絶頂においても人口が七万人を超えることはなかった。だから彼らを絶滅させるのにさほど大きな力は必要がなかっただろう。

にも関わらず、ネアンデルタール人が平穏に歴史の舞台から去った——同じ種のより進化した枝によって静かに取って代わられた——という説は、ネアンデルタール人が少なくともわれわれの祖先である侵略者と同程度の知能があったという証拠によって部分的に覆されている。彼らは同じような脳と身体の比率を持ち、創意に富んだ道具を作り、火を使い、死者を花と共に埋葬する儀礼を行なうほど複雑な社会を持っていた。これほど知的な生物であるならば高度な適応力を持っていただろうし、その適応力によってわれわれの祖先に領土争いにおいて「雌雄を決する」ことを余儀なくさせたかもしれない……。その結果、レ・ロワの顎骨が示すように、彼らを殺して喰うところまで行ったのではないか。

ほとんど同一の亜種が繁栄している場所と時代に人間のひとつの亜種が丸ごと絶滅したという事実そのものが、種の内部の暴力がその絶滅の主要要素であったという事実を示している。今われわれが生きているのは、単にわれわれの祖先がネアンデルタール人よりも野蛮であったからに過ぎないのかも知れないのだ。

ネアンデルタール人の行方に関する第三の、そしてたぶんもっと魅力的な説明がある。つまり彼らはわれわれの中にいるのだと。ネアンデルタール人の痕跡は、多くの現代人のＤＮＡの中に見出すことができる。ネアンデルタール人がまだその辺をうろうろしていた時にアフリカから移民してきた者を先祖に持つ人々である。現代人の中でも連綿とアフリカの血を受け継いできた人々にはネアンデルタール人の血は入っていない。

ネアンデルタール人の化石の中には遺伝学者が部分的なＤＮＡ鎖を抽出できるほど最近のものもある。現代人の中でも、アフリカを出た――ゆえにネアンデルタール人との接触があった――クロマニヨン人の子孫である人々は一％から四％のネアンデルタール人のＤＮＡ暗号を共有している。言い換えれば、これらの人の祖先はネアンデルタール人との交雑に成功したのである。

人間とネアンデルタール人の交雑という観念は長い間ほとんどの科学者によって否定されてきた。

なぜならその子孫は何であれ「ラバ《ミュール》」――すなわち実際のラバ（ウマとロバという類縁種の交雑種）のような生殖力のない雑種――になるとされていたからだ。現在では、これらの科学者は半分しか正解ではなかったらしい。

ここで理解しておかねばならない重要なことは、われわれのＤＮＡ暗号の一部――ミトコンドリアＤＮＡ（あるいは略してmtDNA）と呼ばれるもの――は母方を通じてしか伝わらないということだ。mtDNAの研究者にとっても。mtDNA自体にとっても、男はみな行き止まりなのである。現代人の中にネアンデルタール人の祖先とmtDNAを共有する者が一人もいないという事実は、自ら子を生すほど長生きする雑種の子供は特定のタイプのみだということだ。それはすなわち、雄のネアンデルタール人と性交した雌のクロマニヨン人の子供である。

われわれの一部がネアンデルタール人の祖先から継承したＤＮＡがmtDNAの要素を欠いているという事実は、特別の意味合いを持っている。雄のクロマニヨン人に孕まされた雌のネアンデルタール人はその遺伝子を（およびmtDNAを）クロマニヨン人の群れの中に戻すことがなかったということだ。それは彼らが不妊のラバだったからなのか、それとも彼らが文化的／遺伝子的交換を再開できるようになる前に死んだ（あるいは殺された）からなのか。

この異種間接触に関わっていたのは、局地的な少数の者だけだっただろう。たぶん、どのような場合においても双方の側でわずか数十、せいぜい数百名というところである。そして思い起こしていただきたいが、どんな現代人の中にもネアンデルタール人のＤＮＡは最大で四％しかない。従って、両種の間にさほど頻繁な性交があったとは考えにくい。それがごく普通の交雑であったなら、現代人の中のネアンデルタール人のＤＮＡのパーセンテージはもっと高かっただろう。そしてそれから何万年も経っている――その間、人間は幸福にもDNAの混合を続け、ごく微量のネアンデルタール人をばらまいてきた――ことからして、われわれがここで話題にしているのは、生き延びて後世に遺伝子を継承させたクロマニヨン／ネアンデルタールの混血の中の一握りの第一世代なのかもしれない。

この少数の交雑は良いことだったのかも知れない。強姦嗜好は結局のところ、もう一つの人間の闘争の永続的な側面であり、それは雄のネアンデルタール人にも見られたのかもしれない（人間、およびおそらく前人類の強姦行為については本書の最終章でもっと深く考察する）。

確かにネアンデルタール人が全くの平和主義者であり、残酷なクロマニヨン人によって情け容赦もなく滅ぼされてしまったということを示す証拠はない。二〇〇〇年に行なわれた骨の化学組成の研究によれば、ネアンデルタール人はほとんど完全に肉食であった。ゆえに彼らは熟達した狩人で、戦い方も知っていただろう。もしも種族間の憎悪、暴力、あるいは人喰いなどがあったしたら、それが双方向のものであったことはほぼ確実である。

悪魔や人喰い鬼や巨人のような、古くて普遍的な怪物の神話――辺鄙な洞窟や陰鬱な森の中に潜み、旨い人間の獲物が迷い込むのを待っている――はもしかしたら初期現生人類とHomo sapiens neanderthalensisとの殲滅戦争の、極めて古い文化的記憶なのかもしれない。ネアンデルタール人の歴然たる身体能力と高度な知能からすれば、それはわれわれの祖先にとって極めて困難な闘いであったと考えられるのだから。

第5章「なぜ戦う」

ネアンデルタール人の絶滅により、われわれの祖先はこの惑星の事実上の支配者となった。もはやわれわれを絶滅させ得る脅威となるような種はいない。オオカミ、クマ、サーベルタイガーは少数の個人を殺すかも知れない。苛酷な冬や飢饉や疫病で一つの部族が壊滅するかもしれない。だがわれわれの祖先はあまりにも多く、そして地球上のいたるところに分布していたので、全地球的な破局でもない限り、もはや二度と絶滅の危機に瀕することはなかった。

三万年前になるころには、われわれの祖先は食物連鎖の頂上に君臨していた。人間は地球の捕食者の頂点、殺し屋の中の殺し屋となった。そしてわれわれは身体的にも、*Homo sapiens sapiens* という亜種に進化した——「解剖学的現生人類」、すなわちわれわれである。

だが問題は依然として完璧からは程遠かった。人喰いの捕食者はいくらでもおり、そして第四紀の氷期には地球の多くの部分は雪に埋もれていた。人々は一七世紀の哲学者トーマス・ホッブズの言う「自然状態」に生きていた。整った文明の要素がほとんどあるいは全くない人生、そこでは母なる自然は単にドアの外のみならず、周囲のいたるところにある。今の感覚からすれば牧歌的に見えるかもしれない——そこから遠く離れて快適に生きる人にとっては。だがわれわれの祖先にとっては、人生はまさにホッブズが述べた通りのものだった、「貧しく、不潔で、野蛮で、短い」。

この冷たく危険な世界での個人の生存は、強さと幸運と創意の問題だった。彼らは燧石《すいせき》の切削と骨の彫刻を生存技術のレベル以上に、芸術の領域へと高めた。彼らの逆棘のある燧石の槍の穂先と骨の釣り針は複雑な器用さの産んだ驚異である。そして槍だけでは不十分な時には、彼らは頭脳を使った。

例えばチャネル諸島のジャージー島のウェネ崖の下に、考古学者たちはマンモスと毛サイの痕跡を発見した。これらの巨大で危険な動物は明らかに、意図的に絶壁から追い落とされて死んだ後、その場で解体されていた。化石化した死骸の量と位置から見て、これは一度限りの出来事ではなく、習慣的に繰り返されていた。この地の人間は、地形と重力の両方を用いて屠殺場を創り出したのだ。

後期旧石器時代、紀元前二万二〇〇〇年から一万七〇〇〇年頃の西ヨーロッパの住人を考古学者は「ソリュートレ文化人」と呼ぶ。この人々はあらゆる時代を通じて最も不当な評価を受けているものを発明した——針孔付きの針である。乾燥させた腱で作った糸を毛皮に通すことのできた彼らは、それによって烈しく動いても脱げ落ちることのない服を作った。膝までの深さの雪の中を、重い槍を持ち、皮の断片だけを身に着けて進んでみれば良い。そうすればこの発明が、氷期における人間の生存にとってどれほど飛躍的な一歩であったかが解るだろう。

われわれの祖先である穴居人は、その祖先である Homo erectus に輪を掛けて偉大な旅行家だった。同じ野蛮な土地、苛酷な気候、恐ろしい肉食獣などに果敢に立ち向かった彼らは、当時は既に（おそらく）絶滅していた祖先の種と同じ領域に広がった。だが彼らはまたはるか彼方の太平洋の島々、オーストラリア、南北アメリカにまで広がった。これまで人間は疎か、類人猿自体が存在しなかった土地である。そして実に奇妙なことに、これらの征服の最後の部分が針孔付きの針によって可能となったことはほぼ確実である。

第1章で見たように、人間の一部は一万二〇〇〇年ほど前にシベリアからベーリンジア陸橋を通ってアメリカ北西部に到達した。だがクローヴィス人と呼ばれる彼らが北アメリカ大陸に広がる際に他の人類と遭遇したことはほぼ確実である。さまざまな場所――メリーランド、ペンシルヴェニア、ヴァージニア、フロリダ、デラウェア――で居住地の痕跡が発見されているが、それらは放射性炭素年代測定法によって二万六〇〇〇年も前のものであることが判明している。クローヴィス人の到達よりも一万四〇〇〇年も前である。*Homo erectus*、*Homo heidelbergensis* およびネアンデルタール人がそれほど遠くまで行ったことはないので、この時代に北アメリカ東岸に入植することのできた人間はヨーロッパのソリュートレ文化人しかいない。

一体穴居人が、どうやって氷期の荒れ狂う海を何千マイルも渡って行くことができたのか？　針孔付きの針で、重ねた毛皮を縫い合わせることによってである。それを使って何層もの防水布やカヌーの船体を作ることができた。そしてこれにより、ソリュートレ文化人は氷床から氷床へと飛び移るように大西洋を移動した。骨の釣り針で漁をし、逆棘のある石槍でアザラシを突き刺しながら。結局のところこれはイヌイットが日常的にやっていたことだ。北大西洋の極地の海を浮氷塊を伝って渡りながら基本的には石器時代と同じ技術で狩りをする――二〇世紀初頭まで。

南北アメリカへの人間の入植は「ソリュートレ文化人が一番」とする仮説は依然として大いに議論の的となっている。その理由の一つは主流派である「クローヴィス人が一番」仮説の信者が、どんな証拠を突きつけられようともそれについて考察することを拒否していることだ。またネイティヴ・アメリカンにとっても、腹立たしい点ではある。彼らは当然ながらヨーロッパ人に先を越されていたという考えを嫌う――殊に、コロンブス以後のヨーロッパの入植者がほとんど彼らを絶滅させようとしたからである。

酷い皮肉だが、そのジェノサイド未遂のせいで「ソリュートレ文化人が一番」仮説の主要な証拠の繋がりまでもが破壊されたらしい。ミトコンドリアDNAの研究はこの問題を決定的に解決していたはずだ。もしも現代のネイティヴ・アメリカンの中に、ソリュートレ文化人のmtDNA（そのサンプルはヨーロッパの資料から再現されている）を持つ者が少しでもいれば、彼らの祖先の一部が紀元前一万年以上前にヨーロッパから来たに違いない。だが東海岸のネイティヴ・アメリカンのあまりにも多くの部族が絶滅させられてしまったために、おそらくそういう機会も失われた。もしも一四九二年にコロンブスが上陸した時点で北アメリカのソリュートレ文化人の入植者の子孫が生き残っていたとしても、彼らは真っ先にヨーロッパの疫病とヨーロッパの入植者の攻撃によって死滅していただろう。

後期旧石器時代のわれわれの祖先は、野蛮なこの星を征服して入植することは言うまでもなく、繁殖に耐えるだけの期間にわたって生存することができるくらい強靱で有能だったに違いない。だが彼らはその文明化された子孫であるわれわれと同じくらい、殺人への傾向があったのか？　初期現生人類は現代人よりも平和的だったと信ずる者もいる。すぐに明らかになる理由で、われわれはこれを「ボノボ説」と呼ぼう。これと対立するのが「チンパンジー説」だ。初期現生人類は縄張り主義で、人殺しで、おそらくとことんまでサディスティックであったとするものだ。

ボノボとチンパンジーはわれわれに最も近い遺伝的親戚である（今やネアンデルタール人は死滅しているので）。ボノボ（ピグミーチンパンジーとも呼ばれる）は愛らしい小型類人猿で、少数の母系集団で生活し、ヒツジが排泄するのと同じように（つまり気楽に、頻繁に）交尾し、他のボノボと戦うことは例えあったとしてもほとんどない――競争相手の群れとでもだ。それゆえに彼らは「ヒッピーエイプ」と呼ばれている。

ボノボ説は、初期現生人類もまた同様に平和的であったが複雑な文明生活の不自然な側面によって同種内の過剰な暴力に堕落したというものだ。これは希望的観測のように見えるかも知れないが――われわれは初期の Homo sapiens sapiens の社会習慣についての直接的証拠は何一つ持たないので――実際にあり得ないことではない。動物学者の示すところによれば、野生動物は不自然でストレスの覆い環境に置かれれば現代人の眼から見れば犯罪的と思えるような行動を示す。

一九五八年、アメリカの民族学者ジョン・B・カルフーンは画期的な実験を行なった。まず四つの大きな、同じ大きさで互いに繋がった檻を設営する。それからそこにドブネズミの群れを入れる。檻の内の二つにはそれぞれ二つの出口があり、他の檻に続いている。他の二つはそれぞれ一つずつの出口しかない。出口が一つの檻の方が身を守りやすく、ゆえにネズミの観点から見れば好ましい。そこでこの檻は直ちに二匹の支配的な雄と、そのハーレムに属する雌たちよって占拠された。それ以外のネズミは全員、二つの出口のある檻の中で過密な状況で生活することを余儀なくされた。

出口が一つの檻の小さなコミュニティは(ネズミにとって)完全に自然な状況で生活していた。だがどんどん過密になっていく「スラム」の檻のネズミはすぐに行動が堕落した。雄ネズミの群れが自分の分け前以上の餌を盗み、しばしばそれに抵抗したネズミを殺した。性的行動もまた堕落した――交尾儀礼はほとんど抛棄されたも同然となり、雄ネズミの群れが雌の住処に強引に押入り、強姦した。犠牲者である雌に仔がいれば、ネズミの群れはこれも殺して喰った。

動物の行動を人間に当てはめるのは常にリスクを伴うが(なぜなら人間は奇妙なほどユニークな動物なの

で)、ここには無視し得ぬ類似がある。歴史上のどの都市のスラムであれ、カルフーンのネズミと同様の行動の堕落が見られるだろう。弱い者虐めをするゴロツキ、窃盗、殺人、強姦は常に、貧しく、ストレスがあり、過密した人々の集団の間では普通に見られる。

利己主義と野蛮はスラムの生活に対する普通の反応だという意見もあるかも知れないが、公平な部外者から見れば、これは矛盾して見えるだろう。知能が高く群志向の動物として、惨事に対する典型的な人間の反応は直ちに一致協力して逃亡すること、あるいは少なくとも、可能な限り多くの人々のために状況を改善することだろう。だがその災難が打ち続く悲惨な状況の結果である場合、なかなかそうはならないのである。

一つの説明としては、不自然な生活状況がわれわれの自然な反応を衰えさせ、下向きの行動スパイラルを生み出すと言えるかもしれない。劣悪な環境は犯罪行動を促し、それによって状況はますますストレスの多いものとなり、そのストレスが反社会的行動に繋がり、それがまた……という具合に。

警察界隈では、これは「割れ窓症候群」と呼ばれている。この理論によれば、荒れた地区では通常、犯罪率が高い。ある意味ではそれはその地区の住民が、こんな苛酷で無法な状況の下で自らを向上させることはできないと感じるからである。その地区が改善されれば——見かけ上だけでも良い、例えば廃屋の割れ窓を取り換えるとか——犯罪率は通常は下がり、地元住民の自助団が自動的に形成され始める。その地区がさらに改善されれば、犯罪率もさらに下がる。反社会的行動の影響をなくしたり、あるいは単に減らすだけでも、人間性の社会的に楽観的な面が再び明白に現れてくるとされている。

どんな大都市でも、かつてスラムであったが今では高級住宅街になっている地区を訪ねてみるだけで、このことははっきりと解る。例えば一八世紀に制作されたホガースの版画『ジン横町』を見てみよう――酔漢、娼婦、腐敗と堕落に満ち満ちた救いがたい世界である。ホガースはこの『ジン横町』と対を成す版画を制作している。それは『ビール通り』と題されており、そこでは幸福で裕福な人々がビールを呑みながら国王の最新の布告を読んでいる。彼らを取り巻く街の建物は明らかに『ジン横町』に出て来る崩れたスラムのそれと同じものであるが――見る角度が異なり、そしておそらく後の時代のものだが――巧みに再建され、修復されている。

さて、現代のブルームズベリを見てみよう。ホガースの『ジン横町』のモデルとなったロンドンの地区で、現在ではこの都の中でも最も美しい地域の一つだ。ブルームズベリが地獄のような『ジン横町』から牧歌的な『ビール通り』になったことは、わずか数十年の間に着実に富を蓄積した結果である。

割れ窓理論は主として政治的右派によって、犯罪の多発地帯を作るのは貧困や権利の剥奪ではなく警察力の弱さであることの証拠として捉えられてきた。曰く、単純に犯罪を潰せば自動的にその地区は改善されると。だがこれは証拠の読み違えのように見える。オランダのフローニンゲンの街の革新的な研究によれば、犯罪行動に最も影響を及ぼすのは――警察の活動や可視性ではなく――環境それ自体であるという。例えば研究者によれば、彼らが壁に落書きをした直後に同じ街路でポイ捨てやコソ泥が二倍になった。われわれは局地的な環境が相対的に無秩序になれば、それに相応しい反応を示してしまうものであるらしい。「自分がそんなことをしているところを近所の人に見られたくない」というのは、人間のような群指向の動物にとって強力なインセンティヴとなる。

かつてチンパンジーはボノボと同様に平和的だと考えられていた。彼らの暴力は競争相手の群れと遭遇した時に叫んだりマッチョなポーズを取るくらいのもので、身体的接触にいたることはほとんど、あるいは全くないと。この幻想は、先進的な動物学者ジェイン・グッドールによって打ち砕かれた。

彼女は一度に数ヶ月にわたって野生のチンパンジーと生活を共にした――彼女の存在が当然のものとして受け入れられ、彼らの行動がわれわれの知る限り全く自然なものとなるまで。彼女は襲撃や殺しはいずれも典型的なチンパンジーの行動であると報告する。

確かに、同程度の規模の二つのチンパンジーの群れが野生状態で遭遇した時、単に叫んだり脅したりするだけだったというのは事実である――同程度の力を持つ者同士の戦いのリスクは双方にとってあまりにも大き過ぎるからだ。だがグッドールは、雄のチンパンジーが二週間に一度程度、群れの縄張りの間の中間地帯に襲撃に出掛け、「敵」チンパンジーの小さい群れを狩るということを発見した。その途上で雌を見かけるとこれを取り囲み、襲撃群の支配的な雄が求愛を仕掛けて交尾を始めようとする――これはあたかも、雄チンパンジーの交尾儀礼に支配された本能で、自らを強姦に駆り立てているかのようにである。だが他の群れの雌が仔を連れているのを見つけると、殺して喰ってしまう。敵の雄は殴り、痛め付け（末端を喰い千切る）、殺して喰う。この日和見的な襲撃によって個体数が減少すれば、最終的にはチンパンジーの群れの全てが消滅してしまうことにもなり得る――もしもチンパンジーを人間の分家とするなら、これを「民族浄化」と呼んでもいいだろう。

それでは、なぜ雄チンパンジーはこんな野蛮な糞野郎なのか？　科学的に言えば、単に遺伝子の潜在的な生存と拡散を最大化するためということになる。雌の哺乳類は一般にセックスマニアのように振舞うことはない。なぜなら雌は一度に一回しか妊娠できないからである――ゆえに彼女らの遺伝子の拡散は必然的に遅く着実なものとなる。その結果、雌は時間の大部分を雄を獲得する競争に献げる必要はないし、ゆえに性的にアグレッシヴになることもあまりない。

一方、雄の哺乳類は望むと望まざるとに関わらず、ほとんど同時に手に入るだけの雌を何匹でも孕ませ、広く遺伝子を拡散させることができる。ゆえに遺伝学的に言えば、余分のエネルギーのほとんどを交尾に費やす努力に（そしてまた若い雄の人間の場合、交尾について考えることにも）散財することは雄の理に適っている。それを止める唯一のものは、他の雄の機会との競争である。ゆえに、ほとんどの哺乳類の雄は雌よりも大きくアグレッシヴである。雄は同じ種の他のあらゆる雄を相手に絶えざる進化的軍拡競争を行なっており、一方雌は近くにいる他の雌とそれほど熾烈に争う必要はない。

（無論、常に争いを続ける雄の身体的拡大には、自然のリミットが掛けられている——飢饉である。ほとんどの種にとって、歴史のほとんどを通じて食料の欠乏——原因はさまざまだが——は常に環境の一部であった。大きな雄は食料が手に入る限り、弱い生物から食料を強奪することができる。だがなくなってしまえば、馬鹿でかくてエネルギー効率の悪い身体は速やかに滅び去る。飢饉が過ぎれば小さな雄——少ない食料で生き延びることができる——は生き残った雌を選び、種の進化的発展における短期間の逆流、すなわちより小さな身体への進化を生み出す）。

雄のチンパンジーはこの生存競争の一環として、他の（あまり近縁でない）雄の子供を殺す。競争相手の遺伝子の拡大を抑えるためである。また同じ理由で他の雄も殺す。そして敵の雌のご機嫌をとることは明らかに自分自身の遺伝子を拡散する機会を増やす。

これこそ生物学者リチャード・ドーキンスが一九七六年の独創的な著書『利己的な遺伝子』で強調した根源的な行動の原動力である。動物の行動が意識的に遺伝子の拡大を目指しているとは誰も言っていない。だがそれは彼らの競争本能の大部分の核となる動機であると思しい。

似たような例を挙げると、あなたは自分の食の本能がわれわれの共有する長い先史時代（おそらくサヴァンナと浜辺での）によって危険なまでに歪まされていることに全く気づいていないかも知れない。その土地の環境では砂糖のような炭水化物を集めることは極めて困難であった。けれどもあなたは適量以上にデザートを食べようとする衝動に確かに気づいてるだろう。デズモンド・モリスが『裸のサル』で述べたように（第2章参照）、われわれの性的欲望、およびその結果として生じる社会的選択は、無意識の内に原始的な前人類の衝動に左右されているらしい……プリンに対する（幻想上の）欲求と同様に。

われわれが――高度な思考をする生き物でありながら――心を持たない遺伝子暗号を運ぶためのメカニズムに過ぎないとの考えは不愉快である。ドーキンス自身、この考えについて巧みに説明している。「ニワトリは卵がもう一つの卵を作るための手段に過ぎない」。だがわれわれの遺伝子が間違いなくわれわれの行動に影響を及ぼしているのであり、その逆ではないというのは歴然たる事実である。実際、あなたの行動があなたの遺伝的遺産に直接影響を及ぼすのは子供を作るのを拒否する時だけである――遺伝子の観点から見れば、親への当てつけで自殺するのに等しい。

ドーキンスはまた「利己的な遺伝子」はわれわれの利他主義的本能の核となる動機であると示唆している。われわれが親切にするのは遺伝子的に見れば利己的な理由からなのだが、自分ではそのことにほとんど気づいていない。

われわれは自分の家族の直接の出身者、あるいは二番手、三番手の遺伝的関係を持つ者に対して最大の共感を示しやすい。「血は水よりも濃い」と諺に言う通りである。身内贔屓は不公正なまでに身内を好むという脊髄反射的な傾向である。狭量さも同様に何も考えていないプロセスであり、他人の中でも――しばしば国籍や文化や人種の点で――自分に似た者を好み、逆にそのような前提条件に合わないものを嫌ったり、憎んだりする。このような偏見的な態度は、あなたの遺伝暗号の一部を共有するかも知れぬ者を見分けようとする無意識的な試みであるとみなしうる。同様に、利他主義もまた長期的な戦略であり、われわれの遺伝子が他の個体の中に蓄えられているそれ自体の複製を生き延びさせる機会を最大化しようとするものである。

トゥルカナの女——衰弱性疾患を患っている最中に介助を受けていたと思しい Homo erectus（第4章参照）——を世話していたのが血縁者であることはほぼ確実である。彼らはそのようにすることで我が身を危険に曝したが、それによる個人的な利得はほとんどない。だがその遺伝子の観点から見れば、そのリスクは担う価値がある。彼女が生き延びて子を設ければ、共有する遺伝子セットの新たな担い手ができるからである。

なぜ雄のチンパンジーは襲撃の際に拷問や共食いをするのかという問題は、遺伝子の観点から見ても説明は難しい。単に連中は野蛮な糞野郎だったのだと片付けてしまいたくなるが、おそらく真の理由は彼らの高度な知能と関係している。悲しむべきことにチンパンジーは利発であり、ゆえに部族主義と復讐の下向きスパイラルに陥ることがある。これについては少し後で論じよう。

チンパンジー説によれば、襲撃、強姦、縄張りを原因とする殺しは同時にまた人間の基本的な特性でもある。レイモンド・ダートのキラーエイプ本能の残響だ。確かに、記録に残っているほとんど全ての都市国家以前の文化において、領土の侵攻、制度化された強姦、殺人を伴う確執などがあったことは事実である。実際、純然たる遊牧、あるいは狩猟採集の文化における変死率は、現代の都市内部のギャングとドラッグが猛威を揮うスラムよりも高かった（し、今もなお高い）。

このような多様な社会の間の総体的な比較は実際に公正かつ容易である。ほとんどの権威（法的、官僚的、学問的）は、所与の集団内の暴力を基本的な数値的尺度で規定する——すなわち所与の時代、所与の人口における暴力犯罪数である。最も典型的に用いられる方程式は人口一〇万人当たりの年平均の暴力的な殺害数である（このような数字には殺人、戦死者、犯罪的過失の犠牲者数が含まれる。だが国による処刑や不可避の自己による死者数は含まれない）。これによって、その集団内の一人の人間が、所与の年の内に殺害、もしくはそれ以外の形で不法に殺される総体的な蓋然性のパーセンテージが解る。この基本的な数字は、その後、他の地域の集団（あるいは異なる年の同一の集団）と比較できる。一〇万人以下の集団も同様に研究できる。その数字を正しく掛け合わせればよい。

ゆえに例えば国連薬物犯罪オフィスの報告によれば、二〇一一年の英国における非合法な死亡率は人口一〇万人当り一・四人となる。このことはすなわち――UK内の環境、人口統計、経済、地域の微妙な差は置いておいて――二〇一一年の英国において殺害される、あるいは殺人の犠牲者となる総体的な確率は〇・〇〇一四％ということになる。UNODCによれば、二〇一一年の合衆国における非合法な死亡率は一〇万人当り四・七人であった。すなわち非合法に殺される率は〇・〇〇四七％である。そして二〇一一年の中国では、非合法に殺害される確率は〇・〇〇一％である。

そこでざっと見て、英国はその年の中国よりも一・五倍危険であったということになる。同時に合衆国は英国よりも三倍以上、中国よりも五倍近く危険であるということになる（無論、UNODCの数字には国家による処刑は含まれていない。このような合法的な殺害を含めれば、合衆国も中国も暴力的な死のリスクは高くなるが、一方英国は変わらない）。

時に「非国家社会」と呼ばれる社会（都市国家以前の狩猟採集民や農民）で同じ計算をやってみると、驚くべき結果が出る。『暴力の人類史』――人間の暴力性の減少を描いた二〇一一年の記念碑的な著作――においてスティーヴン・ピンカーは、非国家社会における殺人の単純な合計数を出している。このような文化においては、人口一〇万人当たりの変死数は平均五二四人。すなわち毎年、殺される確率は〇・五二四％。それは二〇一一年の合衆国の一一一倍、英国の三七四倍、中国の五二四倍だ。

だが、とボノボ論者は言うだろう、これらのかつて「原始文化」と呼ばれたものはいずれも現代の人類学者の研究対象となったのであり、ゆえに――不可避的に――「文明化された」文化と接触している。彼らはその（しばしば暴力的でトラウマを創り出すような）接触によって暴力的な影響を受けたのではないか？

興味深い事例研究が、ベネズエラの熱帯雨林の奥地からもたらされている。ミズーリ大学教授ナポレオン・シャグノン率いる調査隊が、ヤノマミ族と呼ばれる部族を数年にわたって研究した。この部族は、一九六〇年代後半まで外界との接触無しに過してきた。シャグノンの報告によればヤノマミ族は先天的に「獰猛な部族」であり、「慢性的な戦争状態」に生きているという。

一九七一年に制作された村全体に及ぶ戦闘を描いた映画で（タイトルは『斧の戦い』）、シャグノンはその残虐さのほとんどはヤノマミ族によって、直接血の繋がりのない他のヤノマミ族に向けられていることを明らかにした。言い換えれば、暴力は攻撃者の遺伝子の潜在力を最大化するための無意識的戦略であった。そこでわれわれはこれを、ヤノマミ族がチンパンジーの略奪団と同様、遺伝子の命令に駆り立てられている証拠とみなしても良いかもしれない。

今日にいたるまで、『斧の戦い』はほとんどの大学の人類学の講座で標準課程として採り入れられている。だがナポレオン・シャグノンの研究は近年では人類学界で攻撃に曝されている。彼自身がその研究を汚染していたのではないかというのだ。

それによれば、シャグノンのチームが到着し、研究に協力させるためにヤノマミ族に鉈やショットガンや斧などを贈ったことによって、彼らの獰猛さは増大したというのである。斧の戦い自体、村の外の集団が武器を貫いに来て——嫉妬した村人によって追い払われた時に初めて勃発したという。そんなわけで、映画の中で描かれていた暴力のほとんどが血縁関係のない者に向けられていたのは驚くべきことではない。侵入してきた者は全員他所者だったからである。

シャグノン教授は一貫して、彼がヤノマミ族に意図せざる影響を及ぼしたことによって研究を台無しにしたということを否定してきた。二〇〇七年、彼はドキュメンタリー作家のアダム・カーティスから質問を受けた。「あなたは村の内部での戦いの最中にいた撮影隊が影響を与えたとは思いませんか？」。シャグノンはぶっきらぼうに答えた、「思いません」。そして直後にインタヴューを打ち切った（『ザ・トラップ』、BBC2、二〇〇七）。

無論、たとえボノボ論者が正しくとも——文明とのいかなる接触も人間の行動を堕落させ、より暴力的にさせる——だからといって人間は文明の到来以前は暴力的ではなかったということが証明されるわけではない。ゆえにおそらく、無文字の非国家的な人々が生まれながらに暴力的であったかどうかを判断する最も容易な方法は、外部の影響——たとえば悪意のない人類学者や、（より一般的には）領土に飢えた、銃を携えた侵略者——と接触する以前に、歴史上の最も長い期間にわたって、狩猟採集民や原始的な農民の段階に留まっていた人々の文化を見ることであろう。

北部のネイティヴ・アメリカン部族、南アメリカの熱帯雨林の住民（ヤノマミ族のような）、オーストラリアのアボリジニ、太平洋の島民、南および中央アフリカの孤立した部族。これらはいずれも、初めて文字を持つ都市文化の文明と接触した時点において、技術発展の上では狩猟採集民や原始的な農民の段階にあった。そしていずれも近隣部族と継続的な低レベルの戦争状態にあったことが知られている。部族間の確執、略奪、強姦は、都市建設者の文明と同じく、彼らの文化においても少なくとも一般的であった。中東、アジア、ヨーロッパの住人が複雑な文明を発達させ、戦争をより高度で破壊的なレベルに引き上げる以前と全く同様である。

スティーヴン・ピンカーは非国家の狩猟採集民に関して次のような数字を挙げている。これらの集団の六五―七〇%が、少なくとも二年に一度は近隣部族と戦争状態に陥る。九〇%は一世代に少なくとも一度は戦争に行き、ほとんど全ての非国家の部族が近い過去の戦争の文化的記憶を持っている。

ピンカーはまた、世界中の狩猟採集と原始的農業文化の考古学的発掘地、時代にして紀元前一万四〇〇〇年から紀元後一七七〇年の間のものから出た骨格に関する統計を挙げている。このような骨を法医学的に分析すると、どの程度の者が暴力で死んだかがはっきり判る。基本的に骨の主が生きている間に折れてその後治癒した痕跡がない場合、その人物は骨が折れた時点で死んだということになる。ある者は自然の事故で死んだのかも知れないが、高い建物や自動車のない世界では、折れた人間の骨は一般的に戦いの結果である。敵が危険な動物か他の人間かは別にして。

さまざまな発掘地から発見された骨の内、〇から六〇%が暴力による死の徴候を示していた――平均一五%である。すなわち人口一〇万人当たりにすると一万五〇〇〇件の殺人があったということだ――言い換えれば、生活は二〇一一年の合衆国よりも三一九一倍も危険だったということである。

実際、古代の非国家社会における暴力による死のパーセンテージは確実に前述の社会よりも高い。少なくとも、骨折なしに発見された骨格の一部は考古学的な痕跡の残らない軟組織の傷で死んだと考えられるからである。そして繰り返すが、この分析対象となった古代文化の内のどれ一つとして、国家を基盤とする都市文明と接触したものはない。彼らは単純に「自然状態」に生きていた部族であり、互いの人生を貧しく、不潔で、野蛮で、短いものとしていたのだ。

歴史を詳細に調べれば、暴力のスケールに惑わされてしまうこともありうる。ほとんどの人は、文明化された戦争は部族間の抗争よりも破壊的だと考えるだろう。イメージが心に浮かぶ――第一次世界大戦で、機関銃を装填中に殺された兵士。第二次世界大戦の市民に対する絨毯爆撃。ナチスの強制収容所の炉の煙突から噴き出す煙。ヴェトナム戦争で畑と言わず村と言わず灼き尽すナパーム弾……。

だが、現代戦の最も残虐なものにおいてすら、実際に直接被害を被った人々のパーセンテージは常に比較的小さい。これは文明が生み出した過剰な方策によって膨大な人間が生まれ、生存できるようになったからである――その大部分は、生涯、兵士になることはない。

二〇〇四年の著書『文明以前の戦争』においてローレンス・H・キーリーは、狩猟採集と原始的農業の文化は膨大な人口を維持できないので（十分な食糧を集め、蓄積できないため）、どのような殺人でも人口の大きな割合を破壊することになると指摘している。例えば二〇一一年に南アメリカのヤノマミ族の総人口は約二万人であったと考えられている。二〇一一年の英国の人口は六三〇〇万人である。つまり比較用語で言えば一人のヤノマミ族の死は、英国における三一五〇人の死に等しい。あるいは合衆国の一万五六五〇人。あるいは中国の六万七五五〇人。

人口に対するインパクトという点から言えば、第二次世界大戦中の英国の軍人と民間人の死者数は（一九三九年の人口四六五〇万人に対する三八万八〇〇〇人）ヤノマミ族のわずか一六七人分に過ぎない。ナポレオン・シャグノンの一九六八年の著書『獰猛な人々』によれば、ヤノマミ族の男の五〇％近くが抗争、戦闘、村同士の略奪で死んだ。ゆえに一六七人という横死者は、英国が第二次世界大戦に巻き込まれていた五年間よりもはるかに短期間で達成できたということになる。部族間の戦争は文明化された戦争よりもはるかにスケールが小さいが、そのインパクトは少ない人口に対して壊滅的なものとなるのである。

無文字文化におけるこのような高い殺人率の二つの主要原因は、部族主義と復讐であるようだ。部族主義は人間の本質の基本的な部分であり、その諸要素はわれわれの生活のほとんどあらゆる側面に見られる――あなたの政治的あるいは宗教的忠誠から、スポーツ・チームの贔屓、そしてブーヘンヴァルト強制収容所の壁のぞっとするような見解（「正であれ邪であれ、我が祖国」《レヒト・オーデル・ウンレヒト・マイン・ファーテルラント》）まで。ナチスが省いたのは、この見解の第二の修正された部分である。「正ならば、正を守れ。邪ならば、是正せよ」。「部族主義」という言葉は心理学者にとっては、当初は入念に考え抜かれ、合理的であった忠誠を意味する。だがその後――心からの忠節を獲得すれば――一人の人間を強力に支配するものとなる。たとえ合理的に考えれば、その忠誠を破棄するのが妥当であるという証拠を突きつけられてもだ。だがしばしば部族への忠誠は、生まれ持った家族や共同体から受け継いでいる信念である。政治的・宗教的所属は一般に人を捨て鉢なまでに「弁護の余地のないものを弁護」させようとする。部族的忠誠の理由から――「その信念を擁護するために」、これらの信念が徹底的に誤りであることを証明されたり、価値がないことを示されたりした後で。この本能はほぼ確実に、第1章で考察したクーンのパラダイム革命に繋がる、科学的な固執の背後にある動機である。だがこのような部族主義はまた、「息子を擁護する」連続強姦魔の母親や、自分の人生を悲惨なものにしている当人を忠実に擁護する虐待された配偶者にも見られる。

実際の部族社会では、部族主義は社会的な接着剤であり、人生に意味を与えるものでもある。また、主要な死因でもある。ここでもまた哲学者トーマス・ホッブズに説明して貰おう。ホッブズ曰く、基本的な人間の葛藤には三つの核となる理由がある。侵犯、予想、名声である。

動機としての侵犯はかなり自明のことである。資源の強奪は、自分と、自分が所属する集団の生存機会を増大させる——それが自分であれ、家族であれ、氏族であれ、群れであれ、部族、国家、人種集団、宗教あるいは政党であれ。襲撃に出掛けるチンパンジーと同様、われわれは基本的に自分の集団に属さない他者を犠牲にして自分自身の生活を向上させることを目的として戦い、殺す。経済学者はこれを「ゼロ・サム・ゲーム」と呼ぶ。つまり、窃盗や暴力によって資源の所有者は変わるが、新しいものは何も生み出されない。ゼロ・サム・ゲームにおいては、勝者あるところに必ず敗者がある。

暴力の動機としての予想は継続中の反目や競争関係の主要な原因となり得る。あなた自身がいかに平和的であっても、他者からの攻撃は恐れるだろう。敵に襲われる前に敵を襲うというのは論理的な決断である。これによって反撃の危険を弱め、もしかしたら脅威を根絶できるかもしれない。無論、多くの人は先制攻撃を反倫理的で不名誉なものと考えるが、いずれにせよ攻撃を止めるに足るほど強くは考えないのである。その窮地は「囚人のジレンマ」の物語に示されている。

この短い寓話には幾つかのヴァリエーションがあるが、基本的には次のようなものだ。当局が二人の囚人を隔離された独房に閉込めている。それぞれの囚人はもう一方が共犯であると証言すれば釈放されるが、釈放されるのはどちらか一方に限られる。孤立した両者は、どうすれば相手の囚人が自分を裏切っていないと確信することができるだろうか。自分自身がどれほど高潔であろうとも、論理的な結論は相手方を直ちに非難して釈放を勝ち取ることである、相手に同じことをされる前に。最悪のシナリオは（両者にとって）、当局が両者の告発を得た途端、この取引を反古にしてしまい、両者共に懲役を喰らうことである。だがこれは論理的に考えて、自分が釈放される（唯一の肯定的な結果）ためにもう一人の囚人を裏切るのは冒す価値のある危険である。戦争においても同様の論理対名誉のジレンマがあるが、その賭け金はさらに高い。

さらなる問題は、部族間戦争の場合、一度の襲撃で終わることがほとんどないということだ。最初に攻撃を受けた部族はその先制攻撃によって攻撃を受ける予想が強まり、ゆえに可及的速やかに彼ら自身が奇襲を試みようとする。これはすぐさま下向きの復讐スパイラルに陥り、両方の側が得られる以上のものを失うことになる。これは経済学者の言う「ネガティヴ・サム・ゲーム」である。

マーク・トウェインの一八八四年の小説『ハックルベリー・フィンの冒険』に登場するグレンジャーフォード家とシェファードソン家の確執のように、どちらの側も最終的には弱体化し、相互破壊のリスクを冒すことになる。この小説ではケンタッキーの両家は当初、文明化された上品さの典型として放浪のハックを攻撃したが、その後、バック・グレンジャーフォードは状況を次のように説明する――

「いいか」とバックは言う、「怨恨とはこういうもんだ。一人の男がもう一人の男と喧嘩をして相手を殺す。すると相手の男の兄弟が最初の男を殺す。今度は、両方からその他の兄弟たちが出てお互いにやっつけ合う。その次には従兄弟たちも飛び込んでくる――やがて皆殺されちまって、そうすればもう怨恨はなくなる。でも、のろのろしていて、うんと時間が掛るんだ」。

後に、一二歳のバックはハーニー・シェファードソンを殺そうとして、木の裏で待ち伏せして彼を撃つ。それからバックともう一人のグレンジャーフォード家の少年が、ハックの怯えた眼の前で追い詰められる。

いきなりバンバンバンと銃声が三、四発聞えた——男たちは馬を棄てて、こっそり森の中を通り抜けて後からやって来たんだ！　二人は川へ跳び込んだ——両方とも怪我をしていた——そして流れを泳ぎ下ったが、男たちも土手を走って後を追いながら、二人に弾丸を撃ち込んで、「やっちまえ、やっちまえ！」と怒鳴っていた。おらは気分が悪くて、木から落っこちそうになった。その日の出来事を全部話すなんて、とてもできねえ——そんなことをしたら、また気分が悪くなるだけだ。こんな眼に遭うと知ったら、あの晩、陸に上がるんじゃなかった。忘れようと思っても忘れられねえだろう——何回夢に見るか解らねえんだ。[*1]

トウェインの虚構のグレンジャーフォードとシェファードソンの闘争は、ウェストヴァージニアのハットフィールド家とケンタッキーのマッコイ家という実在する家族間の血の抗争に基づいている。この悪名高い野蛮な闘争は二六年にわたって続き（一八六五―一八九一）、双方の氏族を荒廃させた。ある時点で、ウェストヴァージニアの知事が秩序回復のためにケンタッキーを侵略すると脅したほどである。最終的には双方の州軍と連邦最高裁判所が乗り出し、多数の殺人犯が処刑されてようやく喧嘩は収まった。

ホッブズの言う第三の暴力の動機である名声は、抗争の習慣を持つあらゆる文化における問題である。戦いにおける武勇が日常の生存に必要不可欠なところでは、戦士の位が自動的に発達する。上位になればなるほど、戦士はさらなる尊敬を要求する。なぜなら尊敬の印があればあるほど、社会にお

＊1　Mark Twain, *The Adventures of Huckleberry Finn* (1884)

ける彼の地位は固まるからである。だが昔の勝利はすぐに忘れられ、時が過ぎれば名声は色褪せる。ゆえに戦士の地位を維持するために新たな勝利が必要となる。かくして新たな抗争が定期的に引き起こされる。その部族がそのような戦闘を必要としていようといまいと。

もしも自由にやることを許されるなら、非国家社会においては通常のことであるが、侵犯、予想、名声の影響はほとんど継続的な闘争をもたらす――部族内外の。部族の指導者は、価値のある資源を獲得するために戦争を始める――たとえば食糧、女、あるいは新鮮な水源。若者は自分の男らしさを証明する手段として戦争を夢見、敵がいない場合はお互い同士で争う。屈強な老戦士は自分がまだ必要なものを持っていることを証明するために戦う。そして誰もが、別の部族の襲撃団が夜闇に乗じて襲撃してくるのではないかと一触即発である。

男たちを殺し、資源を強奪し、女たちを強姦している内に、最終的には拷問の欲求が生じる。これは――部族主義と並んで――非国家的葛藤を生み出すもう一つの主要な心理的側面のためである。つまり復讐だ。

サディズム――他者の苦しみを引き起こす、あるいは見ることによる擬似的な性的快楽――については、21章と23章でより詳細に見る予定だ。だがここでは、サディズムを文化の中にはめ込むことになる抗争の激化について考察しよう。

動物は復讐に囚われることはない。それは自分の持つ資源を――そしておそらく自分の命までをも――自分が怨恨を抱くものを苦しめ、あるいは破壊するために献げることである。動物は、食物連鎖のはるか下の方にいるので、そのエネルギーのほとんどを「赤の女王」式の日々の生存に注ぎ込まねばならない（第4章参照）。その生存戦略の一部として彼らは特定の脅威を破壊しようとするかもしれないが、動物は単純に一時的な怨恨以上の余分なエネルギーや精神的キャパシティを持っていない。長期に及ぶ復讐計画は、人間だけの専売特許である。

戦争の最も習慣化され儀式化された形式においても、激化は避けられない。熱狂の瞬間には誰もがやり過ぎてしまう。そしてそのような非道に対してやられた方のほとんど自動的な反応は報復であり、そこにさらに少々の余分な処罰が追加される。ほとんどの文化は例えば無力な子供を殺したりすることを禁止している。だがこのタブーはしばしば、自分たちの子供が敵によって殺されるや否や無視される。その殺害が意図的なものであろうとなかろうと。

同様にほとんどの部族は拷問に対する嫌悪を持っている。だが長期にわたって抗争が続くと、遅かれ早かれ敵の虜囚の拷問が始まるものである。無論その拷問の程度はさまざまである。拷問と呼べるものは多岐にわたる、生体解剖から――中世イギリスの伝統では、首を吊ってから溺れさせ、しかる後に四つ割きにしていた――単に十分な水や食糧を与えないことまで。だがここでは敵に対する復讐心を満たすために意図的に社会的な限界を逸脱することのみを考察する。

人は皆、子供も大人も、受け入れがたい行為の言い訳として「まあ、先にやったのはあいつらだし」という合理化を用いる。だがその言いわけが地元の権威に受け入れられると――それがミイラであれ、族長であれ、法であれ（投票者の過半数による命令によって規定される）――それまでは受け入れられなかった行動が日常生活の一部となる。

一つ例を挙げよう。意図的に民間人を標的として爆撃することはジュネーヴ条約で禁じられている。一九四〇年八月二四日、もともとロンドンの埠頭（その条約の下でも合法的な標的）を狙っていたドイツの爆撃機の幾つかが、夜襲の際に迷ってしまった。乗員は、少ない燃料で飛行しており、また英国の夜間戦闘機の襲撃に怯えていたので、よく判らない領域の上に爆弾を投下して帰還した。爆弾は民間人の家に落ちてその住民二四人を殺した。民間人殺害が不慮の事故によるものだったことを知らない英国政府は、少数の夜間爆撃機によるベルリンへの報復攻撃を命じた。それは概ね失敗に終わり、損傷はほとんど無く、死者も出なかった。にも関わらずナチスは激昂し、英国の諸都市に大規模爆撃を命じた。いわゆるロンドン大空襲《ブリッツ》である。ブリッツにおいては民間人は単に公式に標的とされたのみならず、この戦略によって数千の死者を出すことが認められた。三七週に及ぶブリッツの間に、ロンドンだけで二万八五五六人が殺された。後に英国とアメリカの爆撃機は事実上、ドイツのあらゆる都市を根刮ぎ破壊し、四一万人に及ぶ非戦闘員の男、女、子供を殺した。

一九三九年、ヒトラーまでもがこの民間人を標的にした無差別爆撃を公式に非難した。一九四五年には、不愉快ではあるが必要な戦争行為として民間人居住区の破壊も双方によって認められるようになっていた。そしてその全ての原因は、最初の爆撃機の小隊の航空士が位置を見失って恐怖したことである。

前述のようにチンパンジーはおそらく、このような行動上の下向きスパイラルに落ち込むことが可能なほどの知能を持っている。チンパンジーは残虐行為の物語を伝える言語は持たないかもしれないが、親族の屍体の手足の指や唇や性器が喰い千切られているのを見れば、自ら復讐心を引き起こすに足る強烈な印象を持つだろう。仲間を失った類人猿は復讐に駆り立てられるような複雑な衝動を感じるほど繊細ではないかもしれないが、敵もまた同じ眼に遭わせねばならないと結論を下すくらいはするだろう。同類の下位のチンパンジーは、彼らが捕えた敵のチンパンジーに拷問しているのを見る。そして彼らもまた同じ行動を求められていると結論する。かくして、拷問と共食いに対するチンパンジーの文化的規範が、味方や敵によって伝え続けられる限り、群れの中で固定される。

復讐の概念は「今この瞬間以外」に生きるという、人間の異常な精神的習慣の副作用である。それは復讐されることを恐れ、自分自身の倫理的に疑わしい行動を合理化するという精神的プロセスでもある。

これを丹念に考察すると、あなたの一日の多くの部分は今この瞬間から外れたところで費やされており、精神的な内的世界を漂流しているということが判るだろう。他の比較的知能の高い動物、例えばイヌや類人猿は明らかに記憶を持ち、未来に起こりそうな出来事を予測することができる。だが彼らの行動を見る限り、彼らが人間と同様に長い時間を過去や未来に割いているというのは疑わしい。もしも心の中で「漂流する」という傾向がなければ、交通事故などほとんど起らなかっただろう。なぜならあらゆる人が運転中は完全に道にのみ精神を集中させていただろうから。抽象的な観念について考えるという能力を考慮すれば——われわれの言語の使用に固有の象徴によってわれわれに与えられた——ほとんどの人間の人生が、過去の出来事に思いを巡らせたり未来の可能性について考えたりすることに費やされていることは簡単に判る——あるいは、単なる白昼夢に。

そして、われわれがあまりにも考えてしまいがちな二つのことは、他者の行動に対する憤懣と自分自身の行動に対する自己正当化である。この両者は殺人、抗争、そして究極的には戦争の動機的な親である。

ボノボ論者が言うように、文明と都会の生活に関係したストレスがわれわれの平和的な本能を破壊し、不要な暴力にわれわれを習慣づけたというのはたぶん正しいのだろう。だがチンパンジー論者のいう、不要な暴力を揮いたいという衝動は文明以前のものだという主張もまた正しいように思える。

われわれの遠い祖先はキラーエイプであり、われわれの近い祖先はキラーヒューマンに進化した。意味のない殺しの衝動を減衰させるどころか、人間の知能の進化は不要な暴力を動機付け、自己正当化するための完璧なツールとなったのである。真実は、地球上で最も知的な種族となる過程で、われわれはまた最も自己破壊的な種族にもなったということであるらしい。

第6章 「悪魔の棲む楽園」

人類史の大部分において、われわれは全く文明というものを持たなかった。ヒト科の系統の初期現生人類の枝であるHomo sapiensの出現から数えても、二四万年にわたってわれわれは単純な、洗練されない、そして——率直に言って——野蛮な狩猟採集民であった。この長い野蛮な時期に対して、比較的文化的な存在であったと言えるのはせいぜい一万二〇〇〇年ほどの間に過ぎない。

文明に向かう最初の確固たる一歩は原始農業であるが、われわれは実際にはその発明の功績を主張することはできない。それはおそらく気候と、そしてわれわれの祖先がきちんとできなかった所為である。

地球は通常、最近になればなるほど温暖であるが、われわれは二六〇万年にわたって氷期に苦しんできた。第4章で見たようにわれわれの不運な親類であるネアンデルタール人が最初にアフリカから移住してきた頃、北の諸大陸は雪と氷に覆われていた。われわれの祖先であるHomo sapiensは、より温暖な間氷期がちょうど終わりつつあった時にアフリカを出た。ゆえに彼らもまた増大する寒さに苦しみ、悲惨な状況の下で徐々に北へ、西へ、東へと広がった。

われわれの祖先は可能であれば洞窟に住んだが、永続的にこのような隠場に留まれたわけではない。

彼らが依存している野生動物（食料、衣服の原料である毛皮、道具を作る骨）は常に移動していた。移動によって、苛酷な寒さにやられていない季節の植物を見出すためである。ゆえに中石器時代の祖先にとって、漂泊こそが生存のための唯一の手段であった。そしてこのような根無し草状態――および苛酷な気候――のために、農業や動物の家畜化は全く不可能であった。

だが、芸術に関してはその限りではない。中石器時代人を「間抜けな穴居人」と考えるのは間違いだ。現存する洞窟画や骨の彫刻を見れば、彼らが高度な知性、技術、空想力を持っていたことは明らかである。ぞっとするような状況で生活していながら、それでも彼らは実に驚くべき芸術を生み出した。

これらの絵画や彫刻から、われわれは彼らの心へと通じる窓を得ることができる。彼らの芸術は典型的な具象――すなわち、自分の縄張り内の動物たちである。これまでに発見されている人物画は極めて稀で、しかもそれらは決まって、動物ほど詳細に描写されていない。彼らはまた水玉模様を弄び、また手型の周囲に色を塗ってシルエットを残すという幼稚園児のような遊びもしているが、その芸術的見地においては基本的に実務的である。空想上の怪物や幽霊、あるいは――われわれに解る範囲で――神々のようなものはどこにもない。ただ食糧となる動物だけである。もしも彼らが自分たちの最も興味のあるものを描いたり彫刻したりしていたなら、たぶん時間のほとんどを次の食事のことを考えて過ごしていたのだろう。

とは言うものの、これらの現実的な穴居民が、少なくとも現代人に匹敵するほどの創造性を持っていたと言うことはできるだろう。結局のところ、前章で見たように彼らは人間が現代にいたるまでずっと使い続けている多くのものを発明したのだ。針孔付きの針、誂えの服、舟、柄付きの槍、釣り針、そして最初の大量破壊兵器である弓と矢（ほとんどの巨大哺乳類――マンモスやサーベルタイガー、オオナマケモノ、毛サイなど――が絶滅したのが弓矢の発明と普及以後、すなわち今から一万八〇〇〇年ほど前であったことは注目に値する）。中石器時代の芸術はわれわれの基準からすればささやかなものに見えるかも知れないが、それはこれらの芸術家たちが、われわれがあまりにも当たり前のものとみなしている生活と創造を拡張する道具――文字、陶器、車輪、雪の降らない夏、そして二〇歳以上の人生――を持たなかったからに過ぎない。

一万二〇〇〇年ほど前、気候は新たな間氷期に突入し始めた――われわれが今も満喫している完新世である。気候がより温暖になれば、草の生えた領域が一年の内の六ヶ月から九ヶ月も氷の下に消えてしまうのではなく、より長く続くことになる。獲物となる動物の群れもあまり熱心に移動しなくなり、新石器時代（後期石器時代）の人類は一時に数週間以上、一つの土地に留まることができるようになった。さらに南――たとえば地中海周辺や、ティグリス、ユーフラテス、ナイルの川沿い――ではフルタイムの住居すら設営できるようになった。

永久的、および半永久的な牧草地は、またわれわれの祖先に新たな食糧源をもたらした。草の実は余分の栄養源として噛むこともできるが、実用的なレベルでは、役に立つのは種子を都合良く鞘の中に入れたかたちで生らすような少数の草だけである。そのような鞘を両腕一杯に持ち帰ると、石の上に載せて火で炙ることができる。すると味もよくなるし、安全にもなる。だが壺や籠がなければ種の多くは腕から落ち、家の周囲の泥の中に踏み潰されてしまっただろう。考古学者によれば、このようにして最初の穀物の畑が出現した。全くの偶然によって。

中身の詰まった草の実を選んで摘み、意図的に穀物の畑に植えるということを発見すると、主食となる作物を選択的に育てられるようになった。現代の麦、粟、大麦――そして後にはひよこ豆や米、そしてトウモロコシ――などの祖先は、時に「新石器時代の農業革命」と呼ばれるものの基盤となった。この原始農業の発見はほとんど同時に起こった――世界中のばらばらな居住地で――完新世の始まりと共に。この革命の時期にわれわれの祖先が創り出した食用植物は今もなお、ほとんどの現代人の栄養補給の基盤となっている。

火を起こすことは既に氷期の頃から人間の生存の主要な要素であったが、今や粘土質の土が常設の炉のそばで偶然焼かれ、陶器の製造法が発見された。粘土の壺によって食糧の貯蔵と、肉・果実・穀物を組み合わせて健康に良いシチューに調理することが可能となった。より良い栄養――食うための歯すら必要ないもの――は寿命を延ばし、延びた寿命が今度は世界初のデータ蓄積システムを生み出した。つまり知識のある年寄りである。

発掘された氷期の骨の示す所によれば、今から一万二〇〇〇年ほど前まで一般に人間は気候、病気、事故、捕食者、他の人間などによって命を落とすまで、二〇代かせいぜい三〇代くらいまでしか生きられなかった。そしてその短い人生のほとんどは「赤の女王」式のぎりぎりの生存のために献げられていた。自分と子供を守り、一日一日をただ切り抜けていくために。それから完新世の間氷期が始まると、人間はより温暖な気候とより良い食糧を享受できるようになった。彼らはこの条件の下で、さらに一〇年か二〇年の余分の時間を生きたかもしれない――そしてその期間に学んだことを嬉々として次の世代に語り聞かせただろう。

この氏族内部での知識の蓄積により、さらなる発展が可能となった。より優れた隠れ家の建築、より高度な食糧集めの知識、より高度な道具と武器の制作、より発達した言語スキル、そしてイヌやポニーやウシなどの動物の家畜化。だがこれらの発展の全てが容易に、あるいは瞬く間に生じたと考えるの間違いだろう。現代の世界では、われわれは画期的な革新が数年に一度ずつ起こるのに慣れている。部族民にとっては一つの発明の使用を創造し普及させるための発達期間は何百年、何千年にも及んだ。例えばイヌの家畜化と文化的普遍性の獲得——親を亡くしたオオカミの仔から、人間の最高の友まで——には一万年から二〇万年の期間を要した。

この人類史における先史時代——完新世の間氷期の始まりに続く——は、現在の地球規模で生じている不要な暴力の減少を理解する上で死活的に重要である。もしもボノボ論者が（第5章参照）正しいなら——すなわち文明の到来以前の人間は著しく非暴力的だったなら——この時代は現在にほぼ近い黄金時代だったことになる。良い食糧、良い気候、親切な隣人たち、クールな新発明、長い寿命のお陰で、何らかの不愉快な（だが完全に自然な）原因によって死ぬ前に自分の子供たちに会うことができるのだ。新石器時代の地上の楽園である。もしそれが事実なら、われわれは現在の文明が遂に過去一万年で初めて、われわれの生まれ持った平和的な性質が遺憾なく発揮できるまでに成熟したのだと言うことができるだろう。

だが無論、第6章で見たようにボノボ論者は文明生活のストレスが人間を野蛮化する明確な証拠を指摘できるにしても、文明以前の人間が少なくとも同じくらい野蛮ではなかったという証拠を何一つ提示できない。これに関しては状況証拠はチンパンジー論に有利である。

部族社会における殺人の基本的な数はかつても今も少ないが、それはこのような産業化以前の社会においては人口そのものが常に少ないからである。だがこのような「自然な」文化において殺害される一人当たりの確率は常に、極めて過密で社会的に腐敗した都市社会よりもかなり高い。啓蒙主義の哲学者ジャン＝ジャック・ルソーは、非文明の部族は生まれながらに親切で礼儀正しい「高貴な野蛮人《ボン・ソヴァージュ》」であると考えた。だが不幸にも、前章で見たようにこれらの部族はしばしば高貴であるよりも野蛮なのだ。

だが初期完新世の人間は一体何を巡って争っていたのだろうか？　既に述べたように、彼らはそれまでの人類の全ての種が何十万もの間強いられてきた気候よりも温暖な気候で生活していた。そして彼らには植民するための膨大な無人地帯があった。ならば、単に立ち去ってお互いに一人で住めばよいではないか？

抗争の一つの原因と思われるのは、漂泊民と定住民の間の習慣的な反目である。新石器時代の人間の一部はより快適な地域に恒久的に定住して作物や家畜を育てていた。それ以外の者は漂泊民の狩猟採集民特有のその日暮しの生活様式に執着していた。これらのしょっちゅう飢えていた漂泊民にとって、定住民の備蓄された食糧（および健康的で良いものを食っている女たち）は常に誘惑の的であった。

完全に漂泊的な文化は通常は家父長制的で、女は家畜並、襲撃の際には戦利品として扱われる。このような社会はまた典型的に戦士エリートのリーダーシップに基づいており、その狩猟および／あるいは戦闘のスキルがしばしば首長であるための唯一必要な能力とみなされる（家父長的漂泊民の社会の歴史的事例は膨大にある。ネイティヴ・アメリカンの平原インディアンの部族やアラビアのベドウィン族から、カリブ海の海賊、そして二〇世紀後半の暴走族まで）。このような文化は必然的に定住民よりも武力に優れている。なぜなら定住民は長い時間を作物や家畜の世話に費やすので、狩猟や戦闘のスキルは鈍ってしまうからである。このような裕福な弱虫に対する襲撃への誘惑に漂泊民が長期にわたって抗うことはない。

このパターンは人類史を通じて繰り返されてきた。漂泊民の襲撃者が定住民を略奪した後に狩猟生活に戻る、あるいは可能ならまた別の定住民の共同体を略奪しに行く（このような関係を視覚的に理解したければ、黒沢の古典的映画『七人の侍』を御覧になられよ）。寄生虫的な漂泊民の盗賊が定住民をあまりにもしばしば略奪するのでなければ——その犠牲者たちが飢え死にしたり、あるいは諦めて自分たちもまた漂泊民になったりしないかぎり——この平衡関係は維持される。

時には定住民が自らを守るために別の漂泊民の戦士たちを雇うこともある。だがこの解決策は一般に元来の問題よりもさらに酷い結果となる——ヒツジを守るためにオオカミを雇うようなことが長続きすることは滅多にないのである。退屈した戦士たちは一般にトラブルを起こし、無力な雇い主に対してますます多くの報酬を強要し始める。唯一の他の解決策はより大きな定住共同体に編入されることである。それはおそらく自然の要害に囲まれているか、あるいは——適切な川や丘や雨裂がない場合は——共同体の周囲に壁を巡らせている。かくして最初の街が出現した。

現時点で発見されている最古の街はイェリコで、今日のパレスティナにある。一万一〇〇〇年近く前、すなわち紀元前九〇〇〇年頃にまで遡る壁に囲まれた共同体である。イェリコの壁は難攻不落で、聖書によれば、その壁を粉砕するには神ヤハウェの音楽の演奏が必要であった。だがこの壁の破壊によって漂泊民であるイスラエル人は街の内部に押入り、一人を除く全住民を殺戮した。聖書学者はこの破壊を紀元前一四〇〇年頃と見ている。考古学者は実際にイェリコが容赦無く略奪され、完全に再建されることはなかったことを示したが、放射性同位炭素年代測定法でこの都市の焼けた層を調べたところ、大虐殺は紀元前一五五〇年頃に起こったことが判った。

初期の街は、最初は数十程度の家族で始まった。だがそれは、それまでの歴史の全てを通じて、今日のわれわれが考える人間の生活よりもむしろ野犬に近いような生活をしていた生き物にとっては大きな飛躍であった。街は単に食糧の備蓄と防衛の要塞であるのみならず、また交易と創造的革新の中心であった。車輪のある乗物、算術、大工仕事、冶金術、工学、建築、筆記などが発明されたのは街においてである。漂泊民のユルト〔円形の移動テント〕ではない。

不幸にも、壁に囲まれた街はその住人にとって新たな問題を生み出した。ぎっしりと詰め込まれた集団——基本的な衛生観念もほとんど、あるいは全く無い——の内部では、疫病は素速く広まるのだ。水もまた大きな問題だった。全員に行き渡るだけの量がある所でも、貧弱な下水管理のために水は通常は汚染されていた。そこで、終わりなき病原媒介者はそれぞれの共同体にとって中心的な問題を引き起こした。

考古学者の報告によれば、初期の街の住人は同時代の漂泊民よりも食糧事情は良く、寿命も長かったが、その骨を見れば体格は小さく、しばしば病気のために肢体不自由となっていた。漂泊民の人生は不潔で、野蛮で短かったが（哲学者トーマス・ホッブズが述べたように）、初期の街の住人の人生は不潔で、病弱で、わずかばかり長いに過ぎなかった。

水問題に関する部分的な解決策——われわれの知る全ての初期の定住文化が（そしてそれ以後のほとんどが）採用していたもの——はアルコールである。果物を壺に貯めていたためにごく自然に発酵が発見され——それを呑んだ者が感ずるほんわりとした暖かさはさておき——弱いアルコールですら消毒剤として用いられた。「純粋な」水の代わりに酒を呑むことで、街の住人の病気のリスクを下げることができた。

実際、現在発見されている最古の文書の幾つか——五〇〇〇年前の楔形文字で、メソポタミアの都市国家の粘土板に書かれたもの——は、都市労働者に対する支払が一定量のビールで支払われていたことを詳細に記している。古代エジプトのピラミッド建造者もまた賃金の一部をビールで支払われていた。アルコールは初期の文明の接着剤であり、街の住民を比較的健康かつ幸福に保っていた。

飲酒は人間の進化にすら影響を及ぼした。都市居住の長い歴史――そして汚染された水の代わりにアルコールを呑む必要性――を持つ文化は概してアルコール中毒に対する耐性を持っていた。このようなコミュニティの出身者は、特定の酵素（アルコール脱水素酵素）を多く分泌する遺伝的命令を持っている。これはアルコールが彼らに永続的な害をもたらす前にそれを分解しようとするものである。

長年にわたる田舎の、漂泊民の文化の子孫はアルコール中毒に対する耐性が低い。なぜなら彼らの祖先は地元の下水のない水を安全に飲んでいたので、アルコール脱水素酵素を過剰に作る必要はなかったからである。このような文化――例えばかつて漂泊民であったネイティヴ・アメリカンやオーストラリアのアボリジニ、そしてまたほぼ間違いなく伝統的に田舎の部族、たとえばアイルランド人やロシア人も含む――は、他のより歴史的に都会化された文化よりもアルコール中毒の問題を抱えやすいことで知られている。

問題はアルコールがまた感情的な脱阻害剤でもあることであった（そして現在でもそうである）。つまりそれは人を酩酊させ、暴力を揮わせる。アルコールは人間の行動に対する他のいかなる環境的影響にも況して不要な暴力を引き起こしてきたというのは誇張でも何でもない。歴史上の殺人、殴打、強姦、破壊の数だけでも、そこにアルコールが有力な要因となっているものは数え切れない。

そしてたぶんわれわれはここに人間の暴力に関するボノボ論の何らかの状況証拠を見る。もし人間がこの特定の有機化合物の悪影響に対して免疫があったなら、われわれは間違いなくはるかに血腥くない過去を送っていたはずである。文明がなければ酒もなく、荒れ狂う酔漢やずきずきする二日酔いも無かっただろう。

土地を所有して街に居住することのもう一つの予期せぬ副産物は、それぞれの街が生み出した余剰食糧である。既に見たように、備蓄された食糧は常に漂泊の盗賊にとっては街を略奪する誘惑となっていたが、このような富はまた内なる盗賊と呼んでも良いようなものを生み出した。余分の食糧があれば、一部の者はさらなる食糧を生産するために畑で働く必要がなくなるだろう。このような人の一部は、新たな有益な役割に就いた――工芸、商業、管理、基本的な都市の維持である。卑しいネズミ取りですら、過密な街ならどこでも進行中の病気の問題を鑑みれば、食糧とビールの報酬を受ける価値がある。だが街の生活は判で押したように、それ以外に非食糧生産者の二つの階級を生み出した。そしてこれらはほぼ間違いなく、ネズミ取りよりも役に立たない――貴族と神官である。

それぞれの街は、漂泊民の略奪者やその他の脅威を振り払うために戦士を必要とした。明らかにこれらの男たちはフルタイムで農地で働くことはできない。武器の訓練や哨戒の方が彼らにとってはより重要な時間の使い方である。だが――盗賊を追い払うために漂泊民の傭兵を雇った小さな共同体がそうであったように――武器の使用に長けた男たちは、自分を守ることのできない人々から過剰な特権を要求することになりがちだ。そして都市の戦士エリートは判で押したように、わずか数世代の内に世襲の貴族となる。

戦士である父はその武器、防具、技を息子たちに伝える。この息子たちもその内に同じようにする。家産も含めて――戦争に勝った後の略奪品や、泣き寝入りする者から強奪して蓄積した富である。マフィア流の冥加金取り立ては極めて古い、そして浅ましい歴史を持っている。初期の文明におけるこの公然たる強請りは、時間と習慣によって威厳を与えられ、最終的には徴税として再定義される。確かにその税の一部、あるいは大部分は街や都市の戦士たちによって正当に稼がれたものである。だが正当であろうとなかろうと、腐ることのない富は戦士の家によって溜め込まれることになりがちだ。

このようにして固く守られた富を数世代にわたって相続していけば、問題の家が上流っぽく聞える称号を獲得することは不可避的になる。そうなればこのような家は間違いなく、自分たちは富や武器を持たない隣人たちよりも「より良い血」を持つと信ずるようになる。こうして彼らは他の「高貴な」家としか交雑したくなくなる。かくして二つの永続的な貴族の特性が生まれた。エリート的な排他主義と、破滅を招く近親交配である。

この貴族化のプロセスの最初から、最も裕福で最も有力で最も無慈悲な貴族の家は世襲の首長、君主、王の地位を目指す競争を開始していた。歴史上のほとんどの内戦は貴族の間のこのような抗争と権力争いの結果である。

漂泊民の文化には、既に見たように尊大な威張り屋が付きものである。彼らは全ての者を扱き使い、一番の分け前を取ろうとする。だが全般的な食糧不足のためにこのような男たちは狩猟と戦闘の能力によって自らの地位を維持する。良いものを食って住民のカネで生活している貴族は概してこのような下賤な要求を免れている。そんなわけでのうのうとした貴族は遅かれ早かれその戦闘技術のほとんどを失ってしまう。だがその頃には彼らは充分裕福かつ有力になっているので、他者を雇ったり強制したりして自分の代わりに戦場に赴かせることができる。

そんなわけで最終的にはこれらの街の夜警の軟弱な子孫は、より高い税を取り立てる権利と義務を言い募るようになり、それによってさらに多くの兵士を雇い、「下層階級の者を然るべき位置に維持する」。文明は自動的に寄生虫のような「上位の」階級を生み出すものらしい。彼らの主要な人生の目的はその名声、特権、権力を維持し増大させることである。これは現在においてもなお真理である。この国際的な「グローバル村」でも、新石器時代のイェリコと同様に。

明らかにこのような社会のエリート階級は排他的かつ数が限られていなければ転覆させられるだろう。民衆、プロレタリアート、百姓、ブルジョワジー、新興成金《ヌーヴォー・リシュ》、下賤の輩などは締め出し、抑えつけねばならない、社会的蔑視によって、保守的な法によって、あるいは武力によって。さもなければ、もしも単なる金持ちや人気者が高貴な家の出のように振舞うことを許すなら、貴族の優越性の幻想は稀釈され弱体化する。

（中には、名目上はほとんど全員が貴族から成る社会というものも存在した——たとえば古代ギリシアのスパルタ。だがこのような文化は多数の奴隷に支えられてようやく成り立つ。もしもこれらの奴隷もまた社会の一員とみなすなら、貴族と非貴族の割合は旧世界の寡頭政治の標準に近いものとなるだろう）。

この階級間の障壁という概念については次章でより詳細に検討する。ここでは単に「ガラスの天井」と呼ばれる現代的な問題——マイノリティ、障害者、非支配的な性の人々が社会において十全に自己実現することを妨げている文化的・法的・差別的障壁——は何も新しいものではないということを認識すれば良い。文明の歴史のほとんどにおいて、支配的な貴族階級に加わることへの障壁はガラスの天井というよりも、コンクリートの天井であった——しかもそこから釘が突き出している。それゆえにかくも多くの貴族の家が、その貴族性の起源を戦争に置いているのである。彼らの祖先は戦斧を掴んで貴族の階級に押入ったのだ。

貴族が文明の産物である——あるいは頽廃である——のに対して、神官は間違いなく街への定住以前から存在した。洞窟の入口の向こうにある不可解な恐怖を説明する物語を考え出した氷期の男や女は、一種の原＝神官である。そして説明を要するものは数多くあった。

ほんの数百年ほど前まで、事実上、あらゆる事柄が人類の理解を超えていた。風はどこから吹くのか？　なぜ月は形を変えるのか？　なぜ性交によって女は孕むのか？　なぜ打撲した脚は蒼ざめるのか？　啓蒙思想とそれに続く現在の科学時代以前には、事実上、あらゆる実存的な疑問に明確な答えは存在しなかった。ゆえに人々は可能な限り、不可解な要素に適合する物語を作り出した。

気まぐれな苦痛と死が一寸先にあるような世界、嵐や地震やオオカミの群れといった巨大な力にいつ何どき襲われるかもしれぬ世界と相対すれば、見えないところにいる何者かがその全てを起こしていると考えるのは全く自然なことだ。精霊や悪霊を信ずることは神々への信仰に向かい、あらゆる文化は野良犬が蚤を集めるように神々を集めた。これらの予測しがたい、そしてしばしば悪意のある存在を宥めることはフルタイムの仕事となり得る――シャーマンや神官の仕事がそれだ。

だが街の生活、そして潜在的な貴族的な生活様式への接近は神官を単なる地元の賢者以上のものとした。多くの都会の崇拝者たちはますます洗練された宗教を求め、こうして宗教的階級と教義は増大していった。印象的な神殿もまた必要とされ、神々への生贄もまた定期的に献げられるようになった――神官自身が神殿を建てたり、あるいは切ったり焼いたりする生贄を用意することは稀だったにしても。かくして貴族の要求する税金に、さらに宗教税が加算された。それは一般に商人や百姓の階級が支払った。

宗教を人間の不要な暴力の歴史の一部として見るのは奇妙に思われるかも知れないが、それはわれわれが皆、比較的近代的な思考の宗教の下で育ったからである。今日の信仰はアステカの神官のように、毎朝太陽を昇らせるために人間のはらわたを抜いたりすることはない。また一三世紀のカトリック教会がカタリ派にやったように、あるいは十字軍を通じてイスラムにやったように、他の宗教を根絶するために聖戦を先導したりすることもない。

だが一方、今日のカトリックの教義——ＨＩＶ患者の配偶者が感染から身を守るためにコンドームを使用することもできない——は、深遠なる信仰の名の下における一種の人身御供とみなしうる。そして二一世紀のイスラム原理主義ジハドの多くの信者は、究極的には地球上の全域がイスラムに改宗せねばならないと信じている——それ以外の信仰は自発的にであれ銃口によってであれ、止めさせねばならないと。

宗教がどれほど多くの社会的利点を持っていようと、それでもなお暴力の一般的な動機であったことを否定できる歴史家はいない。この文脈においてわれわれは宗教戦争、十字軍、ジハド、そして時折起った異端者の大量処刑のことを思い浮かべがちである。だが、全世界の宗教による損耗の主たるものは何千年もの間、人身御供であった——動物や人間を儀式的に殺すことである。

人身御供がいつ始まって、いつ終わったのかは未解決の問題だ。間違いなくそれは『ギルガメシュ叙事詩』——これまでに発見されている最古の、書かれた物語の一つ——で言及されている。それは紀元前三〇〇〇年にまで遡るものだ。だが、われわれの持つ考古学的証拠によれば人身御供は少なくとも新石器時代の、組織的宗教それ自体の起源と同様に古いと考えることができる。血溝の刻まれた祭台——合衆国はニューハンプシャーのミステリー・ヒル（おそらく紀元前二〇〇〇年くらいのもの）。ウイルトシャーのストーンヘンジ（紀元前三〇〇〇年）。アナトリアのギョベクリ・テペ（紀元前九〇〇〇年）——は、このような活発な宗教活動の証拠かも知れない。

ギリシア南部のピュロスにあるミュケナイの宮殿跡から一枚の粘土板（Pylos TN 316）が出土し、紀元前一二世紀世紀のものと推定された。そこに書かれていたのは――

ゼウスの神殿にて儀式を挙行し、贈物を捧ぐべし。ゼウスに、一つの金杯と一人の男を。ヘラに、一つの金杯と一人の女を。

これは侵略を受けた極度の苦難の中で出された、人間を神々への生贄とする命令書であると考えられている。書記の当初の整った文字は最後には走り書きとなり、粘土板それ自体は宮殿を破壊した火災で焼かれて固まっていた。

（間違いなくミュケナイ人は人身御供の伝統を持っていたようである。アガメムノン王は自身の娘イフィゲニアを生贄に献げたと言われている。軍船一〇〇〇艘によるアナトリア侵略に良い風を吹かせるためである）。

紀元前二六四年、共和制ローマは神々への生贄として四人の奴隷を市場に生埋めにした。カルタゴのハンニバルの侵略が都に差し迫ったからである。彼らは人身御供が有効であったと信じていたのかも知れない――いずれにせよハンニバルがローマを落すことはなかったし――が、ローマ人は以後、その行為を羞じることとなった（だが言うまでもなく、彼らは娯楽の名の下に人間が闘技場で殺されるのを見て大喜びしていた）。

人身御供は一般にヨーロッパでは廃れた――主としてキリスト教の台頭によって――二世紀頃までには。とは言え、それは一三世紀から一八世紀までの魔女や異端者の大量処刑を勘定に入れなければの話である（第15章参照）。

「サティ」すなわちヒンドゥー教で未亡人を焼き殺す儀式は、一九世紀中葉、すなわちこの宗教儀礼が征服者である大英帝国によって弾圧されるまで、インドで普通に行なわれていた。英国のインド総督サー・チャールズ・ネイピアは、彼がインドの伝統を蹂躙しているという苦情に対して次のような印象的な外交文書で応えた——

この未亡人の焼殺は貴国の習慣である。良かろう、火葬の薪を用意し給え。だが我が国にもまた習慣はある。男たちが未亡人を生きたまま焼き殺せば、われわれは彼らを絞首刑とし、その財産を全額没収する。しかる後に我が国の大工は晒し絞首台を建て、未亡人が焼かれた時の関係者全員を吊すことになるだろう。全てを互いの国の習慣に従って行なおうではないか。

かくして、自らの命の危機に曝された——もしもサティの習慣を守るなら——神官と首長は、この伝統を破棄することが妥当と判断した。

無論、ほとんどの宗教的生贄は人間ではなく、動物やその他の食糧を献げることになる。これはそれ自体あまり宜しくないことで、なぜなら食糧の備蓄のある街であっても、ほんの少しの食糧が失われただけで貧民が飢える可能性があったからである。だが人身御供はほとんどの宗教のＤＮＡの中に存在する、古代であれ現在であれ。

例えば現代のユダヤ教とキリスト教は賢明で情け深い信仰の完璧な実例のように見える。だがイェルサレムの旧市街のすぐ外にはヒンノムの谷がある——そのギリシア語名、ゲヘナの方がよく知られているだろう。この気持ちの良い谷が地獄の同意語であるのには理由がある。

そこにはアンモン人と呼ばれる部族が住んでいて、彼らはその神であるモロク（後にキリスト教徒によって大悪魔とされた）への生贄として子供を焼き殺していた。イスラエル諸族は、アンモン人をヒンノムから放逐した後に、自らがその恐るべき風習を受け継いだ――彼ら自身の子を生贄として献げたのだ。ヒンノム／ゲヘナの谷は紀元前一〇世紀の「賢王」ソロモンの時代以後、四〇〇年以上後にバビロニアの侵略を受ける時まで、子供の人身御供を焼き殺す場所であった。預言者エレミヤはその侵略前の最後の時代にこの風習を罵って言う――

彼らはバアル[*1]のために聖なる高台を築き、息子たちを火で焼き、焼き尽くす献げ物としてバアルに献げた。私はこのようなことを命じもせず、語りもせず、心に思い浮かべもしなかった。それゆえ、見よ、と主は言われる。このところがもはやトフェトとか、ベン・ヒンノムの谷とか呼ばれることなく、殺戮の谷と呼ばれる日が来る。[*2]

この恐ろしい出来事は、言うほど気違いじみたものではなかったのかも知れない。何千年にもわたって子供殺しは人間の生活の不可欠な部分であった。歴史自体を通じて、そして先史時代まで遡って、増えすぎた子供を殺すことはあらゆる社会において人口調節の主要な手段であった。不要な赤ん坊を殺す方がそれ以外の全員が飢え死にするよりましだというのは、無慈悲だが論理的であった。養うべき口が一つ増えるということは、先ず何よりも養うべき口が一つ増えるということだったのである。

＊1　エレミヤはおそらく、ここでモロク神のことを言っている。バアルは古代レヴァント地方の称号で、「主」を意味しており、後にエレミヤが彼自身の神ヤハウェを指して「主」と呼ぶのと同様に使われていた。
＊2　『エレミヤ書』19章5―6。

現在でもこの恐るべき必要性が実際にわれわれの遺伝子の中に根付いていると考える者もいる。多くの母親が出産の直後に生まれたばかりの子供との間に奇妙な感情的断絶を感じる。まさに愛情と傾倒の洪水を感じそうなときにである。この動揺するような症状はしばしば出産後の鬱状態と関係しているとされ、通常は数日で消えてしまう――その後、母親と子供は愛情深く繋がる。一部の科学者によれば、この断絶感は身体が中立的な感情の窓を作っているのであり、それによって母親は膨大な感情的トラウマを負うことなく新生児を殺すかどうかを決断することができるのだという。

思い起こして頂きたいが、人類史のほとんど、そして先史時代の全てにおいて、われわれは通常、この大型の身体、そして特大の脳を快適に維持するための食糧をほとんど得られなかった。飢餓はほとんどの人間、そして全ての前人類にとって遠くにあるものではなかった。新生児はあまりにも多くの家族の時間と資源を奪うため、他の家族の構成員が危険に曝されかねない。そしてその家族は既にそれまでの子供たちを育て、守るのに多大な労力を払っているかもしれない。そんなわけで、新生児のために彼らの命を危険に曝すというのは非合理かもしれないのだ。そこで出産の直後の期間は母親にとって、新たな赤ん坊に食わせ、守りながら生きていくことができるかどうかを査定する期間となる。その見込みがなければ感情的に落ち込むことなく自らの子供を殺すことができなくてはならない。

そんなわけで、ヒンノムの谷の子殺しはたぶんその殺害を神の好意を勝ち得るための生贄という形にすることで、やむを得ぬことを潔くやったに過ぎないのだろう。同時に、分別ある人口抑制策を。

人身御供という主題に戻って、ユダヤの「過越祭」という伝統について考えてみよう――神ヤハウェが自ら全てのエジプトの初子を殺した。そしてまたキリスト教には、ナザレのイエスの文字通りの自己犠牲の信仰がある。この両者はいずれも先行する宗教の残響であり、そこでは怒れる神々を宥めるには愛する子供を故意に殺すしかなかったのである。

これら全てを古代世界の野蛮さの所為にしてしまう前に――現在のわれわれはそこから安全に脱却することに成功したが――今日の「名誉殺人」を思い起こす価値があるだろう。これは家族の者――通常は父、兄弟、伯父――が、一〇代の少女や若い女を殺すというものだ。彼女が男に過剰に興味を持ったとか、同性愛者であるとか、あるいは強姦されて生き残ったという理由で。

名誉犯罪に対する取締が緩い地域で好まれるのは、生きたまま焼き殺すという方法である。より取締の厳しい地域では、その犯罪を隠すために強制的な自殺という方法がしばしば用いられる。二〇一三年にBBCが報告したところによれば、毎年五〇〇〇人から二万人の少女や女性が殺されていると言う。確信犯たる名誉殺人者はほとんど例外なく、その行為を宗教によって正当化する。イスラムが名誉殺人に汚染されていることは良く知られているが、それ以外のほとんどの宗教にも同様の事例がある。

人口抑制のプラグマティズム（あるいは家族の名誉の防衛）は、古代世界においては人身御供の意識的動機にはほとんどならなかった。第8章で見るように、人間が奴隷制を作り出した動機の一つは自分の家や地元の者ではない、消耗品としての犠牲者を見つけることである。

これは、神を喜ばせるために人を殺すことはしばしば習慣的な、むしろ慣例的な宗教行事であって、時には産業的な規模で行なわれていたからである。一五世紀のアステカ人は一年に三〇〇〇人から二五万人の人間を殺していた（どの歴史家の推算を採用するかによる）。だが最小の数字である三〇〇〇人を採用したとしても、それはつまり一年のほとんど毎日、一人の人間が黒曜石のナイフで腹を裂かれ、また脈動している心臓が抉り出されるということである、それも疑いなく善意の、良心的な神官の一団によって。しかもその数字は、もしも高い方の推算を採用するならば毎日平均七〇〇人以上――つまり二分に一度の致命的な臓物抜き――にまで上昇する。

アルコール依存によって引き起こされたダメージと同様、世界的に歴史を通じて宗教的犠牲によって引き起こされた被害の数は、計算も、想像すらも絶している。そしてその全ては原理的に言って、その好意や存在が、盲目的信仰以外の手段によって人間には実証することのできないものを宥めるために行なわれているのである。もしもあなたが近代的な思想と人間的な宗教の敬虔な信者であったとしても、それらの生贄の全て――たぶんあなたは、偽の神々へのものだと思うだろうが――仰天するほどの資源、時間、人命の損失であったということは認めざるを得ないだろう。

第7章　文明化された人喰い

ここまでわれわれは人間の暴力の中でも、幸いにも稀ではあるが、野蛮さの歴史においては無視し得ぬ特に不愉快な側面についてはほんの軽くしか触れてこなかった——つまり、人喰いである。かなり最近まで人類学者と歴史家は、人喰いという主題を犯罪学者とほとんど同じ形で取り扱ってきた。人間を喰うという行為を、奇妙で不愉快な異常とみなしてきたのである。つまり特定の文化を支配した一つの狂気であり、一部の殺人者に取り憑くものと同じであると。

人喰いの原因はしばしば環境的なものとみなされる。限定的な地域における人口過密や、狩猟できる食肉用の動物の不足である。これは太平洋のイースター島で、人口過密と宗教的な巨大石頭像の制作による環境破壊の後に起こったことだ。石頭像運搬用の丸太の転を作るために、彫刻師たちはあまりにも多くの島の木を切り倒し過ぎた。それによって環境のバランスが崩れ、完全な森林破壊が起こった。こうしてイースター島の住民は最終的に丸太のカヌーを作ることができなくなったのだが、彼らは他の居住可能な土地から二〇〇〇マイルも離れていた。木の障壁がなくなると、苛烈な風のために農業も困難となり、カヌーがないために漁業も不可能となった。食糧はますます不足した。

放射性炭素年代測定法によれば、イースター島は一二〇〇年頃にポリネシア人の探険家によって最初に植民された。それから四〇〇年にわたって島の住人は複雑な――巨大石頭像を制作する――文化を創った。だが環境破壊のために飢餓、戦争、そして最終的には制度化された人喰いにいたった。一七二二年にヨーロッパ人がイースター島を発見したとき、残っていた住民はわずか二〇〇〇人程度――わずか一世紀前には五万人だったのだから、八七%の低下である。その頃までには人喰いは終了していた。だがそれは、島の人口が環境的に扶養可能な数にまで減少したからに過ぎない。

確かに、人喰いが近代まで生き残ったのは食糧源の限定された孤立した文化においてであるというのは事実だ。例えばカリブ海のコロンブス以前のカリブ人、孤立したポリネシア文化（イースター島のような）、あるいはパプアニューギニアのコロワイ族（彼らは二〇〇六年になっても人間の肉を喰っていたと報告されている）など。

人類学者はまた、人間を喰うことは基本的に儀式的かつ物神崇拝的な行為だと考えていた。だから敵を喰う戦士は――一七世紀以前のニュージーランドのマオリ族のように――しばしば敵の勇気と力を採り入れていると信じていた。英国の探険家キャプテン・ジェイムズ・クックが一七七九年に太平洋のハワイの島で殺された時、その酋長は入念な葬式をしながら彼の心臓を喰った。彼の勇気を分配するために。

ハワイの酋長たちにはまた尊敬と悲嘆という動機もあった。これもまた儀式的喰人の主要な動機である。部族内部で尊敬を受けた人物は、自然な原因で死んだ後に喰われる。それは南アメリカのヤノマミ族がかつて行なっていたことであり、そして前述のコロワイ族が今もやっていると噂されていることだ。この「部族内喰人」は常に尊敬を示唆しているが、同時にまた、愛する者の知識を部族内に魔術的に採り入れようとする試みなのかも知れない。エジプト学の先駆者サー・フリンダーズ・ピートリはそれを「栄誉を以て喰われる」と呼んでいる。

非常にしばしば人類学者は確証のない喰人の報告をネガティヴなプロパガンダとして一蹴してきた。敵対する部族が自分たちの目的のために言い募っていることだと。例えば一七世紀から二〇世紀初頭まで、合衆国西部のフロンティアのネイティヴ・アメリカンは人喰いだという、ヨーロッパ人の間に広く流布していた見解があった。これは現在では全くの虚構であることが判明している。それはネイティヴ・アメリカンを怪物として描くことに既得権益があったヨーロッパの植民者によって広められた民間伝承だったのである。

だが先史時代に関する限り、人間の共食いはわれわれがかつて考えていたよりもはるかに幅広く普及していたと現在では考えられている。第4章で見たようにスペインのグラン・ドリーナとフランスのレ・ロワから発見された証拠によれば *Homo erectus* と *Homo sapiens* はいずれも、おそらくは普通の食餌の一部として人間の肉を喰っていたらしい。そして近年の遺伝学上の発見は、喰人が必ずしも人間の典型的な行動ではないとしても、常に一般的に行なわれてきた行為であるという見解を支持している。

脳のプリオン病、例えばクロイツフェルト＝ヤコブ病（別名「狂牛病」）やクールー病は、感染した脳を喰うことによって広がる。狂牛病の場合、人間が感染する原因は——いかがわしい工場飼育法によって——死んだ牛の、乾燥してはいるが感染した脳を喰うことを強制された牛の脳を喰うことだ。

最近の発見によれば、特定の種類のプリオン遺伝子（PRNP）を持っているとプリオン病に対して幾らか抵抗力がある。この変異は多くの人間集団に行き渡っている（どれほど世界的に広がっているかに関しては、まだ科学上の論争の的となっているが）。このような変異の成功の原因として最も有力なのは、喰人を臨時の食糧源として活用しようとした集団が進化的に有利であったということだ。だがこのような免疫の進化は必然的に多くの世代を越えて起こる喰人を引き起こした。

例えば、大人がミルクを飲むことを考えて頂きたい。新生児は明らかにミルクを消化する能力を持っているが、人類史上、ほとんどの成人が乳糖を受け付けなかったことは確実である。つまり乳製品の中に見出される複雑な乳糖を適切に消化することができないということだ。これは——他の哺乳類と同様——授乳が終わるや否や人間は自動的に乳糖を消化可能な糖に分解する乳糖分解酵素の分泌を止めるということである。だがおそらく本書の読者は著者ふたりと同様、そう望むなら自由にミルクを飲むことはできるだろう。

新石器時代の動物の家畜化——主としてポニーやヤギ——によって乳製品が人間の手に入るようになった。だが大人になっても乳糖分解酵素を保てるほどに進化したのは少数の集団——特にヨーロッパ、北アフリカ、中東、インドにいた——だけである。実際、ほとんどの初期の牧畜文化は家畜を肉と血のためのみに用いていた。後者は生きた動物から採取し、シチューにしたりそのまま飲んだりしていた。

その結果、牧畜を開始して一万年近く経つのに、現在の世界の大人の中で完全に乳糖に耐性を持つのはわずか二五%ほどである。[*1] そんなわけで、われわれの祖先の一部であれ、プリオン病への耐性を進化させるには喰人と脳喰いの習慣が何百万年続けばよいだろうか？

無論、人喰いは人間の暴力の大きな全体図を研究する際には学問的な対象となるように見えるかも知れない。結局のところ、殺人の主要部分は殺す行為なのだ——その後の屍体をどうするかではなく。だがわれわれが最も興味を惹かれるのは殺人者の精神であり、いかにしてそれが、現在世界中で殺人率が急激に落ち込んでいる程度にまで文化的に変化したかということなのである。

ゆえにここで考察に値するのは、捕食的な人喰いにおける基本的な心的傾向である。彼らは自分が喰うために他人の人生を破壊することを望んでいる。経済的ゲーム理論では、これは「ネガティヴ・サム・ゲーム」と呼ばれる――人喰いは得て、犠牲者は失う。だがこの事象全体の産物はゼロ以下である。なぜなら人喰いの満腹は短期間しか保たないのに対して、犠牲者は人生の全てを失うからだ。世界は明らかに損をした。だがそれは人喰いが喜んで他人に支払わせるコストである。自分が腹を満たせるならば。

伝統的な人喰い――一六世紀のカリブ人や取り残されたイースター島人のような――にとって、殺人から得られるものは基本的に栄養である。だがそこには間違いなく心理的側面もある。しばしば究極の復讐としての。ポール・ムーン教授はニュージーランドのマオリ族について次のように述べている。「もしも［敵を］切り刻んで喰い、糞に変えることができるなら、これは敵に与えうる最大の侮辱だろう」。[*2]

人喰いのシリアルキラー――ジェフリー・ダーマーやアルバート・「ウィステリアの人狼」・フィッシュのような――にとって人肉を喰うために殺す行為は基本的に疑似性支配ゲームである。究極の支配妄想であり、連続強姦や連続殺人の主要な衝動である。嫌がる相手に性交を強要することは犠牲者に対する連続強姦魔の力を「証明」することになる。そして収穫逓減の法則に従って、それですら十

＊1　数字は Hertzler, Huynh and Savaiano – 'How much lactose is low lactose?', *The Journal of the American Dietetic Association* (1996) より。

＊2　Paul Moon, *This Horrid Practice: The Myth and Reality of Traditional Maori Cannibalism* (2008)

分ではなくなると、彼らは犠牲者を殺すことによって自らの支配を示そうとする。その後に屍体を喰うのは通常は――シリアルキラーの基準から見ても――やり過ぎのように見えるが、一部の殺人者にとってはそれは究極の支配のように感じられる。

（元来は経済学の原理である「収穫逓減の法則」は現在では継続的な努力の成果がどんどん少なくなっていく状況全般に対して用いられる。例えばヘロイン耐性の強化は薬物中毒者にとっての共通問題であり、特定の政策を推進しすぎるのは政治指導者にとっての共通問題である。シリアルキラーの場合、心理的な収穫逓減の法則とは、最初の殺人のスリルが時間が経つほど――そして場数を踏むほど薄れてくるということである。これはしばしば彼らをさらなる暴虐へと駆り立てる。単純に、より強いスリルを求めて）。

皮肉な事実であるが、犯罪者にとってどれほど兇悪な残虐行為といえども、基本的には有効ではない。強姦、拷問、殺人、喰人は、あらゆる連続犯罪者に付きまとって離れない不安感を黙らせることはできない。英国のシリアルキラー、デニス・ニルセンは、かつて伝記作家ブライアン・マスターズにぼやいた、架空の連続喰人鬼ハンニバル・レクターは全く現実離れしていると。ニルセン曰く、レクターは「有能な人間として描かれているが、そんなのは純然たる神話だ……俺の罪は不十分の感覚から来るのであって、有能な感覚からじゃない。俺は人生で何の力も無い」。*3

本章において私はもう一つの人喰いの形があることを論じようと思う。それは人喰いの心的傾向によって規定されるもので、実際に人肉を喰うという行為によって規定されるものではない。自分の人生を豊かにするために他者の人生を破壊しようとする者は誰であれ人喰いと呼ばれるべきなのだ。

実例を挙げよう。古代ローマの貴族や最南部地方の大農園のオーナーで、奴隷に充分に喰わせるよりも新しい奴隷を連れてきた方が安上がりだという理由で飢え死にするまで働かせた者。あるいは企業の重役で、製品の売り上げに、ひいては自分自身の給料やボーナスにダメージがあるからという理由で自社製品に致命的な副作用があることを隠蔽した者。あるいはまた政治家で、自身の権力と特権を強化するために不要な戦争を意図的に開戦した者。これらはいずれも心理的にはグラン・ドリーナ洞窟の血に塗れた、幼児喰いの Homo erectus と同様に人喰いであると私は提起する。

既に見たように、新石器時代における文明の誕生がおそらく人間の葛藤の増加を生み出した。イェリコのような最古の囲郭都市が絶えず攻撃の脅威に曝されていたと考えるのは合理的であろう。なぜなら彼らは労を厭わずに壁を築いたからである。クマやオオカミを退けるのに石造りの要塞は要らない──だが人間相手になら必要である。漂泊の盗賊による略奪はおそらく街の住民にとって根源的な問題であっただろう。だがこれらの街が繁栄し、大きくなると──そして軍隊を備えると──都市間の戦争が文明的な生活の一般的側面となる。街壁内部の社会不安と共に。

前章でわれわれは街の夜警がすぐに戦士貴族になった様子を見た。また部族のシャーマンが神殿の神官になった様子も。漂泊生活の抛棄にもまた副作用があった──富の過剰、貧困と政治権力の創造である。

所有は純然たる漂泊民、その日暮しの生活にとっては大した問題ではない。狩りの後に誰が一番多くの分け前を取るかという、そして誰がどの相手と寝るかという争いは間違いなくあった。そして言うまでもなく、その地方における「裕福」と「貧乏」の定義は完全に入手可能な資源に依存していた。（B・キルバンの漫画で、汚い襤褸を纏った男女がドアの代わりにぼろぼろの毛布を吊したむさ苦しいワンルームの

＊3　Brian Masters, *Killing for Company* (1995)

荒ら家を前に立っているのがある。女は嬉しそうに微笑んで言う、「まあ！　あなたは確かにお金持ちだって言ってたけれど、まさかここまでお金持ちだなんて思ってもみなかったわ」）。

だが全般的に放浪の部族の場合、幸運も不運も全員が共有する。獲物があれば全員が太り、なければ全員が痩せる。このような状況では意地悪な首長が自分の巣を飾るためにできることは限られている――もし部族みんなが飢えているときに一人だけ喰っていれば、彼らはあっさり彼を殺して新しい指導者を据えるだろう。

安全な街の暮らし、食糧の備蓄、長期保存に耐える物品の製作はその全てを変えた。貨幣の発明の前から街は「持てる者」と「持たざる者」を生み出していた。例えば穀倉や冷蔵室への食糧の備蓄は食糧の損失を著しく減らしたが、それはまた食糧分配の任に当たる者は誰であれ、私腹を肥やす立場にあるということを示していた。貴族戦士は他国人との戦いや同国人への強請りによって富を蓄えることができるようになった。聖職者もまたしばしば正当な分け前以上のものを要求した。薄っぺらな、あるいは貧しい衣装の神官は神々を怒らせるという了解の下に。そしてまた、商人や職人は富を正当な方法で――まあ、場合によってはそうでないこともあるが――獲得した。

これらはいずれも相対的に豊かな人々である。なぜなら彼らは定住する家を持ち、所有物を安全に備蓄することができたからだ――常に全財産を持ち歩き、自らの手で守らねばならない漂泊民とは偉い違いである。裕福な街の住人にとって自らの富を誇示することは名声を得るための基本的な方法となった。そして言うまでもなくこの元祖成金は、多かれ少なかれ貧しい隣人たちから恨まれた。

強盗および強盗に対する苛烈な処罰は、常に定住社会に取り憑いてきた強迫観念である。だがそもそもの初めから「ブルーカラー」の盗賊と「ホワイトカラー」の盗賊とがいた。住居侵入や路上強盗の際に殺す気満々の盗賊はほぼ間違いなく、飢え死にするまで他者を窮乏化させる搾取的な金持ちと同様に悪辣である。だが文明が進み、より多面的になると、後者のタイプの社会経済的人喰いの範囲もまた広くなった。一方で強盗殺人犯は常に限定的な機会……そして限られた人生の見通ししかなかった。

貨幣の発明——少なくとも部分的に物々交換に取って代わる程度の——は紀元前三〇〇〇年頃にまで遡り、筆記と計算の発明の副産物であった。「シケル」は元来、重量の標準単位で、五〇〇〇年前のメソポタミアで食糧（通常は大麦）の分配に用いられた。このような精確なシステムを管理するには明らかに数えたり書いたりすることが必要で、消えない印を用いてシケルの収蔵を表すことは明らかに時間を節約できる道具だった。そうすれば一人の人間が自分の畑の毎年の全収穫物の代表値を片手に持てるようになり、自分のシケルを必要なものと交換できるようになる。もしも彼が実際の食糧を買手に届けると信じられているなら。

この基本的な貨幣システム（歴史上のほとんど全ての都市を基盤とする文化において模倣あるいは独自に発明された）から、最終的には遠隔地貿易、会計業務、貸金、負債に対する利息、銀行業が生じた。それはまた、最初の大金持ちを生み出した。それは初期の文明においては、不作によってその日暮しに転落したり、飢え死にしたりすることのない人を意味していた（他に購入可能な余剰食糧を持つ者がいる場合に限る）。

貴族戦士の家系については既に論じた。彼らは武器、防具、さらに略奪した宝石や土地といった保存の利く物品という形で富を蓄積した。だが貨幣の発明と流通は、貴族にもう一つの獲得し蓄積すべき対象を与えたのみならず、また貴族以上の富を行使することができ、実際に行使した非貴族の商人階級を生み出した。

一般に、どんな文明においても貴族はこのような成り上がり者を簒奪者でありモグリであるとみなした――「思い上がった成り上がりの商売人」と一蹴されたのである。だが貴族は俗物的であると同時に実利的でもあった。商人階級を政治的に抑えつけられない時（共和制古代ローマのように）、あるいは彼らのカネを不公平な徴税によって合法的に盗み取ることができる時（革命前のフランスのように）には、貴族たちは最も裕福な商人にカネで貴族の階級を買うことを許した。こうして商人階級の代表的な家を効果的に吸収し同化したのである。

いずれにせよ、貴族はほとんどの文明の財政に――それゆえに法制に――有利な立場を持っていた、一九世紀に近代的な所得税と相続税のシステムができるまでは。これらの法律が組み合わされて採用されると、それは効果的に、わずか数世代の内に怠惰な金持ちたちの銀行口座を略奪し尽した。貴族はほとんどの国で、一〇〇年もしない内に豪奢で安全で気楽な生活から永続的な負債と破産へと追い込まれた。これによって商人階級――富を受け継いだのではなく実際にものを作ったり交易して恒常的な利益の流れを持っている者――が権力を掌握した。

そして富は正しく使えば実際に権力である。政治権力は必然的にカネよりも不明瞭な概念である。たとえ、単にそれぞれの文化が状況や伝統に則って異なる方法でその権力を揮うという理由のためだけであったとしても。例えば中世キリスト教ヨーロッパにおいては、支配力はほとんど完全に世襲の貴族の家と教会にのみ限定されていた。裕福な商人にも多少の影響力はあったが、支配者からは一般に単なるカネの生る木とみなされていた。一方、紀元前五世紀のペリクレスのアテナイにおいては、貴族と商人＝冒険家は一般に同じものだった。そして誰もが弁論と賄賂を通じて民主議会の票を牛耳ることで権力を揮おうとした。

だがどんな文化においても政治権力はほとんど常に、その権力を揮う者が利益と特権を得るものになる。これは必ずしもその社会の成員にとって悪いことばかりではない――権力の行使は潜在的には悪を正し、全員の分け前を増やすこともありうる――だがそれは通常は誰か他人のペテロを奪ってあなたのパウロに支払うことを意味する〔「他所から奪ってあなたに支払う」の意味〕。

指導者にとって――古代世界の王であれ現代の大統領であれ――最初に権力を奪取した時よりも貧しく死ぬということは極めて稀である。そして指導者にとってと同様、彼らと関係した氏族、階級、カーストもまた同様だ。限定された資源――食糧であれ、水であれ、黄金であれ、石油であれ、知的財産権であれ――から得られる利益はほとんど常にどんな社会においても上昇する。

本書の主題は不要な人類の暴力であって、社会的・経済的搾取ではない。だが個人の富裕化に他者の死が必要であるなら、われわれはそれをまたしても文明化された人喰いであると考える。これはまた人間の性質に関するボノボ説の状況証拠とみなすことができるだろう。つまりそのような非人間的な欲望は、あまり複雑な文明を持たない小さな共同体においては、より稀であると。

初期の街社会においては搾取的虐待の範囲も限定的であった。金持ちも貧乏人から石を投げれば届く距離に住んでおり、自分が害する相手の名前を知っており、社会的非難と同様に恥辱もまた現実の力を持っていた。だが共同体が巨大化して富裕者が自らを隔離され固く守られた地域に孤絶させることができるようになると――そしてそれにより彼らが搾取的行為の犠牲者たちを個人的に知る機会がほとんど無くなると――金持ちによる社会経済的人喰いの度合いは比率的に大きくなる。

奴隷は飢餓的な糧食の割り当てで酷使することができるようになる。労働者は薄給で負債に縛られることになる。弱い（あるいは、より倫理的な）ビジネス上の競争相手は、胡散臭い、あるいは明らかに違法な戦略家によって窮地に追いやられる。強請りと恥知らずな窃盗が「力こそ正義」という昔ながらの規則によって正当化される。そして一度でも捕まって有罪とされても、権力者に贈賄すれば味方に付けることができる。

実際、社会の特権階級による反社会的行為を、腐敗した官僚が認めること――一方で一般人の同様の、あるいは全く同じ行為を正当にも禁じているにも関わらず――は、文明化された人喰いが生じる基本的要素である。ホワイトカラーの人喰いは一般に、宴会を始める前に自分たちが法の保護を受けていることを確実にする。だが、社会の誰もがこのような許容度を許されることは誰も望んでいない。そんなことをすれば混沌が生じるだろう。小説家ジョセフ・コンラッドは『闇の奥』で次のように述べている――

要するに、この世の中という奴には、甲が馬を盗むのは黙ってじっと見逃している癖に、乙の人間は、端綱一つに目を付けるだけでもいけないという、そういった何かがある。

先に述べた「ビジネス活動」はいずれも文明それ自体と同様に古い。大規模奴隷制を除く全てが今日の自由市場でも依然として優勢である。そしていずれも、そのレベルを「最大利益」に上げれば人間の命を犠牲にする。無論、このような搾取は搾取された人々の間に社会的怨恨を蓄積し、それはカネと権力を持つ者に対する反発の危険を秘めている。ではなぜ抑圧された者による革命は歴史上にこれほど稀なのか？

その理由の一つは、われわれが群志向の動物だった時代にまで遡る。社会の中に貴族や神官のヒエラルキーや明らかにレベルの違う富を持つ者が生じると、不可避的に文化は層化して社会階層および／もしくは宗教的カーストとなる。これはしばしば事実上の専制主義となり得る直接的な社会支配の形態を取る——西ローマ帝国後期に下層階級は職業変更の自由を禁じられ、違反すれば死刑にされたように。あるいはインドで人口の二〇％近く——被差別民《ダリト》——が、彼らに触れただけでも上位カーストのインド人が宗教的に汚染されるということで「不可触民」と規定されていたように。

あなたを助けてくれる地位にある人が誰一人としてあなたの傍に来るリスクを冒す気が無いとすれば、あなたの社会的地位を向上させることは困難だ。あるいは、より良い職に就こうとすればそれを法律が全力で阻止しに来るとすれば。だがひとたび社会階層が充分に確立されると、支配階級による不器用な介入は不要となる。このような階層化された文化に属するほとんど全ての者が、社会的な国境警備隊となる、社会的地位の上昇による最大の受益者すらも——むしろそういう者ほど、特に。

例えばヴィクトリア時代の中流階級の英国人が、他の中流階級の人に浴びせかけることのできる最悪の侮辱の一つは「売り場の店員《カウンタージャンパー》」だろう。これはつまり、彼らは最初、店の手伝い（あるいはそれと同等の低い地位）から始めたにも関わらず、「身の程を知らないため」に社会的な出世を望んだという含意がある。このような上昇志向の「カウンタージャンパー」は少なくとも、彼らが売り場のカウンターに置き去りにした人々から、彼らが侵入しようとした上の階級と同様に軽蔑される。革命的な、画期的な英雄とみなされてきたことを期待するまさにその人が、しばしば彼らの本来の生まれである労働者もしくは使用人階級から「階級の裏切り者」「蛙の子は蛙」とみなされるのである。

一九世紀と二〇世紀の初期のフェミニストも同じ問題に直面した。女性の権利に反対する主要な唱道者は家父長ぶった男だったかもしれない。だが彼らの反対を支持していたのはかなりの数の社会的にアクティヴでない、だが影響力のある女性だった。婦人参政権運動は、男たちのアクティヴな反対や嘲笑と同様、女たちの無関心と不安によって妨害された。女性解放を求める強い大衆運動が飛躍したのは第一次世界大戦の後のこと——多くの女性が「男の仕事」をすることが可能であると証明された（そして機関銃のために男の人数が少々、だが重大に減少した）時である。

　ジョージ・オーウェルが『ウィガン波止場への道』（一九三七）で述べているところによれば、階級の区別に最も熱心に固執したのは、中流階級の中でも経済的に苦しい人々——彼の言う「武士は食わ《シャビー・》ねど高楊枝《ジェンティール》」の人々だったという。だが、英国の階級制度の不合理な要求に最も苦しめられたのはまさにこの階級であった。

　労働者階級の家庭と比べてさほど収入の高くない中流の下層の家庭には、「世間体を取り繕う」ために余分の経済的重荷があった。すなわち自らが経済的に「卑しからぬ」ように見えるために良いものを着て、「まともな」家具のある立派な家に住み、子供は一流の学校に入れる、等々。労働者階級に「退歩する」のではないかという恐怖は——失業やそれ以外の経済的不運によって——その苦々しい葛藤にさらなるストレスを追加するだけだった。だが彼らの主要な恐怖は、「ジョーンズ家に後れを取」ったために引き起こされる恥辱と社会的追放、「成り上がりの貧民」とみなされることに他ならなかった。[*4]

　階級——およびカースト——の弁別は、不平等な文明において現体制を維持するための主要な要素である。武装した兵士や支配階級のために創られた極めて苛酷な法体制以上に。人間は自動的に権力に対しては服従してしまう。それはおそらく、群志向の動物であった頃からの名残である——都市の権威者は、群れの支配者である雄の文明化されたヴァージョンである。この無条件の服従は人間を自分自身の利益に反して烈しく闘わせたりもする。そしてしばしばこの習慣は完全に確立されたものとなる。なぜならどれほど歴然たる虐待も、最終的には「名誉ある伝統」となるからである。

哲学者で小説家のロバート・アントン・ウィルソンは、かつて伝統と階級の服従の間の破壊的な相互作用について、解りやすい寓話を書いた――

［昔々、あるところに］王様がいた。彼は人に会う度にその尻を蹴飛ばそうと決意した。力を誇示するために……。この狂人が王冠を被り軍隊を持っていたために、人々はすぐに何度蹴り飛ばされても甘受するようになった。さらにはそれを達観して、あるいは禁欲的に受け入れるようになった。税金や、それ以外の国王や支配者からの重荷を受け入れたように。さらには国王が近づいて来るのを見るや否や、腰を屈めるようになった。

最終的に国王は死に、その後継者は当然のようにその伝統を継承して、会う者をことごとく蹴り飛ばした。何世紀も経つ内に、さも当然のように貴族たちは全員、国王と同じ「権利」を要求し、そして獲得した。どの男爵も下の位の者を蹴飛ばし、騎士は男爵や王家以外の者なら誰でも蹴飛ばした。人口の大部分は起きている時間のほとんどを壁に向かって蹲り、尻を蹴られるのを待って過すようになった。

民主主義の到来は、この驚くべき平行世界では伝統的な思考様式に従って、あるいはそこに住

＊4　George Orwell, *The Road to Wigan Pier* (pages 109–13)

む奇妙な人々が獲得した精神的習慣に従ってしか理解できなかった。そこでは民主主義は、この妙ちきりんな連中にとっては誰でも自分の銀行口座の残額が相手よりも多いことを証明できさえすれば相手の尻を蹴飛ばしても良いという意味になった。その世界の虚飾もしくはグリッドもしくはリアリティ・トンネルの文脈においては、「民主主義」はそれ以外に考え得る意味を持ち得なかった。*5

だがもしもこの全てが宗教および貴族が常に手を取り合って社会のそれ以外の人々を支配するために動いてきたということを示しているなら、もう一度考えて頂きたい。漂泊民と定住民の確執とほとんど同じくらい昔から、貴族と神官の間には競争関係があったのである。

前章で述べたように、貴族の主要な関心は自分の家の名望と特権を守ることにあり、可能とあらばいつでもその双方の幅を拡げようと画策している。このような特権階級に生まれた者は誰であれ、少なくとも軽度の偏執狂になりがちだ。社会階層の自分より下にあまりにも多くの人間がおり、そのほとんどは彼らの所有物の全てを羨んでいるということに気づくだけでそうなるだろう。社会的・政治的保守主義はこの絶えざる背後の恐怖に対する自然の反応であり、支配階級にこの姿勢が普及すれば不可避的に貧者の抑圧にいたる。

貴族が自らの家の地位を向上させるための社会的・政治的策動の一つは、彼らの貴族的遺産を確保するためのもう一つの方法である。無論、このようなパワーゲームに成功すればするほど——そして脂棒〔脂を塗ってそれに登ったり上を歩いたりする遊戯具〕を高く登れば登るほど——彼らの偏執狂は〔一種の社会的眩暈として〕危険なレベルにまで積み上がっていく。「王冠を戴く頭には安らぎが訪れることはない」[*6]

社会的叛乱に対する支配者の恐怖を軽減するための短期的ではあるが単純な方法は軍国主義である。ほとんどの貴族の家系は元来、その高い地位を自らが戦士であることによって——そして後には——兵士を雇うことによって獲得し維持していた。百姓を抑えつけるために軍隊を養うのは彼らにとって自然な反応であった。合衆国の副大統領エルブリッジ・ゲリーは、常備軍というものは勃起した男根のようなものだと述べている。「内を静めるには最適手段だが、外の冒険への危険な誘惑ともなる」。だが実際には勃起と同様、恒久的な軍隊はどこでも厄介事を引き起こす。たとえ本拠地でも。

本拠地の周囲に恒久的に軍事力を維持する上での問題は、兵士というものはとかく退屈して苛立ちがちだということだ。その実例を見たければ軍事基地周辺のパブやバーに行けばいい。そして帝政ローマの近衛軍のように不完全就業の兵士たちは、よりエキサイティングな、あるいは儲けさせてくれる支配者を求めてクーデターを起こすことになりやすい。

そこで貴族の運営する文化は常時臨戦態勢になりやすい。これによって職業軍人を多忙な状態に保てば、彼らも喧嘩したり政府を転覆させたりする暇はないし、同時にまた国内での暴動や内戦の鎮圧にも役に立つ。その結果、貴族はしばしば戦争を高貴な仕事とみなすことになる。最前線での戦闘——一般兵と共に泥に塗れて——は一般に卑しいこととみなされるが。そして、ボーナスとして、もしも兵士が外国との戦闘や戦争に勝てば、戦利品を雇い主の間で山分けすることができる。この種の

＊5　Robert Anton Wilson, 'The Semantics of "Good" & "Evil"' (essay in *Critique: A Journal Questioning Consensus Reality*)
＊6　William Shakespeare, *Henry IV: Part II* (Act III, scene i) (1597)

国に隣接する文化は、すぐさま自らも同様に戦争好きになる……さもなくば、占領地に。

一方、神官は通常、功績や行為を通じてその社会的地位を勝ち取る。確かに神官のカーストのようなものは存在したし今も存在するが――社会の完全に世襲の部分、例えばインドのバラモンや古代イスラエルのレヴィ族――ほとんどの宗教は実力に基づいて社会のどの部分からでも神官を雇う。貴族で神官になる者は通常、次男か三男である――あまり、あるいは全く世襲財産を持たない――ゆえにその忠誠心のほとんどを家ではなく信仰に献げる。社会のそれ以外の者にとっては神官になることは一般に世の中における地位の上昇で、これまた宗教的ヒエラルキーに忠誠心を献げる。

貴族の家と同様、神官もまた主として社会の体制維持に関心を抱いているが、その理由は異なる。神官は下の階級の者を恐れることはほとんど、あるいは全くない。なぜなら彼らの忠実な信徒のほとんどはそこに属しているからだ。一方、神官は自分のところの信者が――および宗教税が――他の宗教に鞍替えすることを恐れている。横柄な宗派主義は多数の宗教が競っている国においては常に宗教生活の主要な面であった。これは時に全面的な暴動、暗殺隊のテロ、徹底的な宗教的内戦にまで激化する。

この種の動乱は貴族を怒らせる。なぜなら彼らが最も望まないのは下層階級の恨みに火をつけるような国内のトラブルだからだ。一方神官はしばしば貴族の戦争屋的な軍国主義に反対する。結局のところ戦争で殺されるのは彼らの信者なのであり、負けた外国人の流入は一般に唾棄すべき異国の神々を伴って来る。

支配階級の二つの主要部分の間のこの動的な緊張は歴史上でも最悪と言える惨事を引き起こしてきた。例えば一六世紀ヨーロッパの宗教改革戦争である。神官的なカトリック教会と、貴族が支援するプロテスタントの改革派との戦争だ。戦争終結までに中央および西ヨーロッパは荒廃し、一部では人口が激減した。また、一九世紀の太平天国の乱——腐敗した清の貴族の政府とキリスト教セクトの革命家の戦争である。この戦争の結果、わずか一四年の間に二〇〇〇万から三〇〇〇万の人間が死んだ。あるいはまた『ギルガメシュ叙事詩』は、ウルク（メソポタミア）の独善的な王と神々自身の、四〇〇〇年近く前の戦争の物語である。歴史上に何度も何度も、宗教の教義も政治のレトリックも越えて世俗と宗教のヒエラルキーの間の本質的な権力闘争の証拠を見ることができる。

本章ではこれまで人喰い的な権力の濫用に焦点を当ててきた。それが石製の武器で犠牲者を殺して喰っていた旧石器時代の戦士であれ、あるいは職場の安全性を切り詰めることで利益マージンを向上させる二一世紀の多国籍企業であれ。歴史を通じてこのような虐待の中心となっていたのは支配階級である。これは彼らが生まれながらに他の人々に比べて人間性が劣っていたからではなく、単純に彼らが常に濫用できる力を持っていたからだ。支配者には私腹を肥やす力が与えられている……他人から奪って……そして常にそうしたいという誘惑に曝されて生きているに違いない。

しかしながら、おそらく文明の最大の産物であるところのものを生み出したのは支配階級である——立法と司法を。

無文字社会にも間違いなく法はあった。実際、おそらくは掟とタブーに雁字搦めにされていた。だがこのような法を地元の口承伝統だけで維持するのは社会の規定を偏狭にし、また過去の治世を「記憶する」ことを職業とする者によって容易に操作されてしまう。複雑な社会はこのような当てにならない法体系では単純に立ち行かない。

法典と法体系を作るには文字文化が必要である。そしてその法体系の運用には常に支配階級を必要とした（英語のjudgeおよびjudgementという単語は、聖書の『士師記』に由来している――だが同書の表題は訓練を受けた法の専門家ではなく、サムソンのような部族の戦士長を意味している）。百姓や商人のように朝から晩まで働かねばならぬ人々は、法を編んだり管理したりする時間は無い。だが国王や貴族は一般にこの種の活動に割くための時間を豊富に持っている。

現代のインターネットで接続された民主主義においてすら、法制定の責任は常に専門家の集団――政治家、ロビー集団、そして公務員――の手に委ねられている。それは一般大衆があまりにも忙し過ぎて、もしくは怠惰に過ぎて日々国家の管理などしていられないからだ。これらの専門家は現代の支配階級の活動的な腕である。そして無論、支配階級は常に下層階級の間で平和を維持することに既得権を持っている。

任意の初期の、もしくは原始的な文明における支配階級の観点から司法／正義《ジャスティス》を見てみよう。国民の間の議論が彼を助けたり儲けさせたりしてくれることは滅多に無い――むしろ実際には全く逆だ。例えばもしも二人の百姓が境界の目印である石を巡って殴り合いになったとしても、その結果は最善でも局地的な不和、そして最悪の場合は食糧生産と税収入の崩壊にいたる。言うまでもなく人間もまた怪我をしたり死んだりする。だから国王あるいは地元の貴族は可及的速やかに状況を静めることで既得権益を確保する。そしてもしも彼が明らかな正義と公平によってそれを行なったのなら、訴訟当事者は彼が課す（そして着服する）罰金に対して恨みを抱くことが減るだろう。

この地球上における法体系が特に支配者と裁判官の既得権益を分離する方向で制定されるようになったのはほんの最近、一七世紀ヨーロッパの啓蒙思想以来のことである。実際、その頃まではこの二つの役割は一般に同じ人間が当たっていた。ほとんどの文化において、独立した、政治的に中立の裁判官というものを想像できるようになったのはここ三〇〇〇年ほどのことなのだ。ましてや一般大衆がそれを期待することなど……。

貴族裁判官が持っていなかったもの——かなり最近まで——は彼らの法的支配を記録し管理する教育（あるいは忍耐）である。娯楽と狩猟と戦争を混ぜ合わせたような生活には終わりのない単調な帳簿付けとは馴染まない。これはあまりにも真実であったので歴史上の数少ない本物の学のある支配者——バビロニアのアッシュールバニパル王（紀元前六二七年歿）やローマの哲人皇帝マルクス・アウレリウス（一二一—一八〇）は、彼らの同時代人からも後世の歴史家からも等しく非凡とみなされたほどである（酔狂とは言わぬまでも）。

ここでは貴族と神官は時に彼らの違いを脇に置いて提携して働いた。貴族は下々の者に対して裁決を与える時間とやる気がある。そして神官は範例を記録し管理する時間と識字能力がある。神官というのは結局のところ、宗教の教義を学び、説教し、論じるために読み書きができなくてはならないのだ。後には職業的な書記がこれを行ない、次には実際の法律家が行なうようになる。だが文明史の大半において、鉄筆と粘土板を持って恭しく裁判の座の下に控えるのは神官であった。

今日では社会が何でもかんでも法で雁字搦めにされているというのはよく聞く不満である。胡散臭い訴訟沙汰や過剰な法的支配がどこでもわれわれを取り囲んでいる。だがこれは何も新しいことではない。例えば古代ローマ人は現代のアメリカ人やヨーロッパ人よりももっと訴訟好きだった。ローマ史を読むと、ローマの支配階級は基本的に全員がアマチュアの法律家だったという結論を下さざるを得ない——地球上で最も致死的な軍隊を持ちながらである。ローマの歴史家タキトゥスは一世紀に活動したが、こう歎いている。「かつてわれわれはあまりにも多くの犯罪に悩まされていた。今やわれわれはあまりにも多くの法に悩まされている」。

文明化された人間というものは、魚が水に順応しているように法に順応しているのだと言いたい誘惑に駆られる。誕生の瞬間からわれわれは両親によって社会化される。学校はこのプロセスを継続する。そしてわれわれの「成人」の定義は、主として法的概念に基づいている。例えば性的承諾の年齢や、投票年齢などである。膨大かつ錯綜した法のネットワークが、われわれに可能なことと不可能なことを定義するのみならず、われわれの仲間である市民もまた概して言えば同じ法のネットワークによって制限され守られているのだという安心感を与えてくれる。

トーマス・ホッブズ（一五八八―一六七九）は個人に対する国家の法の支配を「リヴァイアサン」と呼んだ。旧約聖書の『ヨブ記』で言及される海の怪物である。彼はこの恐ろしいイメージを用いて、人間を彼が言うところの「自然状態」の全き野蛮へと堕落するのを防ぐために政府が揮わねばならないと彼が言うところの巨大な力を示した。だが思い起こすべきは、ホッブズはあの野蛮な清教徒革命（一六四二―五一）を生き延びたばかりで、ゆえに彼が社会という織物の中にほんの少しの綻びでも生じればそれは文明を混沌へと叩き落としかねないと考えたとしても驚くべきことではないということだ。

だがホッブズは専制主義者などではない。彼は合法的政府とは支配者と被支配者の間の「社会契約」であると強調している。この相互同意という継続的要素がなければ、法は社会を統合できない。実際、ホッブズは清教徒革命は国王と英国議会の間でこの契約が破棄されたことによって引き起こされたと明快に理解していた。

（尊大でかなり暗愚であったチャールズ一世は選ばれた人民の代表の要求を無視していた。彼らは彼に不要で虚栄的な海外での戦争の戦費調達のために情け容赦なく税を掛けるのを止めるよう要求していた。議会は反抗し、国王チャールズは彼らに宣戦を布告した。その結果として生じた虐殺によって少なくとも一九万人が死んだ〔英国の人口がおよそ五〇〇万であったから、その三・八%〕。この戦争で最後に死んだのはチャールズ一世その人であった〕。

ホッブズにとって、万人――支配者と被支配者――が社会的契約というリヴァイアサンの爪に掴まれている必要があることを示すのにこれ以上の好例があっただろうか？　国王の斬首は、自らを法の上に置くことのできる者は誰もいないということを決定的に示した。

法と正義は別のものであるというのは法的公理である――その道は一致していることが望ましいが、常にそうなるわけではない。腐敗、無知、偏執、あるいは単に何が公正で何が公正でないかに関する見解の不一致は、正義の車輪を脱線させる。特に、立法者と裁判官がこれらの不足の組み合わせを被る場合は。だが権限を与えられた人々が法手続を継続的に監視することで、正義と法をだいたい同じ方向に保たせることができる。そのためにこそ言論の自由は近代の、正しく機能している文明において根本的に重要なのだ。

近代における大きな革命――世界を揺るがしたものだけを挙げても、アメリカ革命、フランス革命、ロシア革命、および中国革命――はいずれも、支配階級があたかも法の上にある者のように振舞い始め、かつ、コミュニケーション技術に技術的飛躍があった後に起っているという事実には留意すべきである。合衆国の誕生とフランス君主制の（最初の）崩壊の際には、それは安価なパンフレットの印刷だった。ロシア皇帝の没落の際には、それは電信であり、中共の勃興の際にはラジオであった。そして二〇一一年、中東における最も堅固な独裁政権のいくつか――チュニジア、エジプト、そしてリビア――が、インターネット・コミュニケーションの力によって崩壊した。

文明化された人喰いは、かつてと同様、現在もなお広く行き渡っているのかも知れない。だがアクセス容易な大規模コミュニケーションの発達以来、人喰いどもにとってはますます彼らの怪物的な食餌の証拠を隠滅するのは困難となっている。

第8章 「いたる処で鎖に」

たぶんあなたもどこかで耳にしたことがあるだろう古い童話がある。生まれ故郷の国から誘拐された王子の物語である。彼と、同じく攫われてきた一三人の若い男女は怪物の餌となるために島の王国に連れて来られる。この王子はアテナイのテセウスと呼ばれている。その島は地中海南東のクレタ島で、怪物というのはミノタウロスである――牛頭人身の。ラビュリントス――ミノタウロスを飼っている迷宮――に投げ込まれたテセウス王子はこの怪物と戦って殺し、仲間たち（および従順なクレタの王女）と共に脱出する。この物語の幾つかのヴァージョンでは、後にテセウスが海賊となってクレタに戻り、復讐を遂げるという話もある。

過去三〇〇〇年間のほとんどの期間、テセウスの物語はただそれだけのものであった――つまり神話のような童話である。それから一九〇〇年に英国の考古学者アーサー・エヴァンズがクレタ島の北の港ヘラクリオンの四マイル外側にあるケファラの丘の広大な宮殿の遺跡を発掘した。この宮殿複合体には六エーカー以上に及ぶ相互に連結した一三〇〇以上の部屋から構成されていた。宮殿の個室や謁見の間から通常の工房や倉庫まで、この宮殿都市は文字通りラビュリントスのようであったに違いない。

エヴァンズは自らの発見を「クノッソス」と名付けた。テセウスとミノタウロスの神話に登場するクレタ帝国の首都名に因んでである。確かにこの場所は古代のもので、新石器時代、およそ紀元前六〇〇〇年にまで遡る基本的な村落の痕跡があった。以後四〇〇〇年以上にわたってクノッソスは成長を続け、遂にはエヴァンズが発掘した驚くべき複合体となる。この高みにおいてそれは地球上における最大の定住地の一つだったに違いない。一ダースの部屋がある建物が大邸宅とみなされていた世界において、クノッソスは莫大な富、偉大な技術的知識、豊かな文化を表していた。だがこの宮殿都市には、近隣から見れば格好の略奪の対象であったにも関わらず防御のための壁がなかった。それは明らかに強力なクレタの海軍によって守られていたのである。ちょうどテセウスの神話で語られていたように。

だがアーサー・エヴァンズはまたクノッソスが度々破壊されていたことを発見した。紀元前一六〇〇年から一五七〇年までのいつかに火山島のテラ——クレタの北七〇マイル——が爆発した。大気中への火山灰の噴出は甚大で、「火山の冬」を引き起こした。何十年にも及ぶ寒冷と不作の時期である。その効果は途方もないもので、四〇〇〇マイル以上も離れた（伝説上の）夏王朝の崩壊を引き起こしたらしい。間違いなくテラの爆発、火山灰の降下、それに伴う地震と津波は東地中海一帯を壊滅させた。

クレタ海軍のほとんどは間違いなく津波によって破壊された。クレタの北の海岸と、その住民の多く、もしくはほとんどと共に。クノッソスは沿岸からあまりにも遠い内陸で、標高も高かったために波に洗われることこそなかったが、テラ爆発による地震、火山灰の降下、不作はこの宮殿都市を屈服させたに違いない。

このクレタ王権の壊滅はもう一つの結果をもたらした。ミュケーナイに生まれつつあった都市国家もまたテラ爆発の被害を受けたに違いないが、明らかにより素速く立ち直った。考古学的証拠によれば少なくとも紀元前一四五〇年以後、クノッソスの支配者たちはクレタの原住民ではなく、征服者であるミュケーナイのギリシア人であった——アテナイのテセウスの文化である。

宮殿都市はさらにもう一つの破局を被った。紀元前一三七五年頃の大火災である。だが——地球上で最も偉大な生きる構造物の文化的記憶はあまりにも強く——クノッソスの継ぎ接ぎの遺跡には紀元前一一〇〇年まで人が住み続けた。

アーサー・エヴァンズの発見、そして彼が古いお伽噺に命を吹き込んだことは世界を魅了した。だが真に人々の度肝を抜いたのは、彼がクノッソスの壁の上に見出したものである。イルカやグリフォン、宮廷の男女を描いたゴージャスなフレスコ画に混じって、そこにはクレタのスポーツの絵もあったのだ。突進してくる角の長い雄牛の背を飛び越える若い男たち。アーサー・エヴァンズは、これこそがミノタウロスの正体に違いないと確信した。

彼によればクレタの海洋帝国——彼はこれを神話上のラビュリントスの支配者ミノス王に因んで「ミノア文明」と名付けた——は周囲の国々から連行した人々を奴隷化していたに違いない。この不運な者たちの一部はその後、ミノア人の主人のために死の危険を伴う「牛跳び」を演じねばならなかった。あのフレスコ画は、全く武器も防具も身に着けないアスリートを描いている——牛跳び人を生かしていたのは彼らのスキルと機知と敏捷さだけだっただろう。そして描かれた牛の圧倒的な大きさからして、致命的な角による刺突と足による蹂躙はミノアの闘牛場において日常的に見られる見世物であったに違いない。この野蛮な娯楽の噂がギリシアに伝えられ、とエヴァンズは考えた、牛頭人身の化け物の物語へと変容したのだろう。

無論、テセウスの物語における真の怪物とは人間に対する強制労役である。それが闘牛場の演武で死ぬことであれ、畑で汗を流すことであれ、クレタの軍艦の櫂を漕ぐことであれ、奴隷制はミノアの繁栄の鍵となる要素であった。だがもしも実在していたのなら、英雄的な王子テセウスは間違いなく彼自身の奴隷を持っており、奴隷制を物事の自然な秩序の一部であると考えていただろう。実際、奴隷制がかくも長きにわたって存在していたことからして、テセウスに同意したい誘惑に駆られる。だが奴隷制は実際には鍛冶屋や凧揚げと同様、人間にとって自然なものではない。文明がなければ奴隷制などは存在しなかっただろう。

奴隷制は狩猟採集民の社会には存在しなかった。生存のための鉄則の故である。「喰わせるべき口が一つ増えるということは、あくまでも、喰わせるべき口が一つ増えるということである」。その日暮しの生活は、つまり人は自分たちに喰わせるだけで汲々としているということだ。このような原始的な経済においては、誘拐して奴隷化されて来た者は少なくとも彼らの強制労働によって生み出されるだけのものを自分で食べてしまう。つまり労働用の奴隷を獲得するということは、当人の意志に反して新しい家族を迎え入れるということである――そして新しい家族を作るなら、もっと危険が少なくて喜ばしい方法があるではないか。

女の略奪と性奴隷化はまた別の問題である。全ての狩猟採集社会は習慣的に敵の部族から女を誘拐する。実際、第5章で見たように、野生のチンパンジーは定期的に略奪に出掛けて他の群れの雄を殺し、雌を攫う。そしてキラーエイプ仮説の信者によれば、われわれの文明以前の祖先もまた。われわれが直立歩行を開始して以来、ずっと。間違いなく、雄がより大きくより攻撃的な性である限り、雌の性奴隷化は哺乳類の行動の典型的な一部と言うことができるだろう。そういうわけで、多くの動物学者はそもそもそれを奴隷制だの強姦だのと呼ぶこと自体、情緒的に過ぎると言うだろう。

性奴隷に対するわれわれの嫌悪は、あるいはわれわれの文明が女はいついかなる状況においても性交を断ることができるという信念をかなり最近になって採用した副作用とみなしうるかもしれない。強姦を禁ずる法は昔からあったが、それと同様に父親が自分の娘の夫を当人の感情を無視して選ぶという伝統もまた古い。そして実際、ほとんどの強姦禁止法は元来、その犯罪を財産の破壊と規定している。女の価値ある処女性や貞節は、父親や夫の財産とみなされていたのである。だがわれわれが本章で考察しているのはこのような家庭内レベルでの奴隷制のことではなく、産業としての奴隷制のことである。

無論、専門的に言えば誰も支払を受けている者がいない場合、無給の奴隷にはなれない。文明はその前にまず余剰の食糧や物品を生み出さねばならない。そうして初めてその余剰の中から他人を働かせるために支払うことができるのである。そうなって初めて奴隷の主人になることができる。すなわち生存に必要なもの以外、何一つ与えずに人を働かせることができる。後に貨幣制度の発達と共に、奴隷とは投獄し、労働を強制し、その代価を払わない人間を指すようになった。だがそれでもなお彼らには食糧と屋根を与えねばならない。そして彼らの逃亡および／あるいはあなたを殺そうとする試みを防がねばならない。総じて、奴隷制が実際的な仕事となるためには文明というものは比較的進歩していなければならない。

経済的に言えば——余剰食糧、空き屋、信頼に足る監視人、そして換えの奴隷の供給源だけでなく——儲かる仕事が手近になければならない、それも友人や親戚にはさせたくないような。例えば、古代の東地中海周辺で誘拐された奴隷の多くは亜麻糸や衣服の製造を強制された。亜麻糸は儲かる産物だった、というのもそれは時間と手間の掛るものだったからである。先ず始めに亜麻の茎を切って潰し、澱んだ水溜まりに何週間も浸す。水の中に入って行ってそれを引きずり出した後、労働者たちは苦労してこれを清め、植物の繊維を編める状態になるまで梳く。悪臭のする、大変骨の折れる仕事である。ゆえに海賊産業が出現し、外国人を攫って奴隷化して亜麻の製造に従事させた。

女は一般にこの種の奴隷労働に好まれた。なぜなら腕力よりも忍耐力を必要とする仕事だからである。これは主として男に比べて女の方が食費が安かったためでもある。女はまた反抗することも少なく（特に育児中）、主人や監視人相手に売春もできる。この社員特典によってさらに奴隷主の支出を減らすことができる。そして無論、女奴隷は奴隷の赤ん坊を産む――充分に育てば、やはり労働を強制したり売り飛ばしたりできる。そんなこんなで奴隷主の仕事は酪農家のそれとあまり変わらない。ただよりリスクが高く、はるかに儲かり、そして自己の欲求を満たすための畜産という側面が強いだけである。

ミュケーナイ時代（紀元前一六〇〇頃―一一〇〇頃）における女の略奪業はあまりに手広く行なわれていたので、一部の歴史家はそれこそがトロイア戦争の真の原因だったのではないかと考えている。かつては神話とされていたアナトリアの都市トロイア（ギリシア人にはイリオス、近接するヒッタイト帝国ではウィルサとして知られていた）の破壊を描くこの物語は、現在では一般に歴史上の事実に基づくと考えられている。現在のトルコのあるアナトリア北東部のほぼ打って付けの場所に、間違いなく壮観であった城壁都市が一八七一年、先駆的な考古学者ハインリヒ・シュリーマンの手で発掘された。考古学的証拠によればこの街は紀元前一二七五年と一一八〇年におそらく戦争によって荒らされ、焼かれた。

紀元前一二七五年に破壊された町の設計はギリシアの叙事詩人ホメロスが描いたイリオスのそれに驚く程類似していた。塔のある城壁、壮麗な宮殿、そして壮大な傾斜のある門にいたるまで。

ホメロスは紀元前七五〇年頃に『イリアス』を書いたが、その中でこの年の長期に及ぶ攻城と野蛮な略奪を、トロイア人に誘拐された美しい女王ヘレナを救い出すギリシアの試みとして描いている。だがこれはより実利的な開戦理由の詩的隠喩なのかも知れない。つまり彼らの女たちの定期的な略奪を止めさせるための、ギリシア人によるトロイア人に対する懲罰的遠征である。アナトリアのダーダネルス海峡に位置して黒海にもエーゲ海にも行くことができるトロイアは間違いなくこの地方の奴隷貿易の中心としては絶好の場所であった。[*1]

以上の説が正しいか否かに関わらず、奴隷貿易はトロイア戦争の頃には既に古代人の職業となっていた。例えばシュメール人――紀元前四〇〇〇年頃以後――は文化的に繋がったメソポタミアの都市国家の集団で最古の文字文化として知られている。そしてまた、彼らは奴隷の所有者であった。古代エジプト人（紀元前三〇〇〇年頃にはっきりとした国家となった）、古代インド人（紀元前二六〇〇年）、そして古代中国人（紀元前二一〇〇年）もまた然り。北ヨーロッパ、南北アメリカ、中央および南アフリカ、オーストラリアと太平洋の島嶼文化にはかなり後になるまではっきりとした奴隷貿易はなかった。だがそれは彼らが人類の発展において狩猟採集民のレベルから這い出すまではるかに長い時間を要したためである。

初期の奴隷制はまた初期の戦争の結果であり、動機でもあった。第7章で述べたように、拡大する

＊1　Michael Wood, *In Search of the Trojan War* (2005)

都市国家の支配階級は自動的に常設軍を持つ。それは外界の略奪者からの防衛と、国内の治安維持の両方のためである。利益と領土拡張のための戦争——通常は他の都市国家を相手とする——は、機会と見るやすかさず勃発する。だが、捕えた敵はどうすべきだろうか？

征服地の百姓や職人なら、その答えは簡単である。新たな支配者に税金と宗教税を支払う限り、これまで同様に生かされる。だが捕えた兵士と貴族についてはまた別の問題だ。戦勝国には既に軍隊がいる——それに貴族も——ので、これらの虜囚が余分であることは自明である。

身代金を取って親族の許に返すというのは短期的には良い解決策だが、経験豊富で復讐心に満ちた兵士から成る軍隊を再建される危険がある。

殺すのもまたもう一つの選択肢だ——しばしば神々への献げ物として。例えばアステカ人は、常に隣国との間に戦争を起こしていた——主として、神々に献げるための戦争捕虜を確保するためにである。古代世界における人身御供の規模（第6章参照）からして、この生贄需要は血に飢えた神を持つ文化にとっては大きな経済的・軍事的問題となる。

だがその場合、戦勝国（生贄を献げる国）はその武勇を適切に維持せねばならない。激化の法則（第5章参照）に従って、戦争の一方の側が行なった野蛮で非人間的な行為はほとんど自動的にその敵によって標準的な行為として採用される。少々の戦術的な誤りをしでかしたり一つや二つの戦に負けたからといって、自分自身が生贄の祭壇に上げられる羽目になるのを望む将軍、大神官、国王などはいない。そこで明らかな妥協は、戦争捕虜を奴隷にすることである。

文明の発達に対する奴隷制のインパクトを過小評価すべきではない。奴隷——特に元敵——を手に入れると、奴隷主は当然ながら彼らを重労働で疲れ果てさせたくなる。そうすれば問題を起こすことが減るからだ。用水路の掘削、長距離の商品運搬、巨大建造物の建設、海上でのガレー船漕ぎなどは明らかにそれが目的である。これによってより良い農場が築かれ、商売は拡大し、巨大な宮殿や神殿が建立され、世界が探検される——全てが奴隷の背の上で。

最初期の奴隷制は、主として国営事業であったらしい。裕福な貴族ですら、奴隷産業の初期投資や持続的な管理はできない。そのためには、納税者に支えられた王家が必要である。さらに、奴隷の叛乱を鎮圧し、補充用の奴隷を獲得するには、容易に軍隊を動かせることが必要だ。

例えば、ペロポネソス半島南西部のピュロスで発掘されたミュケーナイの宮殿で発見された粘土板（紀元前一二〇〇年頃）には、奴隷の管理と糧食が記されていた。奴隷は五〇〇人ずつの集団に分けられ、地元の亜麻布産業で使役された——そのほとんどは小アジアから誘拐されてきた女である。これらの奴隷は全員、明らかにピュロスの王家によって所有され支配されていた。

だが最終的に、ある文化の中の他の貴族家もまた自らの奴隷産業を設立するに足る経済力と軍事力を蓄えるだろう。ゆえに利潤追求のための人間搾取は遅かれ早かれ。国家の独占であることを止めて自由な——少なくとも、奴隷主にとっては——市場となる。

歴史上のほとんどの奴隷は産業もしくは農業労働者であった——そして産業奴隷とは、半熟練の、高生産量の交易品のことである。古代世界の粘土のアンフォラ制作から現代のハイテク・スポーツシューズまで。十分な初期資本投下と継続的な投資があれば、このようなプロジェクトは最終的には非常に高い配当金をもたらす。結局のところ、それと競合する非奴隷制の産業がどのようにして生き残ることができるだろうか、彼らは労働者に対する賃金という余計な出費を強いられるというのに？長期的に見れば奴隷主は事実上、独占的な地位を保証されているようなものである。

無論、このように奴隷産業を好むことは地域経済を畸形化する。完璧に健全な非奴隷制の事業は駆逐され、広範囲にわたる失業が歴史上初めて慢性的な社会問題となった。奴隷制大農園が広まり、隣接する自作農地や家族経営の畑を喰らい尽すと、農業共同体の全てが根刮ぎにされた。持たざる農民は仕事を見つけるために最も近い都市を目指し、そこで失業中の産業労働者に加わって都市貧困層となる。彼らがいつの間にか暮らしていたスラムは犯罪多発地帯となった。この堕落——彼らの山の手の邸宅の快適さと比べて——を見た奴隷主である金持ちは、下層階級は不道徳な動物並であり、どんな悲惨も仕方のないことだと確信する。

ユリウス・カエサルの時代（紀元前一〇〇—四四）の社会的圧力の主因は、大量奴隷使用の増加によってローマの貧しい「頭数《カピテ・ケンシ》」階級の間に引き起こされた失業問題であった。カエサル自身は、仲間であるパトリキの貴族たちと対立した——彼らは今や蓄財し、巨大な奴隷制大農園と産業を同族会社として営んでいた。彼はその経歴を通じて、仕事のない、ゆえに栄養の足りない下層階級の者たちの権利を唱道した。このことが他の何にもましてローマの元老院の彼の敵たちを刺戟し——内戦、そして遂にはカエサルの暗殺にいたる。*2

とは言うものの——社会改革者としては賞賛に値するが——ユリウス・カエサルがローマの独裁官となった時、奴隷の解放などは全く念頭に無く、彼らの奴隷状態を改善するようなことは何ひとつしていないという点には留意する必要がある。彼はたぶん、野蛮な奴隷制が提供している経済基盤がなければ、ローマの文明は崩壊してしまうということに気づいていたのだ。

ユリウス・カエサルが権力の座に就く前に執筆していた法律家で雄弁家のキケロはかつてとある友人に、互いの知り合いについて次のように書き送った——

このようなことを言うのは、カトーのことを念頭に置いてのことだ。私も君に劣らず彼には好意を抱いている。だが、彼は正しい精神を有し、極めて誠実でありながら、時に国家に害を及ぼしてしまうのだ。なぜなら、彼はロームルスの汚水溜めにではなくて、プラトーンの国家の中で生きているかのような意見を表明するからだ。

非情な実利主義こそがロームルスの汚水溜めにおける規範であり、しかもそれは支配階級だけのものではなかった。誰もが――ローマの、そして実際、全ての奴隷制の社会の――少なくとも暗黙の内に奴隷制の存続に同意していた。極めて貧しい者も、あるいは元奴隷ですらも。解りやすい例えを挙げると、内燃機関に対するわれわれの社会の態度を御覧頂きたい。あなたはたぶん石油駆動の乗物が環境に及ぼす破局的なダメージのことをご存じだろう。そしてまた交通事故が他のいかなる事故よりも多くの人々を殺し、傷付けているという事実を。実際、クルマというものはたぶんあなたの日常生活の中で最も危険なものである。

だが、あなたがクルマやバス、トラックなどとの関係を一切絶つということはほとんどあり得ない。ましてや内燃機関の使用の禁止に向けて積極的に活動するなどということは。あるいは夜中にこっそり抜け出して、駐車されている乗物を破壊したりするようなことも。なぜか？　あなたは倫理的にはそうする動機を持っている。だが石油エンジンがわれわれの社会の経済的バックボーンであることは厳然たる事実なのだ。クルマはさまざまな欠陥にも関わらず、あなたにとってあまりにも便利すぎる

＊2　Michael Parenti, *The Assassination of Julius Caesar: A People's History of Ancient Rome* (2004)

……そして私にとっても。

奴隷制社会は奴隷制について同じことを考えていた。その恐怖は存分に理解されていた――だからこそ、自発的に奴隷になろうとする人などほとんどいなかったのである、どんなに貧しくとも、絶望していようとも。だがその恐怖を廃する代わりに、ほとんどの人はそれと共に生きることを選んだ、その悲惨を無視して、あるいは利己的な合理化によってそれを正当化して。

ほとんど全ての大宗教もまた奴隷制に目を瞑ってきた歴史がある。ヒンドゥー教、ユダヤ教、道教、ゾロアスター教、仏教、儒教、ミトラ教、キリスト教、イスラム、そしてモルモン教はいずれも、奴隷が当たり前の社会では奴隷制を受け入れていた。人道主義的な教え、教義をものともせずに。例えば多くの初期キリスト教徒は、彼ら自身が奴隷であった（俗物主義のローマのパトリキがこの宗教を忌み嫌った理由の一つ）。だが初期キリスト教の教えは単に奴隷に対する過度な残虐さを非難しているだけで、奴隷制そのものを批判しているわけではない。

例えばキリスト教の最初のまとめ役であるタルソスの聖パウロ（五頃―六七）は、キリスト教徒の奴隷に対して、単に謙遜と忠実を説いているに過ぎない――

奴隷には、あらゆる点で自分の主人に服従して、喜ばれるようにし、反抗したり、盗んだりせず、常に忠実で善良であることを示すように勧めなさい。そうすれば、私たちの救い主である神の教えを、あらゆる点で輝かすことになります。*3

キリスト教徒の奴隷は、地上での自由は忘れ、その代わり天国での自由と、（おそらく）彼らの主人が地獄で責苦を受けることを約束した。

そんなわけで、歴史を通じて、宗教は奴隷制への反対においてほとんど何の役割も果たしていない——栄誉ある例外であるクエーカーを除いて。彼らは一八三三年までに大英帝国で奴隷制の完全放棄を達成するのに大きな力となった。

過去二世紀以上、世界のほとんどの政府はそれに追随して反奴隷法を制定してきた——少なくとも（極めて露骨な）産業レベルの奴隷制に対しては。中には当然ながらかなり遅れた国もある。サウジアラビアが奴隷制を禁じたのは一九六二年、オマーンは一九七〇年、ニジェールは二〇〇三年、モーリタニアは二〇〇七年のことである（モーリタニアの人口の四・三％は依然として奴隷であると考えられている）。そして二〇一四年現在、一九二の国連加盟国の内、一九五六年の奴隷制廃止に関する追加協定に批准しているのはわずか一二三国だけである。だが近代の奴隷制については後に詳述しよう。

家庭内での奴隷は古代世界では比較的稀で、それに比べて膨大な数の奴隷が大農園や製造業に従事していた。だが家庭内奴隷は地理的にはより広く広がっている。それゆえに現存する古代の文書——たとえばマルクス・トゥリウス・キケロ（紀元前一〇六—四三）の書簡——で言及される個人の奴隷はほとんど常に家庭内奴隷なのである。

歴史上の圧倒的大多数の奴隷は、文盲の監督者以外の誰も見ていないところで汗を掻き、死んだ。これらは役畜としての悲惨な人生を生きた無数の人々であるが、彼らの背中の上に文明は進展し、繁栄した。だが服を着せ、床を掃き、食事を料理し、子供たちの世話をし、葡萄の皮を剥いた奴隷とい

＊3 『テトスへの手紙』2章9－10

うのは、知識階級の日常生活の一部であった。これらの数少ない奴隷の一部は、その主人によって短い言及を受けた。

貴族や商人は奴隷を蓄えた大農園を持つことはできなかったかも知れないが、少数の家事奴隷を持っていたことは確実である。実際、家庭奴隷は奴隷社会においては常に、社会的名望の主要な印であった。共和制ローマの末期には、最も貧しい庶民ですら、少なくとも一人の家事奴隷を所有することが必要であると感じた――ちょうど、ロワーミドルのヴィクトリア時代人が生活費を切り詰めて女中を雇い、体面を繕ったのと全く同様である。

家事奴隷は間違いなく、大農園や産業奴隷よりもましな――そして長い――生涯を送り、（主人の自由意志で奴隷身分から）解放されるチャンスもはるかに多かった。だが歴史を通じて、彼らもまた法的権利はほとんどあるいは全く持たなかったし、主人からは言語に絶するような肉体的・性的・心理的虐待を受けていた。ごく少数の者――例えばキケロの秘書奴隷ティロ――だけが、家族の愛すべき一員として扱われた。だがほとんどの者は基本的にはその主人から人間以下のものとみなされていた。

例えば、紀元二年に皇帝アウグストゥス（紀元前六三―紀元一四）は自らの一人娘ユリアを追放して投獄した。数多くの家柄の良い恋人たちとの乱交のためである。だが当時のローマのパトリキを最も激昂させたのはユリアが男の家事奴隷たちとも性交していたという噂であったらしい。

貴族たちが自動的に「下々の者」を恐れ嫌悪したように、奴隷主は明らかに彼が所有する人間は何かしら、そういう運命となって当然なのだと信じる必要があった。彼らは倫理的あるいは精神的に自分より劣っている、ゆえに自分の奴隷になることを運命付けられていたのだと。おそらく、ユリアの許しがたい社会的不作法とは、彼女が奴隷と性交したことではなく――多くのローマ人がおそらくしていた――それがバレたことだった。奴隷は徹底的に劣ったものとみなされていたので、彼らとの性交は獣姦とあまり変わらないものとみなされた――恥辱であり、隠さねばならぬものであると。

人間は生まれながらに感情移入する生物種である。少なくとも Homo erectus の頃から、われわれは単に目撃するだけで他者の痛みを心理的に感じ取っていた。だがこのような感情移入、あるいはその結果として生じる恥辱は、われわれが自分自身の目的のために他者を害さねばならぬ場合、邪魔になる。

作家ジョン・スタインベックは、その紀行文学『チャーリーとの旅』（一九六二年）の中で簡潔に述べている――

もし力尽くで動物のような生活をさせ、働かせるなら、そいつを動物とみなさなくてはなりませんよ。下手に同情すると、気が狂ってしまいますから。

われわれは、自分が傷付けている者は同情や慈悲には値せぬ者なのだと信じ込むことによってこの問題を回避する。そしてわれわれが傷付ける相手を憎むことは簡単なことだ。なぜならわれわれは無意識の内に、自分が彼らを傷付けたことで感じた恥辱を彼らの所為にするからである。この辛辣な、小さな難問は、何千年にもわたって数え切れぬほどの奴隷たちの語り得ぬ苦難の原因となっていたのである。

第9章 「我はスパルタクス」

不要な人間の暴力と殺人の研究の中に奴隷制という主題を入れる必要があるのは誰の目にも明らかだろう。奴隷制は不可避的に人間の行動のありとあらゆる最悪の要素を結びつけている。不当な投獄、（身体と労働の）強奪、強姦、（旅慣れた奴隷商人による）人種差別、そして――秩序維持のための――残忍な仕打ちと、処罰としての殺人。

では、なぜ奴隷はそれに耐えていたのか？ 後の奴隷制社会――たとえば帝政ローマや合衆国の最南部地方――では、特定地区の奴隷は自由人の人口を上回っていた。当然ながら農業や産業奴隷は一般にその監視人や監督の数を上回っている――そしてしばしば奴隷は即席の武器、例えば鋤や包丁などを自由に使うことができた。では何ゆえに、奴隷の叛乱は常に歴史を通じてあまりにも稀なのか？

社会制度も同様であるが群支配がその主要な理由である。哲学者H・G・ウェルズが、『世界文化史大系』において、人間の行動のこの主要要素を上手くまとめている――

およそいかなる動物も――人間もまたその例に漏れなく――その生を始める時には隷属者である。大部分の人々には、いつも、何かしら頭首を求め保護を冀ふ願望が、滅多に消失しないものであるらしい。大部分の人々には、斯様な態様を生まれ持つたものとして、特段疑問も感ずることなく受け入れらるるものである。[*1]

われわれは誰もが人間社会における支配の役割を知っている。世の中には平気でわれわれを扱き使う人もいれば、またこいつからそんな扱いをされるのは許せないと思える人もいる。この種の問題においては間違いなく社会的地位が一つの要素となっている。賃金を支払う雇用主、権力ある政府の官吏、銃を持った強盗――このような人物は、自動的に（ほとんどの人から）服従を受ける。だが、ゴロツキもいれば、魅力やカリスマを持つ人もいる。これらの人は――他のあらゆる面で――同じ社会的レベルにいる周囲の人から服従を受ける。

H・G・ウェルズが指摘したように、これはある意味ではわれわれが遺伝的・社会的に他者に依存するようプログラムされているからだ。結局のところ、赤ん坊、子供、そしてヤングアダルトになってすらわれわれは親や保護者に保護と生計と庇護と社会的指導を頼る。だが、この公共的プログラミングがあらゆる年齢のあらゆる人々の中でどの程度まで走っているのかと言うことすら、一九五〇年代前半までは発見されていなかった。この頃、中国人が「洗脳」という技術を発見し、人間精神の深奥のメカニズムに関するわれわれの理解を変えたのである。

朝鮮戦争（一九五〇―五三）の間――この時、合衆国と中国はそれぞれ軍を派遣して敵対した――アメリカ人は中国の捕虜収容所で、比較的高い数のアメリカ兵が毛派共産主義に改宗したことに関心を

＊1　H. G. Wells, *The Outline of History* (1920), (Chapter 17, page 229)

抱いた。ナチスもまた第二次世界大戦の間、連合国側の捕虜を彼らの側に引きずり込もうと試みていた。一〇年近く前のことである。だがドイツ人はほとんど完全に失敗した——その失敗は、カート・ヴォネガットが半自伝的小説『スローターハウス5』の中でユーモラスに描写している。では、中共はナチス——プロパガンダと精神操作の達人——が既に失敗したことをどのように成功させたのか？

先ず第一に彼らは野蛮な虐待、睡眠の剥奪、感覚遮断によって捕虜の精神的な防御力を崩壊させた。最後のものは特に犠牲者の精神にダメージを与えた。孤独の中に幽閉されると——聴覚的・視覚的刺戟も遮断されて——わずか数時間の内に畏るべき幻覚が生じる。数日にわたってこのような待遇を受けると、犠牲者はしばしば精神的・感情的に崩壊してしまう。

それから看守は捕虜の精神を彼らの目的に適う形に「再建」させることを試みる。徹底的な教化セッションに、これまでよりはるかに親切な待遇を加えることが法外な成功をもたらすことが明らかとなった。犠牲者は時に心の底から毛派共産主義に改宗したのである。ジョージ・オーウェルのディストピア小説『一九八四年』の中で拷問を受けたウィンストン・スミスのように、彼らは真に「ビッグ・ブラザー」を愛した」。

それはあたかも精神的崩壊が捕虜のそれまでの信条を、さらには人格の要素までをも洗い流してしまったかのようであった、まるで黒板から拭き取られたチョークのように。「綺麗な」精神的黒板の所有者は次に（社会的な支配者である）看守が与えようとするどんな信条も必死になって受け入れ、その空白を満たそうとする。人間は社会的な生物であり、われわれは主として周囲の人々の中での自分の位置によって自分自身を規定する。毛沢東主義の尋問官は、既に犠牲者の中にあらかじめ存在していた信条を除去したので、彼らはもはや自らの社会的位置を規定する参照点を持たないと考えた。ゆえに洗脳の犠牲者の教化への欲求は、怯えた子供の学校での初日の指導への欲求と変わるところはない。その教化が与えられれば、捕虜は溺れる者が藁をも掴むように毛沢東主義の思想に縋付くのである。

洗脳が効果を発揮する仕組みの説明の一つは、それがわれわれの脳に組み込まれた基本的学習プロセスを利用しているからだというものだ。まず犠牲者のアイデンティティに攻撃を仕掛ける――意図的に感情の崩壊を引き起こす――ことにより、彼らの精神を新たな知識に対して幼児レベルにオープンにする。幼い子供は新たな情報を大人よりもはるかに速く習得し順応する。それはある意味では、それが生存上必須だからである。大人は自分が生きていく上での基本的なスキルを既に持っていることを知っている。全く新しいことを習得する子供の能力――安全に道を渡るとか、レッドベリーを食べないとか――は、生死の問題となりうる。彼らには危険の度合いを完全に理解するだけの経験がほとんど、あるいは全くない。ゆえに彼らは、あらゆることを死活的なこととして学ばねばならない。

例えば、よく知られているように子供や大人を完全に異質の文化に放り込むと、教室で座っている人よりもはるかに速く新しい言語や習慣の機微を習得する。これは彼らが孤立し当惑したと感じるからである。学習と環境への融合が突如として主要な生存テクニックとなり、それに対して脳は最大限の集中力と情報処理を配分する。

暴力的な心理的・肉体的・社会的トラウマ――中国の洗脳で用いられたようなもの――は大人をすら、全く制禦できない世界で完全に迷子になってしまったように感じさせる。そこで本能が活発化し、この状況を生き延びる唯一の方法はこの新たな環境について可能な限り多くを学ぶことだと信じ込む。そのトラウマが充分に暴力的なものであれば、彼らのこれまでの社会的プログラミングは新たなデータを学ばねばならないという強力な欲求に払拭される。犠牲者の本能は基本的に、彼らのこれまでのプログラミングはこの新たな状況では危険であり、置き換えねばならないと判断する。このことは、もしも拷問官が強烈に拷問の理由は犠牲者の古い観念と社会的思想であると宣言する時、特に真実となる。

洗脳の犠牲者が強制されたイデオロギーを全く意識的に受け入れてしまうのは再プログラミングの第一段階の心理的拷問に対する過剰反応である。これは彼らが当地における主要な権威者――この場合であれば、中国人洗脳家――を擬似的な親として精神的に依存してしまうからである。犠牲者の本能は、この権威者が、最適の生存方法を知っているに違いないと判断する。ゆえに彼らから学べる限りのことを学ぶのである。何百万年にも及ぶ哺乳類としての本能――そこでは、親が幼児を養育することは主としての主要な生存スキルである――がこの決断に納得を与える。

心理学では、これは「フィリアル・インプリンティング」と呼ばれる確認済みの瞬間学習プロセスである。このプロセスによって、孵化したばかりのガチョウがたまたま殻を破って出て来た時に最初に見たものがゴム靴であったという理由で、それを自分の親だと信じ込んでしまったりする。このプログラムミスを起こした生物はその靴の後をついて回り（この代理母を履いている実際の人間は無視して）、その隣で寝ようとし、そして成鳥になればゴム靴に性的魅力を感じたりする。

ガチョウの雛、そして破壊された洗脳の犠牲者は保護と社会的紐帯を与えてくれそうなものをインプリンティングされる。その結果、その権威者を本能的に受け入れ、信頼し、崇拝までするようになる。これは彼らに対するそれまでの見解がどうであったかは全く無関係である。なぜならこれらの見解は今ではあたかも見知らぬ他人のそれのように無価値になっているからである。

しかしながら、中国捕虜収容所で行なわれた洗脳はとてもではないが完全に成功したとは言えない。多くの捕虜は精神崩壊に耐え、またそれ以外の教化の試みの全てに耐えた。自分自身の強烈な自己イメージ――自分が誰であり、何者であると信じているかという精神的刷り込み――はほとんど破壊することのできないものであった。そして毛沢東主義に改宗した者も、戦後に本国に送還されるや否や一般にその信仰を捨ててしまった。[*2]

これに基づいて合衆国陸軍省は一九五六年、洗脳は神話であると宣言した。犠牲者を拷問下に置けばどんな発言でも強制的に引き出すことはできるが、本当の意味で全く新しい概念一式への改宗を強いることはできない、と。

だが彼らは誤っていた。以来数十年、数多くのカルト宗教や全体主義体制が洗脳――時には北朝鮮のように集団ベースのそれ――が現実であることを示した。中国から帰還した合衆国の捕虜は単に毛沢東主義にとっての居場所のない文化に再び順応したに過ぎない。だがそれは、彼らが中国人の手に落ちたときに完全に改宗してはいなかったということを意味しない。よく知られているように、戦後、自らの自由意志で中国に残留した者――二〇名ほどのアメリカ人と一人の英国人――は、はるかに長く共産主義に忠誠を誓っていた。時には死ぬまで。

一九七四年二月四日、アメリカの新聞王の孫娘で一九歳のパティ・ハーストが毛沢東主義のテロリスト集団〈シンバイオニーズ解放軍〉に誘拐された。実際にはSLAはラディカルなカリフォルニアの若者たちによる小さな集団だった。「シンバイオニーズ」とはどこかの国ではなく、「共生《シンバイオシス》」――

＊2　Robert Jay Lifton, *Thought Reform and the Psychology of Totalism* (1962)

異なる（共産主義の）政治党派との有益な相互作用を意味している。同時代の西ドイツの〈バーダー＝マインホフ〉テロリスト集団と同様、ＳＬＡは都市型戦闘が大衆革命を引き起こすことによってより公正な社会がもたらされると信じていた。

バークリのマンションから誘拐されて一三日後、パティ・ハーストはＳＬＡの身代金要求をテープに録音した。だが捜査に当たった警察を困惑させたのは、ハーストが自発的にＳＬＡの政治声明を行なっているように聞えることであり、その録音の間に強要の徴候が見えないということであった。彼女は恐怖のあまり誘拐者たちに諂《へつら》おうとしていたのか？　怯えているような声ではない、ならばなぜそんなことをしたのか？

四月一四日、ハーストはＳＬＡがサンフランシスコの銀行を襲撃するのを手助けした。彼女は明らかに自由で、彼女自身の意志の下に行動していた――Ｍ１カービン銃を揮い、逃亡を図ることすらなかった。他の銀行強盗と一緒に自発的に銀行を出て、一緒に逃亡した。最終的にハーストは他のＳＬＡのメンバーと共にサンフランシスコのアパートに潜伏していたところを同年九月にＦＢＩに逮捕された。

現在では、パティ・ハーストが洗脳を受けていたことは明らかとされている。だが、ＳＬＡが意図的にこれを行なったのか、それとも偶然そうなったのかは議論の分れる点である。誘拐以後の最初の週は彼女は恐れ、孤絶し（目隠しされてクローゼットに監禁されていた）、後には性的暴行を受けた。これは、裁判所が任命した心理学者によれば洗脳プロセスの第一段階である精神崩壊を引き起こした。

その後、グループのリーダーは依然として目隠しをしたままのパティに食事を与えたり世話をするようになり、その際に彼女と話すようになった。彼女はこの時、この権威者と結びついたのかも知れない。パティはその後、幅広いグループに迎えられるようになり、この新たなインプリンティングをさらに固めたが、同時にまた長時間にわたる、しばしば言語的虐待とも言える教化のセッションを受けた。この教化は完全に彼女をSLAの信仰体系に改宗させた。上流階級の裕福な娘は明らかに全幅の共産主義テロリストとなった。

ハーストの不運は続いた。不幸にも陪審は彼女を有罪とし、裁判官は武装銀行強盗の罪で彼女に懲役三五年の判決を下した。彼女は二一ヶ月後に大統領ジミー・カーターの命令で釈放された。彼女の家族は心理学者たちに要請し、昔の精神と価値観を取り戻させようとしたが、「あのパティ」はもはや死んだのと同じで、この世にはいないのですと言われたという。昔の考え方に適合させるように「再プログラミング」はできるかも知れませんが、と彼らは言ったが、家族はこれを拒否した。パティを再洗脳することはSLAが彼女にしたことと同様に悪いことだと感じたのである。

だが何にせよ獄中生活は彼女の精神を改善したらしいことが判明した。パティ・ハーストは誘拐前の自我を真の意味で取り戻すことはなかったが、SLAの信仰は抛棄し、最終的にはボディガードと結婚した——元警官の。

われわれの機関の多くは、無意識の内に市民を洗脳してその制禦下に置いている。学校は単に事実を教えるのみならず、社会の行動規範を授ける。刑務所の矯正プログラムはまさにそれを行なっている。つまり囚人の精神を矯正して、その反社会性を減衰させようとしているのである。精神病院はある意味、一般人からみて彼らの思考のどの部分が許容可能で、どの部分が狂気とみなされるかを示すことによって患者を治療する。そして軍隊は文民を熟練の殺人者に変えるための基礎訓練を用いる。これらの機関はいずれも異なる種類の処罰、奨励、教化を組み合わせて目的に達する。一言で言えば洗脳しているのである。

洗脳はまたなぜ奴隷主が、まさに歴史を通じてずっと残酷で邪悪な豚なのかという理由も説明する。他者の労働と自由を盗んでいるという事実は脇に置いて、奴隷主は常に侮辱し、拷問し、殺すことができねばならない。彼らは言うまでもなくそれを必要な躾であると考えているが、実際には彼らは奴隷のアイデンティティ、自尊心、自立の感覚を取り崩している。奴隷の「調教」に際して、奴隷主は彼らに、洗脳プロセスの第一段階を強制している。そうなれば第二段階——主人に対する完全な屈従と忠節——の強制も容易になる。

そんなわけで生まれながらの奴隷、あるいは生まれは自由でその後に奴隷化された者は——特に強い人格の持ち主でない限り——単純に制禦不能な、そして概ね無意識的な生存本能のゆえに状況に屈服しやすいとみなすことができる。実際、彼らはその屈服を合理化するあまり自分は奴隷に相応しいのだと信じ込み、主人が他の奴隷を制圧することを積極的に手伝ったりする。

とは言うものの奴隷所有は依然として危険な事業である。誰であれ、あまりにも圧迫を加えられると、結果は度外視してその相手を殺そうとするだろう。そんな現場を目撃すれば、他の奴隷たちもまた自らの手で監督者を殺そうと思いつくかも知れない。小規模な奴隷の叛乱は奴隷制社会ではあまりにもありふれているので、同時代の歴史家が敢えてそれに言及することも稀である。だが今日においても、交通事故死がニュースに採り上げられることなく終わることはしばしばある。ましてや、歴史書に載るようなものはほとんど無いが——だからといって交通事故が起こっていないというわけではない。その上、逃亡奴隷が普通の盗賊となって官憲に駆り出されるまでの間に数名の奴隷主を殺す以上のことをしているということは滅多に無いのである。

大規模な奴隷叛乱は、言うまでもなく不可能ではない。自らを解放した奴隷は他の奴隷たちを啓発して脱走を促し、自らの仲間に入れる。この際の問題は、奴隷主側からの不可避的な反撃に対して、いかにして自らの集団を最高の状態に組織化するかである。例えば末期ローマ帝国は数度にわたってこのような叛乱に見舞われた――ローマの歴史家の言う奴隷戦争である。

第一次奴隷戦争は間接的に通常の戦争によって、次に貪欲によって引き起こされた。第二次ポエニ戦争で主要な競合相手であるカルタゴ人を破った後、ローマ人はシチリア島を併合した。パトリキの投機家がその島に殺到し、征服地の膨大な土地をローマ政府からほとんどタダ同然で買い占めた。当時、地中海に蔓延っていた海賊のお陰で奴隷は安価で豊富に入手できた――これもまたポエニ戦争が引き起こした混乱の賜物である。ローマの金権政治家はシチリア島の穀物農園からの利益を最大化することによって信じがたいほど莫大な富を築いた。これを成し遂げられたのは、奴隷を飢え死にするまで働かせ、欠けた分は海賊の奴隷商から安価で買い取ることができたからである。

ちなみに、同様の経済的残虐行為はかなり最近まで存在したということは留意すべきであろう。一九世紀の最南部――カリブ海の巨大奴隷市場のすぐそば――の大農園主は、存命中の奴隷を生存状態に維持するよりもはるかに安価に、死んだ奴隷を新しいものと入れ替えることができた。これが「川の下流に売られる」という常套句がアメリカの奴隷にとって緩慢な死刑宣告を意味した理由である。ミシシッピ川を下れば下るほど奴隷たちの置かれる状況は苛酷となっていったのだ。

紀元前一三五年、シリアの魔術師兼道化師のエウヌスが仲間の奴隷に自分は予言者であると告げ、もしも叛乱を起こすならローマ人を退けてシチリア島に自分たちの国を建てることが出来ると予言した。当初、彼は正しかった。反抗した奴隷たちは地元のローマ守備兵を破り、二年間にわたってシチリア島を支配したのである。その後、紀元前一三二年、ローマは大軍を派遣して奴隷たちを打ち破った。エウヌスは生け捕りにされたが、敵の手で拷問・処刑を受ける前に死んだ。

第二次奴隷戦争もまたシチリア島で起こったが、今回は正義の行為によって火をつけられた。ローマの執政官でシチリア方面総監であるガイウス・マリウスは、ローマのイタリア連合に追加の軍団の派遣を要請していたが、これは彼らの民の多くが不法に奴隷にされているという理由で拒否された。

共和制ローマは彼らの帝国――すなわちローマそれ自体の外――における徴税を民営化していた。これらの私営企業――「徴税取り立て請負人」と呼ばれた――は地方税の契約に入札し、最大の徴税を提案した企業が勝つ。それから彼らは入札した数字以上のカネを集め始める。つまり割り当てられた地方から一銭でも多く搾り取れば、それがそのまま彼らの利益となる。その地方にとって、あるいはローマにとって、その長期的な結果がどのようなものになろうとも。

ガイウス・マリウスは、徴税取り立て請負人が同盟している地域のイタリア市民を「集め」、奴隷として売っていると聞いていた――忠誠を定めたイタリア協定の下では違法行為である。彼らの所有者（その多くは徴税取り立て会社におけるパートナーであった）からの抗議の叫びに対して、執政官はイタリア生まれの奴隷を全員解放するように命じた。

不幸なことにシチリア島ではマリウスからの命令は曲解されてしまった。八〇〇人のイタリア人奴隷が実際に解放されたが、なぜそうなったのかは他の奴隷に対して明らかにされなかった。当然ながら彼らは自分たちもまたすぐに解放されるだろうと期待したが、その鎖が解かれることがないと解ると、叛乱を起こした。

紀元前一〇四年から一〇〇年までの間、シチリア島は逃亡奴隷軍の手に落ちた。騎兵二〇〇〇人、歩兵二万人の軍団である。これは凄まじい数の奴隷がシチリア島の穀物農園に捕えられていたことを意味している。なぜなら奴隷軍として記録に残っている数字の中には、女や子供、老人、病人や戦いを忌避した者は含まれていなかったはずだからだ。ローマ人は最終的にこの元奴隷を降伏させたが、第一次奴隷戦争の時よりもはるかに多くの労力とコストが掛った。

最後の、第三次奴隷戦争は紀元前七三年に起こった。イタリア本土南部のカプア近郊の剣闘士養成所が、戦闘を叩き込まれた奴隷たちによって蹂躙された。ゴール人クリクススとトラキア人スパルタクスに率いられた叛乱軍は、近くの（当時）死火山であったヴェスヴィウス山の緑豊かな森に逃亡して身を隠した。他の地元の奴隷もまた刺戟を受けて逃亡し剣闘士たちに加わったので、ヴェスヴィウス山の人数は小規模な軍隊ほどにまで膨れ上がった。だが彼らの武器は料理包丁や農具、そして剣闘士養成所の武器庫から取って来た武器が少々しかなかった。そこで彼らは、これは罠であって敗北は不可避と感じただろう。

現代のわれわれは、剣闘士と言えばどんな敵に対しても極めて危険な殺人者だったと想像しがちである。だがスパルタクスとその部下たちはもっと分別があった。死にいたる剣闘士の戦闘は元来は宗教儀礼であり、裕福で身分の高いローマ人の葬儀の際に行なわれていた。つまり言うまでもなくこれは実際には人身御供の別名であり、どの奴隷が死ぬか解らないというスリルもあった。このような試合が人気のあるスポーツとなり、怒号する群衆を楽しませるために公衆闘技場で行なわれるようになると、その宗教的な意味合いを徐々になくしていった。このような公の戦闘はしばしば殺すことではなく勝つことが目的とされた。こうして、高度な訓練を受けた、ゆえに高価な奴隷たちの損耗を防いだのである。だが剣闘士の試合は高度に象徴的で伝統的なものであり続けた。剣闘士は由緒正しい

――そして流行遅れの――武器と鎧だけを用いて戦わされた。教練を受けたローマ軍団の遮蔽壁に立ち向かったりしようものなら、熟練の剣闘士ですら数瞬の内に殺されていただろう。

そしてローマ軍団は確かにスパルタクスと部下たちの許へ向かった。前述のように、小規模な奴隷叛乱の鎮圧はローマ当局にとって標準的な、良くある治安活動であった。だが逃亡した剣闘士の追撃に向かった武官である法務官ガイウス・クラウディウス・グラベルは怠惰か愚昧か、あるいはその両方だった。彼は三〇〇〇人の兵士をヴェスヴィウス山の麓に設営させ、叛乱奴隷が飢えて降参するのを待った。

スパルタクスとクリクススは山腹を直接下りることはできないと悟った。そうすればローマ兵が麓に展開している致命的な陣形と接触してしまう。だが山の反対側にはローマ人はいなかった。断崖絶壁だったからである。野ブドウを使ってロープを作った元奴隷たちは一夜の内に崖を降り、油断しきったグラベルの陣を襲撃し、ローマ人を殲滅した。こうして大量の軍用武器と防具を鹵獲した彼らはこれを分配して訓練した。

事ここにいたり、一軍団が壊滅の憂き目に遭ったというのに、ローマの元老院は南イタリアで増大している脅威を認識できていなかった。彼らはまたもや比較的小規模の攻撃部隊を派遣した。これを率いていたのは同じく法務官のプブリウス・ウァリニウスで、未熟もしくは馬鹿であり、敵を前にして兵力を二つに分割してしまった。スパルタクスとクリクススは素速く一方のローマ軍を叩き、次にもう一方を始末した。

これらの勝利により、南イタリアは沸き立った――逃亡奴隷のみならず、貧しい虐げられた百姓までもが雪崩を打って叛乱軍に参集し、その数は七万以上に膨れ上がった。だがこれは、それ自体が問題でもあった。これほど多数の人間に喰わせるというのは悪夢である。近隣の街は全て城門と穀倉を閉ざしたので、叛乱軍は田舎のゴミ溜めを漁り、農地や大農園を略奪して貴重な糧を集めねばならなかった。その過程で、さらに多くの飢えた奴隷が解放された。

叛乱軍は紀元前七二年に分裂した。おそらく異なる地方へ移動することによって食糧問題の解決を図ったのであろう。クリクススは南部に残った叛乱軍を指揮し、スパルタクスは軍を率いて北上、ローマを目指した。

この進軍中、クリクススとその三万の軍勢がガルガヌス山で敗北し、二万の叛乱軍とクリクススその人が戦死したという報せが届いた。これを聞いたスパルタクスは、三〇〇人のローマ人捕虜に命じて剣闘士の死闘をさせた。クリクススとその手下たちの霊を慰めるためである。これは見方によっては、偽善とも皮肉な正義とも見えるだろう。それから彼はさらに軍を進め、通過した地方を略奪し、さらに奴隷を救出した。

ローマの元老院は今やようやく脅威を知った。彼らの経済は今や奴隷の叛乱のために揺らいでいる。奴隷主はベッドで安眠もできない、彼自身の奴隷がいつ何どき彼の喉を掻き切ってスパルタクスの許へ走るかも知れないのだ。ローマは同年の執政官率いる二つの大軍団を派遣した。だが彼らがスパルタクスに追いついた時には、その軍勢は一二万人に膨れ上がっていた。

執政官ルキウス・ゲリウス・プブリコラとグナエウス・コルネリウス・レントゥルス・クロディアヌスは叛乱軍を挟撃しようとしたが、スパルタクスはクロディアヌスが到着する前にプブリコラの軍を撃破した。次にクロディアヌスは完敗した。プブリコラもクロディアヌスも軍が敗北して退却するのを見るや否や馬に飛び乗って逃亡した。

この時、まさにスパルタクスはローマ本体を討つことができた。間違いなく彼と抑圧者たちの都の間に障害はほとんど無かった。だが彼とその軍団はそのまま、ローマから離れて北上を続けた。

スパルタクスの望みは手下全員にアルプス越えをさせてイタリアから脱出させ、そこで分散させて帰郷させることにあったのではないかと考えられている。また攻城戦について何も知らず、攻城兵器も持たぬ彼の軍に巨大な城壁都市を攻撃させることは上手くしてもギャンブルでしかないということを知っていたのかも知れない。間違いなく彼は、実際には食糧を求めて田舎を漁っていた手下たちがローマを陥落させる前に飢え死にすると考えていたのだろう。そしてスパルタクスはローマが他にも軍勢を持っており、それは今、帝国を横切ってイタリアに帰還しつつあるということも知っていただろう。だが実際のところ、われわれはスパルタクスがローマを通り過ぎた真の理由については何も知らない。それは彼が墓の中まで持って行ってしまったからである。

叛乱軍は執政官の弱体化し意気阻喪した軍団を北イタリアのピケヌムで再び破ったが、それから致命的な過ちを犯した。彼らはそのままアルプス越えもできたはずである。その途上に立ちはだかるものは何一つなかった。だが彼らはそうせず、イタリアにとって返したのだ。大軍団を引き連れて山道を行くことへの恐れ、向こう側の部族が歓迎してくれるかも解らない不安が、自由への希望を圧倒したのかも知れない。

今や紀元前七一年。ローマ人は事実上、路上で恐慌状態に陥り、残存兵力を共和制の歴史上、最も無慈悲な男に託した。マルクス・リキニウス・クラッスス。おそらく世界で初めての自力による億万長者であるクラッススは、消防隊であると同時に合法的な強請り組織でもあるものを生み出すことで財を成した。彼の消防奴隷はローマの火災現場に駆けつけ、そしてまずクラッススはその近隣の家を相場よりもはるかに安い値段で買い取ると申し出る。火事が延焼すれば全てを失うことになる家主は仕方無く家を売った。こうしてクラッススは財産目録に追加を記入し、しかる後に奴隷たちに消火を命ずる。

クラッスス将軍には、慌ただしく集められた六つの軍団と、既にスパルタクスが二度にわたって撃退していた二つの執政官の軍の残存兵力が与えられた。総計四万八〇〇〇の兵力である。それからクラッススは直ちに執政官の軍に処罰を与えることでその数を減らした。すなわち籤引きによって兵士一〇人当たり一人を選び、戦友たちに撲殺させたのである。プブリコラとクロディアヌス――敗北の実際の責任者であるパトリキの司令官――は言うまでもなく、処刑される兵の中には入っていなかった。こうして失敗の代償を――兵卒たちに――示した後、クラッススはスパルタクス追撃に出発した。

一見したところ、スパルタクス有利に見えるかも知れない。一二万以上対四万八〇〇〇以下である。だがクラッススの兵は全員が（未熟ではあれ）訓練された軍団兵であることを忘れてはならない。スパルタクス軍のほとんどは女、子供、非戦闘員だったのだ。彼の戦闘員は歴戦の勇士だったが、訓練はほとんど受けておらず、装備は乏しく、おそらくは酷く飢え、何ヶ月もの進軍に疲労困憊していた。にも関わらず叛乱軍はクラッススの副司令官――ムミウスと呼ばれる副官――の自惚れに付け込み、追撃軍の一部を壊滅させた。クラッススは案の定、五〇人の兵士を臆病者として処刑した。ムミウスは処刑されなかった。

だがスパルタクスの軍事的勝利はそれが最後である。クラッススは一連の小規模戦闘で反乱軍を破り、最終的には彼らをイタリアの爪先、魅惑のシチリア島の対岸に封じ込めた。スパルタクスはシチリアの海賊と交渉し、狭い海峡を越えて部下たちを渡させようとしたが、海賊たちはカネを受け取ると、さっさと彼らをローマ人に引き渡したと言われている。

叛乱軍は飢餓と絶望に駆られて包囲するローマ人を突破し、シレル川の畔で戦いに転じた。戦に先立ち、スパルタクスは自分の馬を連れてくるよう命じた。それからそれを殺して部下に言った、もしもこの戦に勝てば新しいのが手に入るし、負けてしまえばもはや馬は要らない、なぜなら逃げるつもりはないからだと。ローマの将軍とは異なり、彼は部下たちと運命を共にすると言った、勝とうと負けようと。

スパルタクスの五万人の叛乱軍はクラッススの三万二〇〇〇の軍団兵をかなり圧倒したが、訓練不足と数ヶ月の飢餓による弱体化は遂に元奴隷たちを敗北させた。ローマの歴史家は言う、スパルタクスはこの戦でクラッススその人を眼前にした。スパルタクスは一騎打ちを呼びかけ、ローマの将軍の許にたどり着くために二人の百卒長を殺した——クラッススがスパルタクスの許へたどり着くために何かをしたと言う者はいない。叛乱軍の指導者は脚を刺され、崩れ落ちて膝を突き、ローマの軍団兵に叩き切られた。彼の屍体が判別されることはなかった。

五〇〇〇人の叛乱軍がこの虐殺から逃亡したが、北から来た新たなローマ軍に皆殺しにされた。シレル川の戦で捕えられた六〇〇〇人の元奴隷は、復讐心に燃えるクラッススの命令によって全員が磔刑に処せられた。悶え死ぬ犠牲者を張り付けた十字架の列が、カプアからローマまでの道に沿って延々と続いた——その距離一三〇マイル。

一八年後、マルクス・リキニウス・クラッススは現在のトルコ東部に当たるパルティアに対する酷い遠征作戦の間に捕まって殺された。話によればこの億万長者の将軍は、残酷な皮肉で、溶けた黄金を口の中に流し込まれて死んだという。

第三次奴隷戦争は古代史上最後の、そして最大の奴隷叛乱である。その後ローマ人はいかなる奴隷の暴動も、それが力を持つ前に鎮圧することを徹底した。だがスパルタクスの名はその後二〇〇〇年以上にわたってあらゆる奴隷主の心胆を寒からしめた。奴隷が叛逆しうるのだという明瞭な証拠として。

一七九一年に始まったハイチの奴隷革命は、歴史上に知られる唯一の永続的な勝利を得た奴隷叛乱である。ローマの第一次奴隷戦争と同様、それは予言者――デュッティ・バウクマンと呼ばれるヴードゥーの神官長――が仲間の奴隷たちに叛乱を呼びかけて始まった。最初の叛乱軍の勝利の後、革命は泥沼のゲリラによる消耗戦となり、それが一〇年以上にわたって続いた。ハイチ革命は敵味方共に堕落したものだった。復讐に燃える元奴隷は強姦し、拷問し、殺し、フランスの植民者は同様に野蛮な報復に耽った。

だが一八〇四年にはフランス植民者の奴隷主たちは遂に敗北し、島から追放された――それはある意味では、フランス本国が当時、平等主義の革命に苦しんでおり、ほとんど援軍を送ることができなかったからである。この革命で二万四〇〇〇から一〇万のヨーロッパ人、そして一〇万から三五万のハイチ人元奴隷が死んだとされている。だがこの仰天すべき数字は一見するほど月並みなものではない。熱帯病は死因の中でも主要なものであった――いずれにしても死は生じていたにせよ。そしてこの戦争における人種的要素は、一見したほど単純ではない。多くの黒人とカリブ人が、白人の主人のために戦って死んだ。そして隣接するサン・ドミニクに配備されていた英国人とスペイン人の兵士の多くが、叛乱に味方して死んだ。

ハイチ独立の三年後、英国――この当時には西半球における奴隷販売の主要プレイヤーとなっていた——国会制定法を通じてその事業を抛棄した。ハイチ革命の勝利の報せがこの決定に何の影響も与えなかったとは考えがたい。

ハイチ共和国は世界で唯一、奴隷革命の勝利に基づく国家である。それは不幸な歴史を持っているが、それは特にフランスが彼らの元奴隷の共同体に悪意を抱き続けたからである。一七九四年（ハイチ叛乱が依然として燃え上がっていた時）にフランスおよびその全ての植民地において奴隷制は廃止されたにも関わらず、一八二五年、フランス政府は失われたハイチの大農園……および奴隷に対する賠償として一億五〇〇〇万フラン（今日の二一〇億ドル）を要求した。戦艦と貿易制裁を用いて、フランスは一〇年以上の間にこの「負債」の支払として貧しいハイチ人から九〇〇〇万フランを搾り取った。

第10章　「彼らは私の妻と子を売ることはもうできない。もう二度と。もう二度と。われわれは今や自由である。神を讃えよ」

では産業レベルの奴隷制を終わらせたものとは何か？　奴隷制を終わらせるために運動し闘った元奴隷や自由民の奴隷制廃止論者には甚だ失礼ながら、それは政治的もしくは倫理的圧力ではなかった。また南北戦争の戦場や、奴隷港を封鎖して奴隷船に乗り込み、これを拿捕した英王立海軍の船上で流された血でもない。それを終わらせたのは、テクノロジーと経済である。

近代資本主義の守護聖人であるアダム・スミスは、一七七六年にこう述べている。

古今東西の経験に徴して、奴隷の仕事というものは、一見したところ、彼らの生活費だけ出せば良いように見えて、その実、結局最も高くつくということを明示していると思う。財産を取得できない人間は、できるだけたくさん食べ、できるだけ少ししか働かないことだけを考え、他には何の関心も示さないものである。奴隷の生活資料を賄うのに十分な量を超えて、さらに仕事をさせるということは、ただ力尽くでのみできるのであって、奴隷が進んで働くなどということはない。[*1]

スミスによれば奴隷制のいわゆる効率性というものは幻想であり、自由民の賃金労働――雇用されている事業や産業の成功を通じて自分自身の利益を増大させるために働く――の方が究極的には奴隷労働よりも優れているのである。

一見したところでは、アダム・スミスは少なくとも五〇〇〇年に及ぶその正反対の証拠に喧嘩を売っているように見える。第8章で見たように、奴隷力による産業は常に奴隷を使わない競争相手を這いつくばらせてきた。実際、彼の主張は信仰と個人的な奴隷制に対する嫌悪に基づくものであり、純然たる経済的判断に基づくものではないように思える。だがスミスが執筆していたのはまさに産業革命の始まりの時期であり、まさに世界を捉えようとしている変化を予見していたのかも知れない。

農業の機械化は生産量を増大させ、土地の耕作に必要な労働者の数を減らした。この当時まで農作業は新石器時代以後、人間の労働力が最も費やされる場であった。生きるのに十分な食糧を育てるという労働だけで、歴史上ほとんどの人間の時間は占められてきたのである。それぞれの文明における少数の人々だけが別の仕事に時間を割くことができた。例えば職人、商人、兵士などである（あるいは、貴族の安楽な生活を生きる人々）。農業の機械化はそれを変えた。食糧がより豊富になると人口レベルは上がり、同時に耕す土地を見つけることが困難になる。土地を追われた田舎の住民は街に移住し、そこでは新たな、機械力による工場が産業革命の駆動力となりつつある。これらのますます増大する無職者は飢餓に直面し、けたたましく職を要求する――どんなわずかな賃金でも、ただ生きていくことができるなら。

そんなわけで、歴史上初めて賃金労働者が奴隷よりも経済的に有用となった。結局のところ、彼らには生かしておくためのインフラも監視人も必要がない――自分で自分の面倒は見る。そしてもしも病気になったり死んだり良い仕事に移ったとしても、街にいる無職者の群れの中からいつでも補充が効く。

それゆえに、大量の無職者は常に近代産業経済の一部なのであり、国家の経済戦略はある意味、失業者を生み出すべく設計されているのである。政府と雇用者は失業を、労働者を宥め支配するための究極の鞭とみなしている。もしも労働者が問題を起こすなら――例えば労働の対価としてあまりにも高い利潤の分け前を要求するとか――すぐにクビにして無職者のプールから代わりを用意できる。失業の危機に直面し、生活が金欠のために崩壊するのを目の当たりにした被雇用者は一般に命令に従い、拳を引っ込める。だがもしも完全雇用が実現し――あるいはさらに悪いことに、仕事をする人間以上の仕事があれば――普通の労働者は上級管理者と同じように振舞い始めるだろう。仕事にとんでもない報酬を要求したり、仕事を辞めて望みのままに支払ってくれる雇用主のところに行くだろう。

これこそまさに一四世紀の中世ヨーロッパで、黒死病がさまざまな地方で人口の三〇～六〇％を殺した後に起きたことである。この疫病の余波の中で、農奴――常に領主からの「保護」以外に何も与えられることなく労働することを期待されていた封建時代の農民――は賃金を要求できることに気づいた。人々ができる以上の仕事があったからである。もしも領主が拒むなら、百姓はただ黙って立ち去り、労働者にカネを払ってでも働かせたいと熱望する別の領主を見つければ良い。貴族は常に「神権」によって統治してきたと信じていたが、今や彼らを支配階級たらしめていたのは農奴の所有と支配に過ぎなかったということに気づいた。百姓なき貴族は、自らキャベツを作らなければ餓死するの

＊1　Adam Smith, *The Wealth of Nations* (Book 3, Chapter 2) (1776)

み。この展開こそ、まさに西欧封建主義の終わりの始まりである。

産業革命のそもそもの初めから社会経済的バランスは恒久的な大量失業者の創出に移り、大規模奴隷制は終焉を迎えることとなった。そして機械化が進展し拡大すると、奴隷の筋肉の価値は相対的にこれまでに例を見ないほど下落した。もしも大英帝国が奴隷売買を拋棄していなくとも、また南北戦争が起っていなくとも、奴隷制産業は二〇世紀の始まりと共に終結していただろう。

第一次世界大戦の終わりまでには、成長する労働運動は着実に賃金を上げ、賃金労働者の労働環境を改善し、それに伴って雇用主の利益を削減していた。経営者の中には大規模奴隷制の時代に戻ることを夢見た者もいるかも知れないが（それは言うまでもなく、ヨーロッパやアメリカの多くの地域で依然として記憶の中に生きていた）、この頃になると大規模奴隷産業を維持するのに必要な膨大なインフラは既に消滅していた。

ナチスは第二次世界大戦中、大規模奴隷制を再導入した――征服地の外国人労働者を何万人も誘拐して強制収容所の工場で死ぬまで働かせたのである。もしも戦争に勝っていれば、おそらくナチスはその領土の全てにおいて、人種に基づく奴隷制を続けていただろう。だがその経済的ヴィジョンは彼らの「千年帝国」と同じくらい短命に終わった。

一九四五年のドイツの敗北以来、世界では幾つかの大規模産業レベルの奴隷制が出現した。ソヴィエトのグーラーグ制度では、犯罪者――その多くは政治的な反体制者――が北シベリアのような信じがたいほど苛酷な場所で孤絶した重労働を強制された。ロシアの反体制作家アレクサンドル・ソルジェニーツィンによれば、一九三〇年から一九七五年までの間に五〇〇〇万人の人間がソヴィエトの労働収容所で強制労働させられた。それは時には長期に及び、過労や虐待によって死ぬまで続くこともあった。中でも最も悪名高いグーラーグである「ペルミ36」が閉鎖されたのは一九八七年のことである。その四年後にソヴィエトの共産主義は崩壊したが、ロシアの刑法制度は今日においても強制労働を懲罰の手段として用いている。

次に中国の「大躍進」。公式には一九五八年から一九六一年とされているが、その残響は一九七〇年代まで続いた。中国の指導者毛沢東は、中国は農業を「集産化」することが必要だと確信した。すなわち農地の私的所有の要素を全て終らせ、農業労働者を囚人用労働キャンプより多少ましな程度の広大な集団農場で働かせるというものだ。これは農業における大量生産を生み出そうとする試みであった。この計画は完全な失敗に終わった――毛自身が開始前に気づいていたに違いないが。一九三〇年代のスターリン主義USSRで実施された同様の政策が飢饉、飢餓、喰人、何十万もの不要な死を生み出したということを彼が知らなかったはずはないのだ。だが毛は大躍進を推し進めた。ある試算によればこの三年間の大規模改革によって、中国では四五〇〇万人が早すぎる死を迎えたという――そのほとんどが、不要な飢餓によって。

大躍進に続いて、一九六六年に毛沢東は「文化大革命」を開始した。そこでは中国の街のブルジョワと目される市民――通常は大学生の年代の若者――が集団農場での労働を強制された。これは失敗に終わった毛のかつての計画ほどの人災ではなかったが、文化大革命の一〇年間で中国は社会的にも発達の上でも不具となった。毛は常に疲労困憊した農民ではなく、教育ある都市住民こそが近代文明の推進力に他ならないということを理解できなかった。強制的に移住させられ、集団農場で働かされた若者は中国の「失われた世代」となった。だが国家としての中国もまた同様の損失を受けた。何百万という潜在的な大卒者が、鋤や鍬を手に汗を流すこととなったのである。

それだけではない。一九七五年のカンボジア内戦の勝利に続いて、共産主義のクメール・ルージュが権力を掌握、毛の文化大革命に鼓舞されてカンボジアの街と都市の住民の事実上全てを農地での強制奴隷労働に当たらせた。四年後、クメール・ルージュ体制を追放して虐殺を終わらせるために近隣の共産主義ヴェトナムがカンボジアに侵攻した。この短期間にカンボジアの「キリングフィールド」で少なくとも二二〇万人が死んだと考えられている。多くの者はほんの些細な違反によって拷問され処刑されていた——例えば眼鏡を掛けていたとか。これはブルジョワ的知性主義の印とみなされ、自動的にその人は「人民の敵」とされた。だがほとんどの犠牲者は「純粋プロレタリアートの社会」という幻想を実現するために奴隷とされ、飢えと消耗によって死んだのである。

だがこれらの事実上の奴隷制を取り戻そうとする公然たる試み——革命と政治改革に偽装した——はいずれも、現代世界において無限に生き延びる機会は全く無かった。これはある意味では、それが他の国々に巻き起こした強い嫌悪のためでもあるが、主因は大規模産業奴隷制は現在ではもはや経済的な意味で、南北戦争後と同様に実用的ではないということである。

だがアメリカの政治評論家ジェイムズ・バーナムは、広く読まれた一九四〇年の著書『経営者革命』において、大規模奴隷制への回帰は実際には現代世界では不可避であると示唆している。彼によれば、新たに擡頭したテクノクラートと官僚という「管理階級」は不可避的に、カール・マルクス言うところの「生産手段」を支配するという。この独占的な力によって武装した彼らは恒久的な支配階級を形成し、それ以外の者は徐々に無力な雄蜂となっていくという。これが主要国において既に起こっている証拠としてバーナムはスターリン主義のロシアと、(当時)勝利を収めていたナチス・ドイツを挙げる(バーナムは元トロツキストであったが、その後、筋金入りの右翼に転向、親ナチス傾向を示した。後にナチズムに対する暗黙の支持を撤回し謝罪したが、それはスターリン主義者とリベラル民主主義者がナチス帝国を灰燼に帰した後のことである)。

小説家でジャーナリストのジョージ・オーウェルはバーナムの影響力ある全体主義の未来ヴィジョンに恐怖した。そこで彼はそれ、および全体主義全般をディストピア小説『一九八四年』で諷刺した(執筆は一九四八年、出版は一九四九年)。同書の中で〈ビッグ・ブラザー〉が支配する超全体主義国家は冷淡に言う、「戦争は平和である。自由は隷属である。無知は力である」。そして国家と自由な個人の関係は、政府高官のオブライエンによれば、「人間の顔を靴で踏みつけることだ――永遠に」。

ほとんどの人はジョージ・オーウェルの『一九八四年』に荒涼を見るが、同書は警告として書かれたものであり、死に行くエレミヤの悲観的な熱弁ではない。オーウェルは成人後のほとんどを民主主義の英国における経済的不平等および外国の専断的全体主義との闘いに費やした。彼は(辛うじてだが)死ぬ前に最前線で大きな勝利を見ることができた――福祉国家英国と、無料の国家医療制度の設立である(実際、英国北部における貧困な失業者の悲惨さを描いた彼の影響力あるルポルタージュ――『ウィガン波止場への道』(一九三七)――は、その社会発展に対する主要な影響力となった)。

彼はまた死ぬ前にかつてジェイムズ・バーナムが半分賞賛した二つの偉大な全体主義国家の内の一つが完全に消滅するのを見た。そしてオーウェルは、全ての全体主義は止めることができると明確に信じていた、もしも民主的で博愛的な民衆が勇気ある、決然たる異議申し立てをするならば。『ジェイムズ・バーナムと経営者革命』と題する一九四六年の論文において、オーウェルは言う――

バーナムが夢見ていると思われる、巨大で無敵で恒久的な奴隷帝国が樹立されることはないし、

彼らは私の妻と子を売ることはもうできない。もう二度と。もう二度と。

われわれは今や自由である。神を讃えよ

もし樹立されたとしても長くは続かない。なぜなら奴隷制はもはや人間社会の安定的基盤たりえないのだ。

だが今や、遂にわれわれは大規模産業奴隷制が今日まで生き残っていると言いうる領域を考察すべき時が来た――われわれの啓明されたと称される刑法制度である。最も解りやすいのは合衆国だ。大規模奴隷制の最新の事例を受け入れるかどうかは、厳密な薬物規制といわゆる「刑務所＝産業複合体」に関する個人の見解に依存している。だが、民営化された合衆国の刑務所――および囚人労働の活用を契約した企業――の利益が、過去三〇年の間にうなぎ登りになったことは否定しがたい。そしてこのような企業のための経済的鉱脈は、投獄される合衆国市民の割合の増加と平行しているように見える。

二〇〇八年、合衆国の人口の〇・五二％が獄中にいた。すなわち一六一万四四六人である。合衆国市民は全世界の人口の四・五％だが、合衆国は不釣り合いにも、全世界の囚人の二五％を収容している。[*2]

制度化された人種差別もまた重要な問題である。二〇〇八年、合衆国の囚人の三二・八％（五二万八二〇〇人）は自らを「非ヒスパニックの白人」と定義し、三六・八％（五一万九九〇〇人）は自らを「黒人」に分類し、一九・四％（三一万三一〇〇人）は「ヒスパニック」、一一％（二四万九二四六人）は「その他」（ネイティヴ・アメリカン、アジア系アメリカ人、太平洋諸島系、そして自分が三つの主要なカテゴリに入らないと感じた全ての者）。一方、合衆国の全人口の中で自らを非ヒスパニックの白人とする者は六四％、黒人は一三％、ヒスパニックは一六％、「その他」は七％である。

そんなわけで、これらの公式の数字からすると二〇〇八年の時点でヒスパニックのアメリカ人は白人のアメリカ人よりも投獄されている率が二倍も高い――「その他」の者と同様である。そして黒人のアメリカ人は白人よりも投獄されている割合が五倍半も高い。だが実際には、二〇〇八年はアメリカで起訴された黒人となるには比較的良い年であった。合衆国司法省の見積によれば、黒人のアメリカ人は白人のアメリカ人に比べて投獄される割合は通常、六倍半も高いのである。*3

最も熱心な白人至上主義者ですら、平均的な黒人のアメリカ人が平均的な白人のアメリカ人に比べて犯罪者になる率が六倍半も高いなどと信じるのは困難だろう。だが合衆国の司法制度はそのように機能している。白人のアメリカ人は黒人のアメリカ人と比べて犯罪を犯しても投獄されることが少ないのか、あるいは合衆国においては大量の無実の黒人が誤って投獄されているのか。あるいはその両方か。どのように考えようと、甚だしく差別的に見える。

「ジム・クロウ法」という言葉が、一八七六年から一九六五年までの間に合衆国で制定された州レベルの人種差別的・人種分離的法令群を指して用いられる。それはアフリカ系アメリカ人やそれ以外の「非白人」を、公的生活において重要な役割に就くことから効果的に締め出した。南部諸州ではジム・クロウ法は非白人の投票を極めて困難に――あるいは事実上不可能にした。そこでは、そして合衆国の他の州でも多かれ少なかれ、白人の多くは民主主義制度を不当にゲリマンダーすることでその不均衡な力、富、特権を維持した。

＊2　*The New York Times*, 23 April 2008, 'US Prison Population Dwarfs that of other Nations', by Adam Liptak
＊3　数字は the US Census Bureau、および the US Department of Justice, 'The Bureau of Justice Statistics Bulletin' – Prisoners in 2008', by William J. Sabol PhD and Heather C. West PhD より。

南北戦争の終結と共に奴隷が解放されて一〇年後、北部諸州は敗北した南部諸州との間で経済的・政治的調整を試み始めていた。合衆国の景気を後退させせなくないのなら、産業の再統合はいずれにせよ絶対に必要不可欠である。だがその代価はアメリカ黒人のコミュニティによって支払われた。彼らが血を流して勝ち取った権利は南部の白人によって蹂躙され、助けを求める声は北部諸州によって黙殺されたのである。

ジム・クロウ法は一九五〇年代と一九六〇年代に、主として発展する公民権運動によって次第に撤回された。だがそれは——精神と習慣において——北部の多くの州の法令の中に依然として隠されていると言われる。例えば、既決重罪犯は合衆国の多くの州で投票権を拒絶される。たとえ彼らが「社会への負債を支払」って牢獄から釈放された後においても。そして投獄される者の非白人の割合の高さゆえに、これは投票結果に対して「ジム・クロウ法」と同じ効果をもたらし、非白人コミュニティはその民主主義の力のかなりの部分を失うこととなる。

例えば二〇一二年の合衆国大統領選挙では、さまざまな形で選挙権を剥奪する法令により、投票することのできなかった者は五八五万人に及んだ——ほとんどは過去の投獄歴のためである。これは潜在的な投票人口全体の二・五%に当たるが、不均衡にも、アフリカ系アメリカ人の投票人口の八%である。フロリダ州——何度も大統領選挙の趨勢を決定してきた重要な「激戦区」——では二〇一二年、一五〇万人のアフリカ系アメリカ人が合法的に投票権を奪われた。同州の黒人人口の二〇%である。奴隷制の基本要素は、公的生活に平等に参加する権利の剥奪である。

合衆国の囚人の驚く程高い割合が、非暴力の、通常は薬物に関連した罪によって投獄されている。

例えば二〇一四年においては、合衆国連邦刑務所の囚人の二五・四%が暴力犯罪によって有罪とされていた。すなわち囚人の七四・六%は非暴力的犯罪で投獄されたことになる。[*4] 同年、四八・八%——連邦刑務所の主人のほぼ半数——が薬物関連の罪で有罪となっていた。

これらの非暴力犯の多くは、その投獄に何の意味もない。彼らの収容のために納税者は莫大な金額を負担し、そして彼らは事実上、投獄期間中を通じて家族やコミュニティとの繋がりを断たれる。電子所在標識法、地元警察と保護観察官による監視、社会奉仕命令（これは社会的に受容された奴隷制と言っても良い）などの方が、これらの犯罪者を罰する方法としてははるかに効果的であり、経済的であろう。だが、これらの選択肢を有意に採り入れている州はほとんど無い。そんなわけで、苛酷な合衆国の薬物規制法は、主として治安以外の目的があるのではないかと勘ぐらざるを得ないのだ、囚人の背後でどれだけのカネが生み出されているかを考慮するなら。

囚人は合衆国刑務所内での仕事に報酬を支払われている。だが彼らの賃金は非囚人の市場価格よりもはるかに低い——時給二三セントから一・一五ドルである。合衆国連邦政府が定める最低時給は、二〇一四年現在、七・二五ドルである。

明らかに囚人は非囚人のように自分の生活費を支払う必要はない。だが、囚人労働からかくも莫大な利益を得ている私営企業もまた、その限りではないのである。このような企業の中にはお馴染みの名前も含まれている。例えばマクドナルド、スターバックス、ボーイング、ヴィクトリアズ・シークレット——だがそれ以外にも、あまり知られていない企業が囚人労働から利益を得ている。

＊4　統計は連邦刑務局より。

経済的機密保持規定のために、囚人労働を利用する企業の年間利益を見積もることは不可能だが（ちなみに、外の世界では失業率が増えている）、国有の労働契約会社であるフェデラル・プリズンズ・インダストリーズは二〇一二年だけで九億ドルの委託を受けている。だが公営・私営刑務所双方の維持費を直接的・間接的に支払っているのは合衆国の納税者である――二〇一三年には五五〇億ドル（合衆国の私営刑務所はさらに、空き部屋の「待機室料」まで納税者に支払わせている。実質的に犯罪の減少分の罰金を社会に支払わせているのだ）。

囚人はまた権利を守るために公式の労働組合を結成することも禁じられている。そして組合の結成と労働者の法的権利は、外界の産業レベルの奴隷制への帰還を不可能にした主要要素であったということを忘れてはならない。

合衆国の刑務所の囚人は労働力の提供に関してほとんど選択権を持たない。なぜなら労働を拒否すれば食糧を減らされ、刑罰が（仮釈放の拒絶を通じて）重くなるからだ。さらに彼らは明らかに監視されている。そしてその境遇に反抗すれば暴力や死を受けると脅迫される。以上で述べた議論の的になる獄中生活の要素の全て――無報酬の留置、人種的不平等、民主的権利の剥奪、強制的・搾取的労働、暴力的な処罰――は、また奴隷制の不可欠の要素でもある。そしてこれを行なっているのは合衆国だけではない。近代ロシアでグーラーグ労働収容所が継続していたように、世界中のほとんど全ての刑務制度はこれらの大規模奴隷制の要素の一部もしくは全部を含んでいるのだ。

詩人ジェイムズ・ホイットカム・ライリーは述べた――

アヒルのように歩き、アヒルのように泳ぎ、アヒルのように鳴く鳥を見たならば、私はその鳥をアヒルと呼ぶ。

ほとんどの現代人にとって、奴隷主の思考様式を完全に理解することは困難である――本質的に自分と何ら変わるところのない人間を、役畜か、あるいは顔のない利益と損失の単位として扱うのだから。このことは、外国人（古代ギリシアやローマのように）や異人種（アメリカ南部のように）を奴隷化することに特化した奴隷制社会の場合、少しは（許しがたいとしても）理解しやすいだろう。人間の部族主義は言わば、山の向こうから来た見知らぬ人を犠牲にするのは容易なのだ。あるいは「少し低い鼻で色の違う人間」は実際には人間ではないのだと信ずることは。だが、歴史上のほとんどの奴隷制社会では、誰でも――裕福で有力な者を除いて――それなりの法の裁きによって強制的に奴隷にすることができた。

法は人類史のほとんどにおいて極めて限定的な道具であったということを思い起こしていただきたい。例えば長期にわたる投獄はかなり近年の発明である。わずか数百年前まで既決重罪犯はだいたいが処刑されるか、追放、手や足の切断の後に釈放、あるいは奴隷化された。長期的投獄や地下牢などは実用的ではなかった、一人の人間を一箇所に生きたままで閉込めておくことは困難であり、費用も掛ったからである。そこで歴史上のほとんどの監獄はむしろ今日の留置場に近いものだった。逮捕された者を刑に処すまで、あるいは無実が晴れて釈放するまで留め置く場所である。

ここで、現在と過去のものの考え方を解りやすく比較対照させてみよう。例えば一八世紀のイングランドでは、ある者が良き隣人であり友人でいられるのは彼が何らかの中級レベルの犯罪、例えば窃盗などを犯して有罪となるまでの話で、そうなってしまえば彼は奴隷となる――例外は、この当時なら社会的・法的厳密さによってそれが「植民地への流罪」と呼ばれる時だけである。流罪は当時も現在も奴隷制の一形態とみなされることはほとんど無いが、その類似は、このような比較を明らかにする。

英国人は既決囚を帝国の野蛮で危険な辺境へと流罪にした。例えばオーストラリア、北太平洋のアンダマン諸島、北アメリカのニュー・イングランドなどである。フランス人は囚人を南アメリカの仏領ギアナ沖の悪魔島――自伝的な監獄小説（および映画）の『パピヨン』でよく知られている――に流した。環境は原始的、労働は苛酷、囚人は熱病を媒介する虫や毒蛇、監視人の殴打、単なる消耗などで死んでいく。だがこれらの地域の開拓――今日の文明化された状態まで――は、当時は何十万という無償の囚人による強制労働を通じて達成されたのである。

だがここでは、植民地に流刑になった人の隣人の観点で考えてみよう。流刑の囚人は依然として友人かも知れない、彼があなたに連絡を取り続ける限り、あるいはあなたの心の中に残る限り。だがあなたはもはや彼を同じ身分の者と公に認めることができない。そんなことをすればあなた自身の社会的地位が台無しになってしまうのである。チャールズ・ディケンズはこの問題を小説『大いなる遺産』の中で描き出している。主人公ピップは、流罪の囚人エイベル・マグウィッチが彼を紳士として教育するためのカネを密かに支払っていたということを知って屈辱を受ける。心の優しいピップは、この脱走囚への借りを認められないことを羞じるが、その社会的地位（皮肉にもマグウィッチのお陰で得られたもの）のゆえにそうすることができない。流罪となったことによって、恐ろしいが善意の人マグウィッチは自由な人間ではなく、国家の所有物となっていた。

同様のプロセスは現代でも、友人が重大かつ極めて不名誉な犯罪で有罪となったときに起こる――

例えば詐欺、強姦、殺人などである。有罪判決を受ける瞬間まで、現代社会は容疑者に「疑わしきは罰せず」の原理を認めている。法廷で証明されない限り公式には有罪とはみなされないのだ。だが有罪を宣告された瞬間、彼らは世間から蔑まれる者となる。少数の者はこの罪人に対して変わらぬ態度を示すかも知れないが、その場合ですら、通常はその人が実際には無実であると信じているからに過ぎない。

そんなわけで現代の罪人は単に罰せられるのみならず、その刑罰が終わった後も生活の再建は極めて困難である。かつての友人や家族にも認められず、仕事は見つからず、当局にとっては近くで同様の犯罪が起こった時には「常に容疑者として名前を挙げられる者《ユージュアル・サスペクツ》」であり続ける。

同様の軽蔑と不信は帰還した流罪の囚人にも待ち受けている――国の定めた刑期を勤め上げ、何とか故郷のコミュニティに戻って来ても。実際、ほとんどの者は疎外された故郷への帰還という屈辱よりも、植民地への残留を希望する。

これは現代人と古代人の態度が倫理的に同じだとみなすものではない――ましてや、奴隷制社会を現代の、比較的啓明された文化に準えるものでもない。留意すべき点は、有罪判決を受けて刑罰が始まった瞬間にその人の社会的地位が変わってしまうということだ。われわれは、生物種としてどれほど慈悲深くなったとしても、基本的な人間の部族主義である「彼らとわれわれ」というカテゴリ分けを十全には免れ得ぬものらしい。「われわれの一員」が、自分自身の行動によって「彼らの一員」となってしまえば、単に社会的に蔑まれる者に変容するのみならず、社会に対する叛逆者となってしまうのだ。たとえ彼らの人間的権利と人間的尊厳の全てを否定しなくとも――奴隷がしばしばそうされるように――われわれは間違いなく、新たに見出された嫌悪を示す別の方法を見出すのである。

前章で述べたように利益のための搾取は間違いなく、社会の中で力を得た者が、取るに足らぬ軽蔑すべき人間以下の者、あるいは何らかの点で自分より劣る者とみなした者に対する軽蔑を露わにする一つの方法である。そしてこの態度はすぐに一つの循環論法に陥る。われわれが圧迫している者は何らかの漠然たる理由でそのような扱いを受けるのが当然であるという利己的な信念である。先に述べたように、われわれが害する相手を憎むのは極めて容易い。だがこのような虐待が自ずと現れるのは合法的奴隷制だけではない。

賃金労働の概念は、前章で見たように何千年も前からある。理想的には、それは経済学者の言う「ウィン＝ウィン」あるいは「ポジティヴ・サム・ゲーム」である。すなわち、雇用主と被雇用者双方が、その相互作用によって彼らが提供する賃金と労力の両方を上回る利益を得る状況である。だが、この理想的な平衡状態がどの程度達成され維持されるかは疑問の余地のある点である。

もしも雇用主が労働者に対して普通より高い賃金を支払うと、同じ仕事に低い賃金しか払わない競争相手によって廃業に追い込まれる。例えば英国の新聞業界は一九七〇年代後半と一九八〇年代前半には主として管理職の弱さと極めて強力な組合のお陰で慢性的に人員過剰であった。そこへメディア王ルパート・マードックが先ずタブロイド紙の〈サン〉を、次に高級紙〈タイムズ〉を買収した。一九八六年、彼は印刷、報道、流通オペレーションの全てをロンドンのイーストエンドのワッピングに移した。この移動に伴って六〇〇〇人以上の人間が解雇され、はるかに少ない補充被雇用者が、はるかに苛酷な条件で契約させられた。だが〈サン〉と〈タイムズ〉はマードックの〈ニュース・インターナショナル〉の一部として、ここ数十年で初めて経常的な利益を出し始めた。元々か細かった市場シェアを失う危機に直面した他の英国の新聞社もそれに追従した。マードックの新聞に対抗するために賃金と人員を削減したのである。さもなくば廃業に追いやられた。

つまり競争的な賃金支払高というものは長期的に見れば、それで事業を維持するという点で雇用主と賃金労働者双方にとって利益となる。だが雇用主にとっては、可能な限り賃金を安くするという誘惑は明らかにある。彼らの経済的安全性を、ひいては彼ら自身の手取利益を最大化するためである。被雇用者の賃金が極めて低く、生存に必要な最低限である場合――そして他に仕事を見つけられぬ場合――彼らは経済学者のいう「賃金奴隷」となる。

もしもあなた自身が低賃金被雇用者なら、同時にまた賃金奴隷なのではないかと深刻に疑うことは容易い。だが実際には労働組合と、世界的にますます啓明的になる雇用法規のお陰で、実際の賃金奴隷は、有り難いことにほとんどの経済において極めて稀である。贅沢品がほとんど買えないのと、食糧がほとんど買えないのは全く別の話なのだ。

もしもお疑いなら、〈プルマン・パレス・カー・カンパニー〉の事例を思い起こして頂きたい。一九世紀後半の豪華絢爛たる鉄道車両の製造会社である。プルマンはイリノイ州シカゴ郊外に一つの街をまるごと創り上げた――その名も「プルマン」。そこには学校、商店、図書館、そして六〇〇〇人の従業員のための住宅もあった。この会社のために働く者は、プルマンに住まねばならない。会社の店で賃金を遣い、会社の集金人に家賃を支払わねばならないのだ。他所で買い物をしているところを見つかると、あるいは街の外のどこかに居住すると、忽ち外の世界への退去が命じられる。そこでは仕事はほとんど無く、そして事実上、失業者や貧困者に対する支援もない。

当初、プルマンは「モデル・タウン」とされていた。一八八七年に英国のリーヴァー・ブラザーズ石鹸が創ったポート・サンライトのような牧歌的な共同体であると。だが実際には、プルマン・カンパニーの家賃と物価は意図的に、従業員の賃金のほとんどを食い尽くすように設定されていた――ゆえにプルマンでの生活コストは明らかに近隣の街よりも高かったのである。これはつまり、プルマンの賃金支払高のほとんど全額が会社に回収されてしまうということを意味する。それでもプルマンは街の維持費や店舗の商品のカネを払わねばならない。だが無論、実際の奴隷主だって奴隷のための設備費や食費は支払わねばならないのだ。そんなわけで、〈プルマン・パレス・カー・カンパニー〉と近年非合法化された南部の奴隷の実際上の違いは、せいぜい名目上のものにすぎない。プルマン・カンパニーの従業員は賃金奴隷である。たとえ当初はその事実に気づいていなかったとしても。

事態は一八九三年の経済不況で重大な局面を迎えた。会社は賃金を切り下げたが、物価や家賃の切り下げは拒否した。自暴自棄となった従業員は一八九四年にストライキに突入、これに共感した全米の鉄道労働者はプルマンの車両の含まれる列車の運行を拒否した。その結果として生じた混乱は連邦政府の調査を招き、プルマン・カンパニーの搾取的行為は公的に「非アメリカ的」と断罪された。最終的にプルマン・カンパニーは強制的に街の所有権を、その従業員という契約奴隷と共に放棄させられた。

だがそれ以外の会社、特に合衆国の鉱工業地帯のそれは、二〇世紀まで同様のことを行なっていた。ある者は従業員に実際のカネを支払うことを拒否して「社券」を発行した。つまり物価の高い会社の店でしか仕えない模造通貨である。この偽経済システムの下、借金が嵩んで事実上、会社に囚われてしまうことは従業員にとってはほとんど不可避であった。一九三〇年代の炭坑夫のプロテスト・ソングである『一六トン』のコーラスの背景にある意味はこれである。

一六トン積みこんで、何を得る？
また一日分老いて、借金が増える。
聖ペトロ様、待ってくだせえ、まだ逝けねえんだ、
俺の魂は会社の店のツケになってるから[*5]

何ゆえに不要な人間の暴力に関する書物の中で、この間違いなく儲かる産業行為が語られるのか？借金に苦しむ家族は飢え、人はその所為で不要に死ぬ。そして彼らの疑似奴隷制を維持するために、会社は暴漢を雇って不満分子や組合組織社に暴力を加え、時には殺す。これは文明化された喰人――個人的利益のためだけに意図的に生命を破壊すること――である、この上もなく歴然と。

過去半世紀の間に、ほとんどの国において事態は改善されたかも知れない。だがリベラルな国の近代化された資本主義ですら、自動的に経済的不平等とその結果としての貧者の搾取を生み出す。実際、公正かつ合理的に格差を設けた所得税の下でも、国の経済力のほとんどを供給しているのは低賃金労働者であって、金持ちではない。所得税のような直接税と、売上税や付加価値税（ＶＡＴ）のような間接税の間で、貧乏人は一般的に所得の高い割合を国に支払う。例えば英国イクォリティ・トラストの二〇一四年の報告によれば、英国の総人口の中の最も貧しい一〇％は、平均して所得の四三％を税金に支払っていた。英国の最も裕福な一〇％が税金として支払っていたのはわずか三五％であった。[*6]

＊5　'Sixteen Tons', recorded by Merle Travis (1946)
＊6　The Equality Trust: 'Unfair and Unclear: The Effects and Perception of the UK Tax System' by Madeleine Power and Tim Stacey (June 2014)

もちろん、個人を基準とすれば、金持ち一人当たりが支払う税金の額は多い。税金の掛る財産や所得が多いからである。だが、社会における貧しく低賃金な者の数がその差異を相殺している。そしてまた低賃金で生活する最低賃金労働者は、雇用主に余分の現金を開発と拡大に投資させることによって、全体の経済を下から押し上げている。会社の上級管理職はそうはならない。彼らは涙が出るほどの莫大な給料をポケットに入れた後も、さらに莫大なボーナスの支給を要求する——彼らの管理によって会社が儲けようが損しようが。

ここでいう「貧困」なる言葉は必ずしも失業者や、非熟練ゆえに低賃金の従業員のみを意味しているわけではない。先進経済においては上級管理職——ポスト貴族時代における支配階級——の報酬は一九七〇年代半ば以後、少なくとも二倍となった。しかもそれは、計算からインフレ効果を除去して数字を調整した後の見積なのだ。一方、労働者の大部分——かつては「勤労階級」と呼ばれていた——の給料は最大四分の一も下落した。これもまた過去四〇年以上の間のインフレ効果を除去した計算である。この変化の主要な理由は、現代社会における被傭者と雇傭主の間の経済的・政治的不平等の増大である。

「勤労階級」という言葉の経済学上の定義は、居住するための不動産を買うだけのカネを稼ぐことができない個人または家族である。彼らは賃貸せねばならない、なぜなら基本的な抵当を開始して利息を支払うだけのカネを稼ぐことができないからである。無論、ジョージ・オーウェルが一九三〇年代に指摘していたように、これは多くの高等教育を受けた、ホワイトカラーの被雇用者もまた実際には勤労階級であるということを意味する、彼らが認めようと認めまいと。そして不動産価格が上昇していた時代には、多くの外見上中流階級の人々もまた、事実上は勤労階級であった、少なくともこの限定的な定義においては。

私が子供の頃、一九六〇年代と一九七〇年代においては、一人の稼ぎ手（通常は父親）が一家全体をそこそこ快適に食わせていくのが当たり前であった。この状況は現在ではますます異常なものとなり、多くの共同体においては稀有となっている。家賃や抵当の利息を支払い、さらに高騰する食費、交通費、養育費、医療費を支払うには二人の稼ぎ手（通常パパとママ）が必要なのだ。低賃金の稼ぎ手が一人しかいない、あるいは仕事がないという家庭は新たな貧困層である。

たとえ国が貧者に対して寛大な援助を出しているとしても、このカネの圧倒的大部分が長期にわたって職のない「援助漁り」「福祉女王」のところには行かないというのは概ね事実である（大規模不況の時期は除く）。それは低賃金を稼いでいる家族の所へ行く。そんなわけで国家の所得支援は貧者の杖ではなく、間接的に納税者が支払う、被傭者に対する助成金である。彼らはこれによって低賃金、高利益を維持している。

実際、この納税者からの財政援助がなければ低賃金労働者の多くは賃金奴隷となり、貧困線上ぎりぎりもしくはその下の収入で生きて行かざるを得ない。低賃金の雇傭主は——しばしば莫大な利益を得ている——被傭者をこのような不安定な状況に置くことで政府を牛耳り、国家を人質にしている。真に自由な市場では、企業はこの間接的な国家の助成金は受け取れない。最低賃金を支払いながら利益を上げることができないなら、自由放任の資本主義の規則に従って彼らは破産し、それができる企業に場所を譲る。

最後に、繰り返しておく価値があると思うが、貧困者はおそらく金持ち以上に経済を支え、維持している。富裕な者、そして時には中流階級は海外の銀行口座でカネを塩漬けにすることによって税金の支払を逃れることができる――そこではカネは流通せず、そのため祖国の経済にはほとんど、あるいは何ひとつ貢献しない。このような金持ちによる合法的脱税の手法は――そして有力な多国籍企業の場合はさらにそうだが――通常の納税者を害する。国家は必要不可欠なサービスを運営するために税を必要とする――ゆえにあらゆる脱税法はその分、脱税しない人にさらに高い税を押しつけることになる。

一方、何らかの付加価値税や売上税は毎日、貧困者が何か買い物に行くたびに、彼らに間接的に税を掛けている。貧困者は直ちに稼いだカネを一銭残らず使わねばならない、ただテーブルにパンを用意するだけのために。貯金するカネがないのだから、海外の銀行も使えない。世界中で、宵越しのカネを持たないというのは実際には貧困者のやることで、経済を回しているのはそのような出費なのである。結局のところ、ほとんどの先進国において、流通中の経済の七〇%は消費支出が占めている。消費支出が何らかの理由で落ち込めば、経済は直ちに緊縮し、崩壊してしまうだろう。

もしも選択的な疫病によってとある国の金持ちが駆逐されたとしよう（それと共に、彼らのスイスやケイマン島の銀行口座のセキュリティ・パスワードの情報もまた失われてしまった）、それでも経済は揺らぐだろうが、死ぬことはない。もしも同様の疫病が金持ちではなく、貧困者を一掃してしまったら、経済は直ちに崩壊する。

経済学者は、社会から多くを得て社会に還元しない個人や集団を「ただ乗り《フリーライダー》」と呼ぶ。この語は長期にわたる無職者やブルーカラーの犯罪者を指すことが多い――実際、右派の政治家はこの二つを全く同じようなものとみなしている。だが前の二つの章で述べたように、その言葉はまた、歴史的にいえばほとんどの文化に存在した貴族階級にも当てはまる。そしてどんな文化の金持ちも、われわれ自身の啓明された時代ですら、彼らが経済から引き出す額以上を経済の中に入れているかと言われれば、それを証明することは困難だろう。

経済の「通貨浸透説《トリクル・ダウン》」という概念は二〇世紀後半、右派の政党の間で非常に人気があった。これは金持ちのための税の削減と経済的インセンティヴは究極的には社会のそれ以外の層にも浸透して、みんなを豊かにするというものだ。一九世紀においてはこの概念は「馬と雀」説と呼ばれた――もしも(金持ちの)馬が余りにも大量すぎるオーツ麦を食わされれば、その余剰が地面に落ちて(貧しい)雀の餌になるという考えである。不幸にも合衆国や西ヨーロッパ、そしてその他の多くの国における三〇年以上に及ぶ通貨浸透説の政策は、この希望に満ちた仮説が概ね誤りであることを示した。金持ちというものは過剰な富を社会の貧しい人々に「落し」たりすることはないのである。そんなものがあれば、彼らは海外の銀行口座に塩漬けにして脱税し、それから遺産として子供たちに与える。その結果、これらの社会では経済的不均衡が増大し、あからさまな不公平を原因とするありとあらゆる文化的問題が生じた。そして最終的に、それが今後も続くなら、国家が保護する相続財産が増大し、不可避的に新たな貴族制が誕生するだろう。

金持ちが貧困者の背中にただ乗りするのは、おそらくもう一つの文明化された喰人の形であろう――特に、貧者に対する十分な社会的支援のない社会では。確かに貧困者の人生は、今日の最も豊かな経済においても、通常は金持ちよりも短い。それを不健康な生活様式の所為にするのは容易い――喫煙、脂肪分の多い食事、痛飲は、低賃金者の間により多く見られる。だが何十年もの間その日暮しを続けるストレスや、人生の終わりの乏しい国民年金もまた原因に違いない。もしも社会の富がもっと平等に行き渡っていれば、平均余命は一律に伸びるだろう――一九四六年の英国で、社会保障制度が設立された後のように。

公然たる奴隷制はほとんどの現代人の嫌悪するところであり、合法的な賃金奴隷もまたますます珍しいものとなりつつある。だが経済的不平等を通じた間接的な搾取は依然として地球全体で続いている。そしてしばしばこのような無力な人々に対する虐待は、徐々に事実上の奴隷制へと変わっていく。

二〇一三年一二月一六日に英国内務省が発表した報告によれば、現代の英国における奴隷人口は少なくとも一万人に上るという。[*7] 二〇一四年一一月二九日、この数字は新たな内務省報告書で改訂され、一万三〇〇〇人となった。英国の総人口は六三〇〇万、つまりその〇・〇二%が奴隷ということになる。

現代の、比較的進歩的な民主国家において、これはちょっとたまげたことに見えるかも知れない。だがそれは、現代の奴隷はその鎖がほとんど眼に見えないからに過ぎない。それはかなりの頻度で、純然たる精神的な鎖なのだ。

現代の奴隷商はほとんどの場合、その束縛を強化するために国の移民政策を利用する。彼らは不法移民を輸入し、奴隷にならぬ者は当局に報告する——逮捕、強制退去の憂き目——と脅す。だが彼らはまた、社会の中にいる教育のない者、薬物中毒者、そして保護者のいない子供などもカモにしている。彼らは自分の奴隷にカネを払うこともあるが、それも実のところ、精神的な足枷の一つに過ぎない。現代の奴隷商は、彼らの言うところの奴隷の部屋代と食費のコスト以下の分しか払わないように気を遣っている。あるいは、奴隷娼婦の場合しばしばそうであるが、彼女らの健康管理、子育て、そして彼女らの人生を耐えうるものにするための違法薬物のコストである。ゆえに「負債」は常に膨れ上がる一方で、毎日働けば働くほど奴隷は負債滞納の深みにはまり、奴隷商に支配されていく。彼らは事実上、自分の魂を会社の売店のツケに回すことになる。

売春、農作業、非熟練の工場労働、そして家事などは、多くの経済圏で今も普及している奴隷労働である。児童労働を痛産業は特にその無力な「従業員」を奴隷化する傾向がある。〈グローバル・スレイヴァリ・インデックス二〇一三〉――非営利団体〈ウォーク・フリー・ファンデーション〉発行――の控えめな見積によれば、スウェーデンには一三〇〇人の奴隷がおり（スウェーデンの総人口の〇・〇一三%）、オーストラリアには三三〇〇人（人口の〇・〇一四%）、連合王国には四六〇〇人（〇・〇〇七%、既に見たように、この数字は連合王国政府自身が出しているもののわずか三分の一に過ぎない）、スペインには六三〇〇人（〇〇一四%）、フランスには九〇〇〇人（〇〇一四%）、ドイツには一万一〇〇〇人（〇〇一四%）、サウジアラビアには六万人（人口の〇・二%）、合衆国には六万三〇〇〇人（〇・〇一二%）、ロシアには五四万人（〇・三七%）、パキスタンには二一〇万人（一・一七%）、中国には三一〇万人（〇・二三%）、そしてインドには、驚くなかれ一四七〇万人もの奴隷がいる。つまり、世界で二番目に人口の多い国では、だいたい総人口の一・一八%が事実上の奴隷である。

基本的に、政府の規制が緩く組合化されていない仕事は何であれ、奴隷経済に水を向け（あるいはどっぷり浸かり）うる。なぜならそのような仕事は外界の監視の目になかなか届かないからである。国連は今日の世界における奴隷の数をおよそ三〇〇〇万人と見積もっている。つまり世界の総人口の〇・四%だ。

＊7　Baroness Butler-Sloss, Frank Field MP and Sir John Randall MP, 'Establishing Britain as a World Leader in the Fight Against Modern Slavery' (December 2013)

われわれの各人がこの現在進行中の奴隷制から個人的にどれほどの利益を得ているのかは、精確に見積もるのは困難である。なぜならこのような地下経済に関する数字は当然ながら照合が困難だからだ。間違いなくわれわれの食糧、衣類、その他多くの商品は、もしも国内および国際的な奴隷制禁止法が適切に強制されていれば、今よりもはるかに高くなることだろう。

例えば多くの国――英国と合衆国も含む――は最低賃金を法で定めている。だが幾つかの企業は意図的に不法移民を雇っている。それはまさに、彼らは法的な最低賃金よりも低い賃金で、記帳されない仕事を喜んでするからだ――これはしばしば、生存のためのギリギリの金額であり、ゆえに違法な賃金奴隷ということになる。

われわれの政府はしばしば、このような雇用主に対して法を限界まで適用して罰することをしたがらず、あるいはその問題がどれほど広がっているかを調査することすら嫌がっているように見える。それはつまり、隠れた奴隷制を誠実に禁止すれば、われわれの経済がどれほど悪化するかを知っているからなのか？

第11章「神経症的無責任の原始状態に生きてるって……つまり戦争のこと」

一九四一年五月までに、ナチス帝国はほとんど普遍的な勝利を達成していた。オーストリア、チェコスロバキア、ポーランド、デンマーク、ベルギー、ルクセンブルク、オランダ、フランス、ノルウェー、ユーゴスラヴィア、ギリシア、そして北アフリカのほとんどは既に征服した――ナポレオンの征服以来、ヨーロッパにおける最大の版図である。英国は膝を屈し、敗北は目前であった。アメリカはこの新たなヨーロッパ大戦からは身を退いていた。ソヴィエト・ロシアは第三帝国の当てにならない味方で、ルーマニア、ハンガリー、ブルガリア、イタリア、そして日本は熱狂的な同盟国だった。ナチがドイツを支配してちょうど八年、だが彼らは既にそのご自慢の「千年帝国」の基盤を築き上げていた。

この時、反体制派のドイツの劇作家ベルトルト・ブレヒトはヘルシンキに身を隠していた。だがフィンランドもまたナチスの同盟国である。ドイツへの送還、ゲシュタポによる拷問と死が目前に迫っていた――そんな時、合衆国が彼に政治的保護を与え、彼は戦争で荒廃した大西洋を渡った。

まさにその時、すなわちナチスは完全に不敗であると見えた時に、ブレヒトは奇妙な墓碑銘を書いた、楽天的で、かつ悲観的な、アドルフ・ヒトラーと軍国主義ドイツのために。曰く――

この者は、ひとたび、この世を我が物顔に振舞ったが、もろもろの民によって打ち負かされた。
しかしながら、勝利の歌うたうには早すぎる。
この者が這い出してきた母胎はまだまだ産む力をもっているから[*1]

それからちょうど四年後、第三帝国は死んだ。もろもろの民は立ち上がり、悪党を打ち負かした。だがブレヒトの予言は、戦争は、戦争屋は、人間が存在する限り永遠について回るものだというほとんど普遍的な信念を宣言している。

アメリカの作家カート・ヴォネガットはかつて映画制作者のハリスン・スターに、自分の第二次世界大戦中の体験を小説化したものを書いていると語った。スターは訊ねた、それは反戦本になるわけですね。ヴォネガットの答えは彼ならではの体験で彩られていた。一九四五年二月一三日から一五日、連合軍がドイツの都市ドレスデンに重爆撃機による連続的な空襲を掛けて灰燼に帰した時、奇しくも彼は捕虜としてそこに囚われていたのだ。高性能爆薬、発火装置、それらが生み出す火事嵐によって二万三〇〇〇から二万五〇〇〇の人間が死んだ。火事嵐とは強烈な大火災が引き起こす大気現象である。これによって無尽蔵の酸素が供給されるため、火事嵐はその場の燃料が尽きるまで燃え続ける。ドレスデンでは、その燃料は主として建物と、人間の死体であった。

『スローターハウス5』（一九六九年）において、ヴォネガットは言う、監守が彼に言った、ドレスデンは「開かれた都市」であると――戦時産業もなく、守備隊もいない――だから攻撃など受けるはずがないと。確かにドレスデンは、開戦以来その時まで空襲とは無縁であった。二月一三日に防空壕に入った者の誰一人として、それから三日にわたって延々と空襲が続くなどと予想し得た者はいなかった。都市は避難民で満杯となり、防空壕は足らず、ヴォネガットによれば、灯火管制も守られていなかった。

何ゆえに英国人とアメリカ人はドレスデン抹殺を決断したのか、ドイツ人は三ヶ月以内に完全敗北するというのに、という疑問はこの戦争に関する最大の論争の一つである。確かにドレスデンには幾つかの軍需産業があり、ドイツの軍団を輸送する線路もあった。だがそのことが三日に及ぶ過剰殺戮の理由になるとは思えない。おそらく最良の説明は、英国の爆撃機のクルーが空襲に向かう直前に彼らに渡されたメモにあるに違いない。その結論に曰く――

本攻撃の意図は、既に部分的に壊滅している前線の背後で、敵に最大の痛手を与える場所を撃つことにある……そしてそれに付随して、到着したロシア人に、英空軍爆撃司令部に何ができるかを見せつけることである。

英国とアメリカ側の多くの将軍たちは、ソヴィエトの共産主義者たちがその圧倒的な軍事的勝利を継続させせようとしてかつての同盟国を攻撃し、大西洋にまで押し寄せてくるのではないかと恐れていた。ドレスデンの破壊は彼らにとっては、アメリカ人と英国人もまたロシア人やドイツ人と同様に冷血かつ無慈悲になることができるのだというメッセージだったのかも知れない。確かに東ドイツとドレスデンの廃墟を獲得したソヴィエトは、それから同盟国を攻撃するということはなかった。無論、

＊1　Bertolt Brecht, *The Resistible Rise of Arturo Ui* (written 1941; first produced 1958)

それは若きカート・ヴォネガットを含むドレスデンの生き残りにとっては慰めにもならない慰めである。

彼は屠殺場（標題のスローターハウス5とは、「第五屠殺場」の意味）の奥深くの寒い穴蔵の中で空襲を生き延びた。この防空壕が街の外れにあったという点でも、ヴォネガットは幸運だった。空襲の犠牲者の多くは防空壕の中で窒息死していた。街の中心部で荒れ狂った火事嵐は、文字通り彼らの肺の中から空気を吸い出したのだ。空襲後に穴蔵から這い出したヴォネガットは、そこに「月面の光景」を見た。焼け焦げた瓦礫、あらゆる生命が事実上、焼却され、熱で乾燥して小さく縮んだ屍体が撒き散らさせている。彼また連合国の戦闘機が機銃掃討によって廃墟の中の生存者を皆殺しにしたとも述べている。彼とその他の生き延びた連合国の捕虜たちは、後にドイツ兵から、腐りかけの屍体を廃墟の中から掘出す作業を強制された――ヴォネガットが「屍体採掘」と呼ぶ作業である。

ハリスン・スターにあなたの本は反戦なのですかと問われて、カート・ヴォネガットは答えた――

「はい」と私は言った、「そう思います」。

「彼らは反戦本を書いている、と聞いた私が、人々に何と言うか、ご存じですよね？」。

「いいえ。何と言うのですか、ハリスン・スター？」。

「こう言いますよ、『なぜあなたは反戦本じゃなくて、反氷河本を書かないのですか？』と」。

彼の言わんとするところは、言うまでもなく、今後も常に戦争はあるだろうし、むしろ氷河対策でもしている方が簡単だということだ。私もそう思う。*2

極少数のユートピア思想家――イマヌエル・カントのような哲学者、H・G・ウェルズのような小説家、マハトマ・ガンディのような宗教的幻視家、そしてジョン・レノンのような文化的イコン――は、しばしば示唆してきた、戦争のない人間の生活は可能なはずだと。だがここ最近までほとんどの者はそんなことは達成不能だと考えていた――そして多くの者は、普遍的な平和など望ましくないとみなしていた。結局のところ、戦争がなければどうやって悪の国民を打ち破り、滅ぼすことができるというのか？

部族主義――他人のほとんどを彼らと定義し、それによってわれわれ自身と少数の他者をわれわれと定義したいとする本能的欲求――は当然ながら不信、恐怖、そして偏執狂までをも引き起こすようだ。この神経症は、攻撃性へと転ずることがあまりにも多い。それは、緊張を激化させるという文化的現象と相俟って、時には実際の戦闘にいたる。そして戦闘に参加する集団が充分に大きくかつ敵意があれば、それが戦争である。

無論、同一種内で戦争する生物は人間だけではない。アリのコロニーは資源を求めて戦う。イヌの群れは狩りの縄張りを巡って戦う。そして――第5章で見たように――チンパンジーの一団は敵の雄を殺し、雌を攫い、新たな餌場を手に入れるために互いに略奪し合う。

実際、人類の歴史のほとんどにおいて、人間の戦争は常にチンパンジー並だった――奇襲即逃走の略奪と、悪意に満ちた血の抗争。それから、一万年前くらいに、われわれの祖先は突如として洗練された。高度な農業、城壁都市、輸送技術の向上は、大柄で栄養状態の良い人間たちがより遠くの敵を

＊2　Kurt Vonnegut, *Slaughterhouse-Five* (1969)

攻撃できるということを意味していた。運び出せるものは何でも盗む略奪の代わりに、軍隊は実際に敵の領土を征服する――農地を併呑し、街を奪い、敵の国民を隷属させるのだ。

一般の歩兵は槍と長剣で武装し、雑な陣形を組んで貴族たちの後を延々と歩いて行く。貴族は通常、二輪戦車《チャリオット》に乗っている。この二輪戦車はウシやロバ、ミュール、ウマなど――それが手に入る場所では――が曳いており、手に入らぬ場所では人間が曳いている。そして「会戦」が一般的となった。これは双方の陣営が前日にその場に集まり、幕営地を設けて夜を明かす。それから翌朝、事前に決めてあった地点で、戦うために整列する――文明人らしく、朝食後に。戦闘のために選ばれた地域は一般に開けた平原もしくは農地で、邪魔になるような建物などはない。かくして、英語の battlefield という言葉ができた。

射手と投石手もまた初期の戦争に参加していたが、鎧と盾の使用が増えていくと、そのような飛び道具では滅多に致命傷を与えられなくなった。そこで射手は主として散兵として用いられ、軍の衝突が起こる前に敵兵の中に恐怖と混乱をばらまく役割をした。必然的に軽武装、軽装備の射手は一般兵の突撃を受ければ退き、しばしば敵の騎兵部隊に追いつかれて散らされた。

大規模戦闘はすぐに戦略と戦術を発展させた。勝利の神々は一般に大軍団の側に付いた。だが地形の巧みな活用、奇襲、敵を出し抜く戦術によって、時には弱小の軍が自信過剰な大敵を打ち破ることもあった。このような戦略の使用は通常、たった一人の人間が全面的な指揮を執ることを必要とした――戦場は論争の場所ではないので。かくして将軍の役割が生まれた。そうなると次には、彼の命令を伝える下位の将校のヒエラルキーが必要となった。

だがほとんどの戦闘は、依然として戦略も糞もない単なる殴り合いだった。一方が負けて逃げ出し、勝者に追われるまで、ひたすら戦い続ける。最も殺し、かつ死ぬのは歩兵である。勝利する見込みが最も高いのは剛胆な騎兵。かくして訓練、戦闘経験、まともな指揮、以前の勝利に基づく自信などが重要な要素となる。また兵士たちの基本的な体力も。敗北と勝利の差は、どちらの側が前日の移動距離が少なかったかとか、戦闘前にちゃんとした朝食を摂るのを忘れなかったかといった単純なことであったりする。

この最後の点は、また別の意味でも重要である。アルコールはほとんど常に、一九世紀にいたるまで軍隊によって戦闘への拍車として採用されていた。歴史上の多くの軍隊は文字通り酔っ払って喧嘩っ早くなった状態で戦闘に臨んだ——だが兵士たちが呑み過ぎて、しかも空腹の状態だと、将軍としては兵士たちが総崩れになり、パニックを起こして敗北する危険がある。

初期の戦争における二輪戦車の有効性はどう贔屓目に見ても疑わしい。二輪戦車乗りは戦場まで二輪戦車に乗っていくわけだが、実際の戦闘ではそこから降りねばならない——ホメロスが『イリアス』の中で記述しているように、英雄たちはトロイア戦争の戦闘の際にそのようにしていた。さらに二輪戦車は頑健な身体を持つ二人の兵士が必要だが、実際に戦えるのは一人だけである。なぜならもう一人は運転に懸かりきりだからだ。

戦闘における二輪戦車の主要な用途は全速力で敵側に突進して動揺させることだ。その後、あわやというところで方向を転じ、矢を撃ったり投げ槍を投げたりする。これは、どんなに訓練を積んだ馬でも槍兵の列に突撃するということができないからである。それに二輪戦車本体も脆すぎて、あまり手荒い扱いはできない。戦場で車軸や車輪が壊れたりすれば、二輪戦車乗りには為す術がない——そしてたぶん、怒りに燃えた敵の槍兵の群れに取り囲まれて一巻の終わりである。

騎兵団は二輪戦車の後に発明された。これは、鞍のない状態で乗る場合、ポニーや馬や駱駝の背中から攻撃するのはこれ以上もないほど難しいからである。どこをどうぶつけようと殴られようと、その動物から転げ落ちてしまう。そして紀元前七〇〇年頃までは誰もが鞍無しで動物に乗っていたのだ。アッシリア人が原始的な腹帯式の鞍を発明するのはこの頃である。実際に転落の危険を減らす突起のある鞍が登場するのは紀元前二〇〇年頃の中国で、ローマ人がこれを使うのは紀元前一〇〇年頃から。鐙——これによって騎手は、槍で殺すだけの足回りの安定性を得られる——が発明されるのは紀元四〇〇年、これも中国である。その使用が中東やヨーロッパに広まるのは七世紀のこと。ゆえに、馬が早くも紀元前四五〇〇年に家畜化されていたと言っても、騎士は歴史上のほとんどの期間を戦闘の周縁で過していたのだ。

これは何も騎士と二輪戦車が敵にほとんど損害を与えられなかったと言っているのではない。実際、殺害のほとんどは実際には戦闘の後で、一方の側が敗北して逃走した時に行なわれた。騎馬兵の軍団は、武器を失って逃走する敵兵を追い詰め、虐殺する用途には極めて適していたのだ。

無論、最高の騎馬兵士は町人ではなく、農民ですらなく、彼らの伝統的な敵——漂泊民である。放浪の部族は馬術を嗜む真っ当な理由がある。例え靴の革を節約するという理由だけでも。馬や駱駝に乗って戦うのは彼らの専売特許となっていた——よく知られているのは、東欧の広大な平原、荒寥たるアジアのステップ、そして中東の砂漠である。とはいえ、鞍の上で生まれることが、彼らに大きな得をもたらしたというわけでもない。馬の漂泊民は未だ、槍兵の列に対抗する術はなかったのだ、たとえどれほど大胆不敵であっても。そして乗馬は街の石壁を襲撃する際にもあまり役には立たない。ゆえに町人が厳密な作戦による戦闘に馴染み、攻城戦に耽っている時、漂泊民は一般に依然として文明の周縁にいて、奇襲後即退却の戦法を続けていた。

だがそれも概して荒野で人口が急増し、漂泊民の群れが移動を開始するまでの話である。有史以来何度も何度も漂泊民の殺到は確立された文明と衝突した。最大の文明軍も野蛮人の群れには為す術もなかった。未熟な烏合の衆として散開する戦士、女、子供、家畜、接近する群れは地平線から地平線まで広がり、恐れ戦く監視人は全世界が自分たちに向けて雪崩を打って殺到してくるように感じた。

記録に残る野蛮人の群れの侵略の最古の事例の一つはヒクソスである。古代エジプトの碑文によれば彼らは紀元前一八〇〇年頃、アジアと中東を一掃した。暴風神を崇める馬の漂泊民であるヒクソスは、最終的にはエジプトを征服し、支配種族としてそこに定住した。そして紀元前一五五〇年頃、原住民のエジプト人の叛乱によって追放された。

ちなみに、紀元前三世紀のエジプト人歴史家マネトの意見に耳を傾けて見ると面白い。[*3] 彼によれば聖書の「出エジプト」の物語――エジプトにおけるヘブライ人の奴隷化とその後の逃亡の話――は、実際にはヒクソスの追放を曲解したものであるという。確かにデータは適合する。この件に関しては学問的もしくは神学的同意はほとんどないが、ほとんどの権威者は出エジプトの出来事を紀元前一三世紀より前と考えている。そしていつもなら極めて几帳面なエジプトの記録が、奴隷部族の逃亡の件を何も記していない。記録にあるのはただ蛮族ヒクソスの転覆のみなのだ。マネトはさらに、逃亡したヒクソスがイェルサレム周辺の地区に定住したとまで述べている。もしもヒクソスとヘブライが同じ部族であるというのが真実なら、後の聖書の著者たちが彼らの祖先を敗走した支配階級よりも逃亡

＊3　Josephus, *Against Apion* (Book 2)

した奴隷として描きたいという誘惑に駆られたのもよく解る。

インドもまた、紀元前一五〇〇年頃から北からの蛮族の群れの侵略を受けた。一部の学者によれば、アーリア人が原住民である（肌の黒い）ドラヴィダ人を征服し支配したという。これこそがインドのカースト制度の起源であるとも言われている[*4]――肌の色が白いほど、より上位のカーストとして受け入れられる。だがアーリア人の群れがインドを侵略したという仮説は依然として大いに議論の的となっている、それは考古学的証拠と学界の合意の双方が極めて乏しいからだ。そしてそしてその議論の熱が盛り上がらない理由の一つが、この白い肌の「アーリア支配人種」という観念に基づいてナチスがそのレイシスト的ファンタジーを構築したことである。

以上二つの蛮族の侵略に関するわれわれのなけなしの知識からして、それは比較的ゆっくりとしたものであり、最高潮に達するまでに何百年も要したらしい。それゆえにそれを侵略ではなく移民や植民地化とみなすべきとする歴史家もいる。だがこれは好戦的な群れであるフン族や、その後のモンゴルに関しては確実に当てはまらない。

フン族は東アジアのどこかに発祥した。一部の歴史家は、紀元前三世紀の中国の北側の国境に彼らの起源を持ってくる。ヒクソス同様、彼らは馬を駆る野蛮な漂泊民であった。人口が増えて故郷で生活することができなくなると、彼らは西に移動し、異民族を放逐した。この民族移動の波は四〇〇年頃、ヨーロッパとローマ帝国の東の国境に衝突した。放逐されて自暴自棄となっていた諸部族、例えばゴート族、ヴァンダル族、アングル族、サクソン族、ランゴバルド族、フリシイ族、フランク族は、西ローマ帝国の軍を打ち破って突き進んだ。帝国の辺境の地、例えばブリテンはローマ人から切り捨てられた。避難民である征服者たちは、ドイツ、北イタリア、フランス、南ブリテン、スペイン、ポルトガル、北アフリカ一帯に定住した。これらの土地のかつての所有者は放逐され、殺され、支配され、奴隷化された。

一方、フン族自身は三七〇年頃までには東欧とバルカン半島の大部分を支配していた。悪名高い戦争指導者アッティラの下、彼らは東ローマ帝国を討ち、不承不承の協定へと持ち込み、さらにペルシア侵攻を企てた。だがフン帝国は大王アッティラ亡き後、一年を経ずして滅亡した。彼は四五三年、婚礼の宴で出血多量で死んだが、その時点で何歳だったのかは解らない。いつ産まれたのかが解らないからである。

四五四年、フン族はネダオ川の戦いで、彼らが隷属させてきた諸部族の反抗軍に破れた。この打撃から立ち直る助けとなるような中央組織のようなものもないまま、フン族は帝国としては瓦解し、かつて征服した部族に吸収された（現代のハンガリー人は、血脈上はフン族の子孫ではない。彼らは単にかつてのフン帝国の中核地域に住んでいるに過ぎない）。

モンゴル人はフン族以上の成功を収めた。元来は中央アジアのステップ地帯の出自であるモンゴル人は、また偉大な騎馬戦士であった。その人口が膨れ上がって大集団となる頃、すなわち一三世紀の初め、鞍と鐙の発明は騎兵を致死的な戦場の殺人者に変えていた。

情け容赦のない野心的な指導者チンギス・ハーンに鼓舞されたモンゴル人の群れは、中央アジア、中国、ロシア、中東、東欧を蹂躙し、最終的には史上最大の版図を持つ大帝国を創り上げた。モンゴル人は抵抗に遭うと徹底的に無慈悲だった。通過した地方を略奪し、征服地の人々を虐殺《デシメイション》した

＊4　H. G. Wells, *The Outline of History* (pages 242–3)

（decimation とは元来はローマの軍隊用語で、「一〇人毎に一人を選んで殺す」という意味）。常に最悪の場合に備えるモンゴル人の政策は、即時降伏を拒む都市があればそれを破壊し尽くして燻る瓦礫と為し、そこに三つの吐き気を催すようなピラミッドを築くというものであった——街に住む全ての男、女、子供たちの切断された首を積み上げた山である。

立ちはだかる軍は、モンゴル人の騎馬槍兵と強力な多段式の弓を揮う騎馬弓兵によって皆殺しにされた。いずれの武器も重武装の兵ですら即死させる威力を持っていた。ゆえに過去一万年の軍事戦略——種として陣形で展開する重装歩兵に頼っている——は、モンゴル人の騎兵の前では全く無力となった。馬に乗った板金鎧の騎士の陣——中世ヨーロッパの超兵器——ですら、密集したモンゴル人の騎手に対しては全く歯が立たなかった。

そしてモンゴル人がその無慈悲な拡大において利用したもう一つの恐るべき武器があった——火薬である。中国において永遠の生命を獲得するための薬を創り出そうと実験していた道教の錬金術師が発見した火薬は、まさしくその正反対の効能を持つものであった。中国軍は原始的な火薬兵器をモンゴル人の群れに対して用いたが、その結果は吉凶半々となった。

モンゴル人は驚く程度量の広い人々である——都市を丸ごと皆殺しにしている時以外は。彼らはこのやかましい兵器に感銘を受けたが、中国全土の蹂躙から手を引くことはなかった。中国征服の間に火薬の秘密を入手し、はるかヨーロッパにまでその使用を広めた。

モンゴルの拡大が止まったのは軍事的抵抗ではなく、不運のためだった。彼らは海を渡って日本を侵略しようとしたが、一二七四年に台風が彼らの艦隊のほとんどを沈めたために計画は台無しになった。日本人はこの幸運の風を「神風」と呼んだ。一二八一年の二度目の侵略も、またしても台風の所為で未遂に終わった。

（この幸運の嵐の不運な長期的副作用は、第二次世界大戦中にこの国を運営していた帝国主義者たちに日本は外国からの侵略に対して不可侵であると確信させたことである。彼らは真摯に神道の神々を信じ、命を擲つほど愛国的な神風のパイロットたちが怨敵アメリカを聖なる祖国の岸辺から駆逐してくれると信じていた。二発の原子爆弾と大量の破壊的な通常爆弾による空襲という形を採った近代科学が、野蛮にも彼らを再教育した）。

モンゴル帝国の西への拡大は、東ドイツにまで達した。ハンガリー王国は一二四一年のモヒの戦いで完敗し、東欧における最後の効果的な反抗は粉砕された。モンゴル人の数、戦略、兵器の効果からすれば、彼らにとってそのまま大西洋岸まで征服を続けない理由はほとんどないと思われた——そしてそれこそ、確かに彼らが宣言していた意図であった。だがその時、帝国の支配権を巡る権力闘争の報せが届いた。

チンギス・ハーンは一二二七年に高齢で死んだ。息子オゴデイが後を継いだが、彼もまた一二四一年に死んだ。そこでヨーロッパ侵攻の指導者たちは自らが権力を奪取せんものと急ぎとって返した。そしてヨーロッパにとっては幸運なことに、彼らはその際、王位継承戦の支援として自らの軍隊も伴って行った。生き残ったヨーロッパ人は、モンゴル人の群れは全体どこに消えたのかと訝り、彼らの奇蹟のような遁走を専ら祈りのお陰と考えた。

一二六四年、チンギス・ハーンが権力を掌握してからわずか五八年後にモンゴル帝国は分裂し、小王国の集合体となった。だがいわゆるモンゴルの平和《パックス・モンゴリカ》はさらに一〇〇年にわたって続いた。チンギスの帝国の名残はアジア一帯に一定レベルの文明と交流を保った。それは紀元前四世紀のアレクサンドロス大王の短い日々以来、全く知られていなかったものである。

モンゴル人は――征服から――統治へと落ち着くや否や、比較的理性的で穏当な支配者となった。そしてモンゴル人の保護の下、シルクロード――中国からヨーロッパにいたるは国際貿易を通じてこの大陸全土を豊かにした。帝国を築き上げていた年月の間に推算三〇〇〇万人を虐殺した文盲の野蛮人の群れが残したにしては、悪くない遺産である。

歴史上、最後の大いなる群れの侵略はそのようなものではなかった。主としてそれが野蛮な荒野にではなく、地球上で最も進歩した文明のひとつに発祥したがゆえに、ヨーロッパ人の征服と植民地化――一四九二年から現在にいたる――は南北アメリカ両大陸、シベリア、オーストラリアを蹂躙した。また一時的にはインド亜大陸、アフリカ、中国、極東、そして太平洋の島々まで支配下に置いた。これらの場所ではヨーロッパの支配者の人口的インパクトは最終的にはあまり顕著ではなかったが。

それまでの群れによる侵略と同様、ヨーロッパの爆発的な拡大のきっかけとなったのはその故地では支えきれぬほどの人口の急増であった。また同じくそれ以前の群れの侵略と同様、ヨーロッパ人は外国の土地を征服し、これを独占した――しばしば原住民を追放し、支配し、あるいは皆殺しにして。彼らの侵略が成功したのは、新たなテクノロジーを活用したからである――巨大な外洋船での移動、馬や火器についてはは何も知らぬ地域への火薬や騎兵の導入。そして以前の群れと同様、彼らは植民地に絶え間なく人々を流入させ、単なる数の力だけで敵対勢力を圧倒した。

ヨーロッパの侵略者は大量虐殺を行ない、原住民を奴隷化し、自らを支配人種とし、彼らの見知らぬ文化と宗教を、抑圧した原住民に強制的に押しつけた。実際、ある始点からみれば、ヨーロッパの帝国主義時代とモンゴル帝国の違いは、支配者としてのモンゴル人はヨーロッパ人ほど独善的ではなかったということくらいのものだ。

ヨーロッパの植民地時代を擁護する者は、ヨーロッパ人が世界中に産業発展、近代医学、秩序ある政府、啓蒙思想を流布させた点を指摘する。だがその天秤のネガティヴな側面は、とてもそれで差し引きゼロにできるようなものではない。

歴史のこの段階における人間の生に対するコストは、とてもではないが精確に計算できるようなものではない。終わりなき植民地・帝国主義戦争——カリブの島々からインド、ヴェトナム、アフガニスタンまで。グローバルな奴隷産業。ネイティヴ・アメリカンとオーストラリアの住民に対するジェノサイド。人種隔離政策。雑婚禁止とアパルトヘイトの法令。天然痘、梅毒、HIVなどの致命的な疫病の地球規模の拡散、無能な帝国の官僚による——あるいは原住民の人口を「間引く」という意図的な政策による——飢饉。地球の裏側にある国を豊かにするための天然資源の強奪、アルコール、煙草、阿片、コカインなどの危険で中毒性のある物質の押し売り、そして生まれ故郷からの移民を強制された何百万というヨーロッパ人の莫大なコスト——故郷の貧困、不正、そして戦争を逃れるための。

ヨーロッパの人種的ヘゲモニーが現在もなお地球上で最も強力な文化的・軍事的力であることからして、ヨーロッパ人の群れの大量移民による「肉屋の勘定書き（死者名簿）」は今もなお増え続ける一方だと言えるだろう。

だが侵略戦争は必要だとか、ましてや英雄的だとかみなされうるのか？　間違いなくわれわれの祖先の多くはそう感じていた（一般に、戦場で前線にいた祖先はその限りではないが。ジョージ・オーウェルが述べたように、戦争で一番珍しいのは、自分の身体に銃創のある好戦的愛国主義者である）。二〇世紀になっても、主戦論者や国家主義者は領土の拡大を、その結果としての戦争を、文化的必然とみなしていた。実際、多くの人は帝国主義的戦争を起こるべくして起こったものと考えた——もしも自分たちの側が勝つならば。「ローマの平和《パックス・ロマーナ》」「白人の責務」「明白な天命」そして「生存圏《レーベンズラウム》」などのフレーズはいずれも、領土、死活的資源、そして奴隷化された人々の身体を強奪することを正当化するために用いられたものである。

殊に現代において、「栄えある戦争」と同義の一つの名前がある。戦場の将軍としての大殊勲が、ある者にとっては、彼がかつての行動規範を裏切って何百万もの不要な死を引き起こした全体主義の独裁者であるという事実を曖昧なものとしてしまっているのだ。

二〇〇二年の晩冬、リトアニアの首都ヴィリニュス郊外の廃兵舎にブルドーザーを掛けていた労働者が大量の屍体を発見した。屍体は出鱈目に投げ込まれていたわけではない。軍隊的な規律正しさで列と層に整理されていた。そしてその多くは依然として暗青色の軍服の屍衣に包まれていた。

この死せる男たちはヨーロッパ史上、最も成功を収めた軍隊に属していた軍人である――ナポレオン・ボナパルトの大陸軍《グランダルメ》。自分たちよりも大きな軍を相手に連戦連勝、いつだったか正確な日付は覚えていないが、フランスをエジプトからスウェーデンまで、ポルトガルからロシアまで広がる大帝国に拡大した。そしてそこで、凍えるリトアニアの地で、その内の二〇〇〇〇人を横たえた――暴力による死の痕跡も無く。全員が飢餓と病と消耗と、そして特に酷い寒さのために死んだのだ。彼らは司令官の途方もないヴィジョンに付いて来ていた。そしてその結果、彼の戦略的天才が出し抜くことのできない敵にやられて死んだのだった――東欧の冬に。

その権力の絶頂にあって、ナポレオンは外国にいる多くの敵から「怪物」と渾名されていた――恐るべきは、彼の名声である。だが彼はセント・ヘレナに流刑になって頓死した。わずか五二歳。驚くべきことではないが、当時、彼は逃亡して再び世界を恐怖に陥れることを防ぐために暗殺されたのだと信ずる者がいた。

ナポレオーネ・ディ・ブオナパルテは一七六九年、貧乏貴族の息子としてコルシカ島に生まれた。一〇代にしてナポレオーネはパリの陸軍士官学校に入った（そして名前をよりフランス風の、田舎臭くない「ナポレオン・ボナパルト」と改めた）。彼は瞬く間にフランス軍の階級を駆け上がり、革命中は共和主義者となり、革命軍を率いてきたイタリアのオーストリア進駐軍を破ってからは国民的英雄となった。

それから彼はエジプトを侵略した。そこからインドの英国領を討とうと考えたのである。だがナイルの戦いでネルソン提督に敗れ、フランスへの退却を余儀なくされた。そこで彼は衰えつつある革命政府に対して権力を掌握、一七九九年に自らを第一執政――名前以外はあらゆる意味で独裁者――とした。かつてはラディカルな共和主義者であったナポレオンは、一八〇四年には自らフランス皇帝として戴冠した。

ボナパルトと彼の大陸軍は一八〇五年一二月二日、オーストリアとロシアの連合軍をアウステルリッツの戦いに破った。次に一八〇六年、ナポリ王国とオランダ共和国を併合、兄ジョゼフと弟のルイをそれぞれの王位に就けた。同じ年、プロイセン（現在のドイツ北部とポーランド西部）が反フランス連合に加わったが、ナポレオンはイエナとアウエルシュタットの戦いでプロイセン軍に大勝した。ロシア軍もまたフリートラントの戦いで決定的な敗北を喫し、そして一八〇七年、皇帝アレクサンドル一世はフランスとの間の和平条約に調印した。それからナポレオンはヴァーグラムの戦いでオーストリアのなけなしの残存兵力を殲滅した。彼の将軍たちはまたスペインとポルトガルのほとんどを奪取し、かくしてナポレオンは一八〇九年には西ヨーロッパのほとんど全ての絶対的な支配者となっていた。

それから敗北が来た。非征服地であった英国が未来のウェリントン公爵率いる軍をイベリア半島に派遣し、そして一八一四年までにナポレオンの将軍たちはピレネーを越えてフランスへの退却を余儀なくされていた。だがその頃には、事態はナポレオン帝国の東側ではるかに悪化していた。

フランスは一八一二年にロシアに侵攻した。ボロディノの戦いでの敗北以後、皇帝軍は退却し、戦いを拒否していた。ナポレオンはモスクワを占領したが、退却するロシア人はその都市の大半を焼き払い、フランス軍の軍事拠点としては使い物にならないようにしていた。ナポレオンは戦略的撤退を図ったが、彼の軍はロシアの冬とロシアのゲリラ攻撃で事実上、壊滅した。モスクワからフランスへの退却の間に、大陸軍の六〇万人の兵士の内、五七万人が雪中に死んだ。

フランス帝国は明らかに終わった。ナポレオン自身の将軍たちも降伏を建議し、勝利した敵連合軍に彼の身柄を引き渡した。彼は二〇〇〇人の儀仗兵と共に地中海のエルバ島に流刑となった。だが一年もしないうちに彼とその小さな軍は脱出し、パリに進軍した。彼を殺すために派遣されたフランスの王党派軍は寝返って彼に加わり、数週間の内にナポレオンは再びフランスの支配者となった。

今やナポレオンは敵たちに和平を呼びかけたが、信用されるわけもなかった。そこで彼は、敵がフランスを侵略する前にベルギーで彼らを討った。ワーテルローの戦いでは、勝つ寸前まで行った――負けたのは、深い泥濘み、ウェリントン公爵の指揮官としての手腕、そして英国とオランダ、プロイセン軍の不屈の精神が合わさったためである。

彼の新たな流刑地はセント・ヘレナ島だった――中部大西洋岸のアフリカ沖である。さしものナポレオンですら脱出は不可能なほどの遠隔地であった。

一八二一年にわずか五二歳でナポレオンが死ぬと、検屍による死因は「胃癌」とされた。間違いなく当時は説得力あるものだった。よく知られているように、ナポレオンの肖像は常に右手を胴着の下に入れて胃を支えている。常に胃潰瘍に苦しんでいたからだ――幼少時のバクテリア感染、それから指導者としての絶え間ないストレスによるものだが、その後、モスクワからの退却の際の恐るべき寒さによって悪化した。このような重度の潰瘍はしばしば、胃癌の前駆となる。

だが二〇〇七年に行なわれたナポレオンの毛髪標本の検査で、大量の砒素が発見された。緩慢な砒素による死と、胃癌による死は極めて類似しており、いずれも胃の内壁にダメージがある。その後、二〇〇八年、当時のナポレオンの家族と、無関係の人々の毛髪標本の検査の結果、双方から同様の量の砒素が検出された。この毒は一八世紀と一九世紀においては多くの商品に用いられており、それが自然に環境へ漏出したものこそがナポレオンの毛髪の高レベルな砒素の原因と思われる。無論、英国人の牢番が遅効性の砒素でナポレオンを毒殺したという可能性は残るが、彼の環境自体にこの毒が高レベルで含まれていた以上、それを証明することはできないだろう。

本書に登場する全ての独裁者の中では、ナポレオンはほぼ間違いなく、最も慈悲深い。彼の治世は一般に臣民の生活を向上させた。たとえそれが、フランスのナポレオン法典――合衆国の先進的な憲法と肩を並べる市民法典――がヨーロッパ史上類を見ないほど平等な司法制度を生み出し、流布させたからであるにしても。皇帝ナポレオンは単なる軍司令官ではない。学問のパトロンであり、敏腕な改革者であり、そして殊に、アレクサンドロス大王に匹敵する冒険家だった。ワーテルローでの敗北から一〇年を経ずして、バイロン卿がナポレオンを詩的に「稲妻」と呼んだのは何の不思議もない。

だが彼の征服戦争は主としてフランスの善のためですらなく、ナポレオン自身の自尊心のためであったということを忘れてはならない。彼を個人的に知っていた当時の人々の話によれば、ナポレオンが極端に自己中心的な性向の持ち主であったことは明らかである。彼はまた、常に身を蝕むような欠如の感覚に苛まれていた——彼のしばしば惨めで屈辱的な家庭生活に表れているように。

(ナポレオンの不幸な時期に関する実話がある。彼は廷臣たちと兎狩りをして一日過したいと願った。そこで何百羽という兎が育てられ、当日に放たれた。多くの的を確保するためである。だが兎たちは皆丹精込めて育てられ、すっかり人に馴れていた。人間を餌をくれるものとみなした兎たちは、ナポレオンと狩りの一行が到着するや、嬉しそうにぴょんぴょん跳ねて集まってきた。皇帝——終生猫を嫌っていた——は、殺到する小さな毛皮の動物の絨毯を見てパニックを起こし、慌てて馬車へとって返すと、帰還を命じた。砲火の下でも常に冷静沈着であった男——そして後には自分を殺す、もしくは捕えるために送られてきた軍隊すらも威圧した男にとって、その小動物は耐えがたいほど狼狽させるものだったのだ)。

ナポレオンは、将軍職に就いた最初の頃の輝かしい日々こそ甲斐甲斐しくフランスに仕えていたが、自ら皇帝となって以後は、ひたすら勝利と拍手喝采を求める彼の終わりなき欲求がフランスの支配をまずは過剰な拡大へ、次に破局的な敗北へと導くこととなった。

一八世紀の変わり目のフランスに真に必要であったのは、大ヨーロッパ帝国などではない。それが必要としたのは、革命の混沌に続く社会的回復の時期であった。だが皇帝ナポレオンの終わりなき野心は自らの力量をさらに証明できる戦争を要求した。否定しがたい栄光の年月にも関わらず、彼はフランスに、彼が権力を掌握する以前よりもさらに酷い窮状をもたらすこととなった。

結局のところ、ナポレオン・ボナパルトは優れた戦争指揮官だった。だがそれだけである。戦争がない時、彼は明らかにこの欠如感を甚だしく感じていた。そこで彼は不要な戦争を始めた。それらの戦争で、ヨーロッパは七〇〇万人ほどの人命を失った。

永遠に続くかのような軍備拡張競争が戦争の歴史の主要部分である。敵より先に優れた武器を得ることは常に人間の生存のための枢要な要素であった。

最も原始的な武器の一つを考えてみよう。槍である。槍を持った男は手斧や棍棒の男を容易に殺すことができる。なぜなら相手の攻撃が届く範囲に来る前に突き刺すことができるからだ。もしも両者が槍を持っていれば、槍の柄の長さと脆さ、穂先の鋭さの差が、生と死の差になり得る。あなたの祖先のかなりの割合が、このような些細に見える軍事技術の違いのために死んでいったことだろう。

兵器テクノロジーの絶えざる発達とそれに対抗する発達は、歴史を通じて決定的な要素であることが証明された。石の手斧の発明は槍の射程によって対抗された。槍は投槍器や投石器、投げ槍、弓などの射出武器によって対抗された。射出武器は革の鎧や盾によって。遮蔽壁を――最も基本的な、だが効果的な陣形――形成した男たちは互いを守りながら敵を攻撃することができた。二輪戦車とその傍らで射出武器を装備した散兵は敵の陣形を破り、より多くの損傷を与える。知識豊富な司令官率いる良く訓練された兵士は陣形を破られたり、戦場で恐慌に陥ったりすることが少ない。鞍と鐙で馬の上に身体を固定した重騎兵は訓練された歩兵の陣形をも破ることができる。冶金学の進歩により、より長く鋭い剣とより頑丈で装着しやすい鎧ができた。より高度な射出武器、例えばイタリアの弩やイングランドの長弓、モンゴルの多段弓は、一〇〇歩も先の板金鎧の騎士ですら殺すことができた。火薬兵器は単なる喧しい攪乱用具（敵にも味方にも損害を与える）から、決定的な戦場兵器へと進歩した。大砲――元来は攻城戦において街壁を破壊する用途だったもの――は、爆薬を詰めた砲弾の発明によって本領を発揮するようになった。戦場に（あるいはその近辺に）いる者は誰一人として、どこであれ完全なる安全を感じることはできなくなった。銃身に旋条のある銃を持つ兵士はより遠い距離を精確に射撃し、ゆえに旋条のないマスケット銃を使う部隊を皆殺しにできた。一人の機関銃手は、一〇〇人のライフル銃部隊を虐殺できる。爆弾を積んだ飛行機——あるいは戦車《タンク》のような装甲車——は、塹壕に籠った機関銃隊をも殲滅できる。重武装の戦闘機は多数の爆撃機や戦車を破壊できる。

かくしてわれわれは大量破壊兵器（WMD）へと到達した。化学、生物、そして原子力。一九四五年八月——核兵器による広島と長崎の破壊——以来、終わりなき歴史上の軍拡競争は根本的にその性質を変えた。WMDに効果的に対抗する唯一の方法は、敵がそれを使う前に無力化することである。さもなくば味方側にとっての紛争のコストは余りにも莫大なものとなる。そもそもの開戦目的が何であったにせよ。

（J・ロバート・オッペンハイマーはマンハッタン計画——最初の核分裂による原子爆弾の研究、建造、試験を行なう米軍の作戦——における指導的な科学者であった。一九四五年、彼はホワイトハウスに迎えられ、計画の成功をハリー・S・トルーマン大統領から熱烈に祝福された。だがオッペンハイマーは、自分は科学自身の原罪を生み出す手助けをしたという恥辱に取り憑かれていると応えた——今や、物理学の手は血に塗れてしまったと感じざるを得ないと。この会見の後、トルーマン——二つの無力な敵の都市に原爆投下を命じた人物——は側近に言った、もう二度とオッペンハイマーの顔は見たくないと）。

一九四〇年代後半と一九五〇年代前半の最も華々しい思想家——科学者アルバート・アインシュタイン、ジャーナリストのジョージ・オーウェル、歴史家アーノルド・トインビー、そして哲学者バートランド・ラッセル——ですら、核戦争はほとんど不可避であると信じていた。結局のところ、新しく極めて効果的な兵器が、軍事的・政治的優位を得るためにその発明者によって直ちに使用されなかったことがあるだろうか？ だがわれわれはまだここにいる、そして長崎以後、大量破壊兵器によって壊滅した都市は無い。

ＷＭＤで武装した敵を無力化するには二つの方法しかない。第一は、敵がこちらを攻撃する前に完全に破壊してしまうこと――壊滅的な先制攻撃――である。だがこの戦略のリスクは恐るべきものとなる。敵のＷＭＤの攻撃能力の全てを粉砕しなければ、こちら側は最善の場合でも重い代価を支払うことになるのだ。自分自身を殺してしまうかも知れない――あるいはもし死ななくとも、怒り狂った自国民に嬲り殺しにされるかもしれないような戦略を実行に移したいとする指導者がどれだけいるだろうか？

そして一九五〇年代半ば、科学者たちは新たに開発され配備された熱核反応による「水素」爆弾を用いた「限定的」核戦争ですら、全地球的な副作用を及ぼしかねないという事実を発見した。このような大量の放射能を放出する爆発は、単に一つの都市全体とその周辺地域を消滅させるだけではない。成層圏まで届く大量の放射性の灰を発生させるのだ。すると高度の大気風がこの放射性の降下物を地球全体にばらまき、それが降下した地点のあらゆるものを汚染し、遺伝的損傷を与え、あるいは殺す。この発見の衝撃を感動的に語る事例としては、ネヴィル・シュートの一九五七年の小説『渚にて』をお読み頂きたい。そこでは北半球の核戦争の結果、確実なる死をもたらされることとなったオーストラリアが、苦痛に満ちた数ヶ月を座して待ち受ける。

だが冷戦と核軍拡競争は衰えることなく続いた。実際、それは一九八〇年代初頭に、核弾頭を用いた武力戦争はほとんど確実に「核の冬」を引き起こすことが判明して以後も続いたのである。「核の冬」とは核爆発から放出された塵が全地球的規模で多年にわたって日光のほとんどを遮断する現象である。これが次に短期間の、だが特に苛酷な氷期をもたらす。放射性降下物の効果と相俟って、この寒さは確実に全人類を滅ぼし、おそらく微生物よりも大きな植物も滅ぼしてしまうだろう。

冷戦（一九四七―九一）の時期に少なくとも二度、政治的瀬戸際政策によって世界は超大国同士の全面核戦争――米軍によって公式にMADと呼ばれている、すなわち「相互確証破壊」の略である――の瀬戸際まで追い込まれた。

一九八三年七月、ソヴィエトの書記長ユーリ・アンドロポフは合衆国に対して、二つの超大国は核戦争の「レッドライン」に危険なまでに近づきすぎていると警告した。だが合衆国大統領ロナルド・レーガンはソヴィエトのアフガニスタン侵攻に激怒し、この警告をロシアの「青息吐息」を示すものであるとして拒絶した。一九八三年三月、彼は公にソヴィエト連邦を「悪の帝国」と呼んだ。この政治的レトリックはソヴィエトを激昂させた。彼らは自らを人類の英雄とみなしていたからである。一九八三年九月、緊張はさらに高まった。韓国の民間航空機がソヴィエト領空に迷い込んで撃墜され、搭乗していた二六九人が死んだのである。その中には合衆国のジョージア州下院議員も含まれていた。

その月の内に、OKO――核を搭載した大陸間弾道弾の接近を探知するソヴィエトの早期警戒レーダー・システム――が、米本土から発射された一発のミサイルを報告した。任務に当たっていた高官であるスタニスラフ・ペトロフ中佐は、その報告は偽警報であると判断してこれを無視した。それから数分後、彼の確信は揺らいだに違いない。さらに四発のミサイルが合衆国から発射されたとOKOが報告したのだ。だが彼は勇敢にもその警告を上官に報告することを拒否した。そんなことをすれば、盲目的な恐慌に陥った彼らは報復のためにミサイルを全弾発射するかも知れないと恐れたのだ。実際、ペトロフは正しかった――感知された「発射」とは、システムの技術的不調の結果に過ぎなかったのだ――だがにも関わらず彼は「非致命的職務」に降格され、後に神経衰弱を患った。

それから一九八三年一一月、NATO（ソヴィエトに対抗する国々の軍事同盟）は「エイブル・アーチャー」を実施した。軍隊と本部司令部がヨーロッパにおける地上戦と核戦争の手順を予習する全面的軍事演習である。この時に頂点に達していた緊張を考慮すれば、これは極めて危険な行為であった。ソヴィエトの将軍たちは、エイブル・アーチャーはNATOによる先制攻撃の隠れ蓑であると信ずる直前まで行った。病で（後に明らかとなるが）死にかけていたアンドロポフはあまりにも脆弱で、恐慌を起こした将軍立ちの手綱を執ることができず、現在ではこの時核戦争を避けることができたのはリーダーシップというよりも幸運の賜物であったと一般に認められている。世界の大衆は一九八三年の致命的な緊張に気づいていたが、われわれがどれほど絶滅の瀬戸際まで行っていたのかを認識するのは冷戦の終わり――そしてソヴィエトの軍事文書の公開――の後のことであった。

当時、もっと一般に知られていたのは、悪名高い一九六二年一〇月のキューバ・ミサイル危機である。ここで私は世界を救った三人の男たちに感謝を献げたい――ジョン・ケネディ、ニキータ・フルシチョフ、そしてオレグ・ペンコフスキーである。オレグ・ペンコフスキーはGRU（国防省参謀本部諜報部）の大佐であった。一九六〇年、彼は自発的に英国諜報部（MI6）のためのスパイとなってその最高位に就き、かくしてUSSRにおける最も有用な秘密諜報員となった。

二年後、キューバのミサイル危機が、共産主義キューバに対するソヴィエトの核ミサイル配備を巡ってアメリカ人とロシア人を戦争の瀬戸際へと追い込んだ。米本土に余りにも近いため、もしもそのようなミサイルが発射されれば反撃する間もなく合衆国は攻撃を受ける――キューバはUSSRにとって完璧な先制攻撃基地となる。この発見の瞬間からペンタゴンは合衆国大統領ジョン・F・ケネディに、ソヴィエトの動きにきっぱりと対抗するためにキューバへの全面侵攻に同意させようとした。

ペンコフスキーは命を懸けて、切迫した情報を西側へ届けようとした。彼は既にキューバに配備されたソヴィエトのミサイルはまだ発射できないと報告した。これによりケネディは死活的な熟考の機会を得た。彼はその時間を活用して忠勇無双の統合参謀本部を抑え、外向的解決を実現させた。

当時のソヴィエトの書記長ニキータ・フルシチョフは西側においては時にジョークのネタにされていた人物である。英国の首相ハロルド・マクミランはかつてこう訊ねた、「この肥え太った、鼻持ちならない、豚みたいな眼の、四六時中くっちゃべってる男が、どうやってこの何百万もの人間の頭目――大志ある皇帝《ツァー》になれるんだ?」。実際、フルシチョフは自ら間抜けを演ずることでスターリン時代の末期を生き延びたのである。かの殺人狂で被害妄想の独裁者は、彼がパーティで泥酔して自ら笑い物になるのを見るのが好きだった。ゆえに彼を処刑しなかったのだ。

一九五三年三月にスターリンが死ぬと、フルシチョフはその後の二年間、ソヴィエトの指導者への道を掻き分けて進んだ。だが彼は単なる狭量なパーティ芸人などではなかった。一九五六年の第二〇回党大会で行なわれた「秘密報告」において、彼は過去二〇年間の粛正と、そしてスターリン自身までをも批判した――曰く、スターリンは「しばしば弾圧と物理的絶滅への道を選んだ、実際の敵に対してのみならず、党やソヴィエト政府に対して何の罪も犯していない個人に対しても」。言い換えれば、彼はスターリンを人殺しと呼んだのである。それからフルシチョフは、ソヴィエト政府の明らかに抑圧的でない時代を創り出した。

ニキータ・フルシチョフは常に陽気で、ちょっと間抜けな百姓のような雰囲気を醸し出していた――マクミランのような尊大な俗物にとっては不愉快なことに――だが彼は、本質的には極めて聡明で実利的な男であった。彼はかつて、国際政治について次のような冗談を言ったことがある。「私は皇帝の武官ではないから、仮面舞踏会で放屁しても拳銃自殺なんてしなくても良いのさ。戦争へ行くくらいなら引き下がった方がましだ」。そこでジョン・ケネディが、衆知のソヴィエトのミサイルをキューバから引き上げてくれるならその見返りとしてトルコに配備してあるアメリカの秘密のミサイルを引き上げようと提案した時、フルシチョフはそれを最終的に受け入れたのである。だがこの外向的返答が確立され効力を発揮するまでの一三日間、世界は核戦争の瀬戸際に置かれたのであった。アメリカ側の取引を知らない世界の大衆はソヴィエトが屈辱的な譲歩をしたと考えた。

ケネディはそれからちょうど一年後に暗殺された。その当時ですら、ペンタゴンのキューバ侵攻計画は間違いなく第三次世界大戦の引金になることは明らかであったのに、米軍の古参軍人は依然としてケネディが「怖じ気づいた」ことを許していなかったのである。陰謀論者によれば、それゆえに彼らはケネディ暗殺の筆頭容疑者とされている。

〈ケネディは「単独武装犯」リー・ハーヴィ・オズワルドに殺されたと今も信じている人には、〈合衆国下院暗殺問題調査特別委員会〉による一九七八年の報告書を読むことをお奨めしたい。その結論によれば、あの暗殺の際に少なくとも四発の銃弾が発射され、その内の三発がオズワルドによって発射された可能性がある。一人以上の暗殺者が存在した場合、それは法的定義によって、共同謀議となる〉。

ケネディが殺された時点でペンコフスキーは既に死んでいた。キューバ・ミサイル危機が最高潮に達した時にソヴィエトによって逮捕された彼は、スパイ罪で有罪となり、一九六三年五月に処刑されたのだ。核によるホロコーストはケネディの冷静な頭脳と、戦争のリスクよりも公の屈辱を採ったニキータ・フルシチョフの実利主義によって回避された。だが彼らはおそらくペンコフスキーが漏洩した情報によって確保できた時間が無ければそれを成し遂げることはできなかっただろう。ほとんどの資料によれば、ペンコフスキーは銃殺されたという。だが一部の資料によれば、彼は担架に縛り付けられ――生きたまま――炉の中に投げ込まれたとされている。裏切り者に対する見せしめとして。キューバ・ミサイル危機に見られる如く、ＷＭＤで武装した敵に対するもう一つの対抗策は外交である。あらゆる予想に反して、この第二の戦略こそがわれわれに四五年にわたる冷戦の時代を生き延びさせ、今や徐々に世界中のＷＭＤの備蓄を削減しつつあるものなのだ。外交――灰色のスーツの男女の仕事。彼らは日夜、国連のような場所で国際関係の些細な事柄を調整するというんざりするような作業に従事している。このような人々がいなければ、地球は今頃、生命の存在しない、放射能に満ちた岩の塊となっていたかも知れない。

原子力時代に外交がこれほど強力な道具となったのには理由がある。第二次世界大戦後の比較的平和な時期は「恐怖の均衡」と呼ばれた。超大国――特に合衆国とＵＳＳＲ――は諜報員を駆使し、脅迫を弄し、他の国々に通常戦争、内戦、クーデタを煽動した。だがＷＭＤで武装した国々はお互いに直接的もしくは決定的に戦うリスクを余りにも恐れた。その結果に対する相互の恐怖は、互いに均衡を取って神経質な現状維持に落ち着いた。もしかしたら戦争挑発が、実際に停まったとは言わないまでもある程度減速していたこの長い期間こそが、人類に長期的な影響を及ぼしたのかも知れない。

三世代にわたって、地球人類はたった一つの政治的失策がわれわれを生きながらに焼くということ、あるいは放射能汚染によって緩慢かつ苦痛に満ちた死を宣告されるということを理解して生きてきた。あるいは、たった一本の壊れた試験管がエボラのように致命的で風邪のように感染力のある人工のウィルスを解き放つかも知れないということを。人類全体がこのような状況の下で侵略主義的な紛争を起こすことに対して常に慎重にならないということは考えられないだろう。

冷戦前の新聞のアーカイヴを読めば、誰もがそこに、無条件の愛国主義的ナショナリズムを認めるだろう。一九四七年以前にはそれは余りにも支配的だったのだ。それが明らかに、ここ半世紀の間に政治的影響力を減衰させた。一九一四年八月、ヨーロッパ中の若者が入隊受付所に殺到し、まるでこれから始まるのが世界大戦ではなく、国民の祝日であるかのように熱狂的に祝った。一九三九年、大戦の体験に傷ついた人々は、明らかに第二次世界大戦への参加に対する熱狂の度合いが薄れていた。だが実際に反対運動に身を投じた者はほとんどいない。二〇〇三年二月、世界中の一五〇〇万以上の人々が差し迫った合衆国主導の対イラク戦争に反対した。ギネスブックによればこれは人類史上最大の抵抗運動だった。

（二〇〇三年のイラク戦争は、ＷＭＤの影響による「恐怖の均衡」が定めた歴史的パターンから外れているように見えるかも知れない。合衆国とその同盟国はイラクが不法な大量破壊兵器を保有していると宣言し、実際、それが侵略の公式の理由となった。それ以前の半世紀の間、ＷＭＤを保有する国による、同じくＷＭＤを保有する国に対するこのような攻撃が行なわれたことはない。それはあたかも合衆国、連合王国およびその他の同盟国の指導者たちが、実際にはイラクに大量破壊兵器など存在しないということを知っていたかのようであった――そして実際、イラク敗北後の調査の結果、その通りであることが判明したのである。だが無論、本当に彼らが知っていたのなら国際法に則ってこの戦争は非合法となり、侵略を煽動した指導者たちは征服戦争を行なった戦争犯罪者として断罪されていただろう）。

少なくとも、戦争のリスクと非人間性は、論争を解決するために大規模紛争に訴えるという人類の習慣を破り始めたように思われる。『人類文化史』――地球上の生命の記録を鮮やかに概観した一九二〇年の著作――において、著述家Ｈ・Ｇ・ウェルズは次のように結論している。

> 人間の歴史は益々教育と破滅との競争になつて来る……新しい不正が起つて来て、暫くの間、

社会を破滅的の運命を有する不正な規則の下に置く様なことがあるかも知れないが、結局は幾世代もの殺戮、悲惨な状態を経た後に崩壊してしまふだらう。

併しながら世界は曲がりなりにもせよ、又順調にもせよ、兎にも角も現在は進歩して居るし、未来にも亦進歩を続けて行くことであらうと思はれる。

近年の暴力犯罪の低下、そして一世紀の三分の二以上にわたって世界大戦が生じていないことは、われわれの教育された知性が遂に、われわれの破局的なまでに野蛮な傾向を超えてじりじりと前へ進め始めたことを示すのかも知れない。だが戦争と戦争挑発行為は無くなったというには程遠い。ベルトルト・ブレヒトの母胎は今も欲情している。カート・ヴォネガットの氷河は今も軋んでいる。

第12章 「弟の番人」

異星の観察者にとって内戦は人間の紛争の中で最も典型的なものに見えるかも知れない。最下層のレベルにおいては、家族の殴り合いは一種の内戦と言えるだろう。あるいは、秤の反対側では、人道主義者はあらゆる紛争は内乱であると言うかも知れない、なぜなら人類は――哲学的にも発生学的にも――一つの大きな、そして多様な家族だからだと。

大部分の人は、内戦とは一つの国を二分する紛争であると言うだろう。だがナショナリズムという概念は比較的新しいものであるということに留意せねばならない。啓蒙思想の時代まで、ほとんどの人が忠節を尽すのは自分の家族、宗教、民族、街、および／あるいは主君たる貴族であった。それら全てをひっくるめた国というのは曖昧かつ迂遠な観念であり、日常生活に影響を及ぼすことはたとえあったとしても滅多に無かったのだ。ほとんどの者は生まれた場所から一マイルか二マイル以内の範囲で一生を過し、外国人について聞くのは空想的な物語の中だけ。一八世紀になってようやく――海外旅行の増加、教育の普及、新聞、その結果としての政治的地平の拡大によって――「国民国家」という概念が人々の基本的な忠節の上に来るものとして広く受け入れられるようになった。

ナショナリズムという強力かつ決定的な概念がなければ、内戦はむしろ政治的な縄張り争いか、度の過ぎた家同志の確執のように見える。実際、あるレベルにおいてはあらゆる内戦は全ての無文字・非都市社会に存在していた終わりなき部族同志の確執の延長に過ぎない。だが、得てしてそうだが狭量かつ無意味なことに、われわれはまだそれを根絶するにいたっていない。内戦は一般に最も悪意と復讐心のある戦争であり、近代の、帝国主義以後の世界では最も良くあるタイプの戦争である。

実際、内戦の最も広い定義――通常は同国人、親族、仲間の信徒と呼ぶはずの人間と戦い、殺すこと――の中には、革命、叛乱、異端を巡る宗教内部の闘争も含めねばならないだろう。この観点から見れば革命は単なる内戦であり、支配権力が引きずり下ろされた場合をそう呼んでいるに過ぎない。叛乱は支配者が生き延びた内戦である。そして異端の形成と迫害、そして勝利は宗教の進化の重要な部分である。このような教義上の内戦がなければ、あらゆる信仰は未だに自然の精霊を宥めるために人身御供を献げていただろう。

シリア内戦は、私がこれを書いている時点で猛威を揮っている。二〇一一年三月に始まったそれは、現時点で三年も続いている。その時点で、全体主義ではあったとしても中東で最も洗練されていた国の一つが、野蛮と混沌に引き戻された。少なくとも一〇万人の市民が殺された。二三〇万人以上の難民が近隣諸国に逃れた。ホムスのような都市は絶えざる砲火に曝された。都市部への攻撃に神経ガスのサリンが使用された。裁判無しの拷問と処刑がいずれの側でも普通に行なわれた。そして狙撃部隊が、さまざまな異なる種類の被害者の特定の身体の部位を撃つ競争をして煙草を賭けていると伝えられている。例えば、身重の女の腹を撃つとか。それでもシリア内戦は、たとえ今後一〇年続いたとしても、歴史上の大きな内戦の隣に置くならば顔色を失うだろう。

実際、内戦は文明全体を破壊することもある。例えばギリシアのミュケーナイ文化――時に〈英雄の時代〉と呼ばれる、だいたい紀元前一六〇〇年から一一〇〇年まで――は、その最大の軍事的勝利からわずか数世代後に崩壊した。われわれにテセウスとミノタウロス、ヘラクレスの一二の難業、イアソンとアルゴナウテス、ヘレナと一〇〇〇艘の船、そしてオデュッセウスの航海などの物語を残してくれた文明は、最も暗いギリシア悲劇に相応しい流血に塗れて滅び去った。

皮肉なことに、それは技術と農業の勝利から始まったらしい。中央ギリシアのオルコメノスの街は運河と巨大な堤防を築くことで近隣のコパイス湖から水を引いた――その遺物は三〇〇〇年以上を経た今日でも見ることができる。それによりオルコメノスはその豊饒な新しい農地から大量の穀物を生産した。ミュケーナイの都市国家の人口はその後爆発的に増え、紀元前一三世紀後半には海上からアナトリアを侵略するだけの人力をもたらした。これらは船出した一〇〇〇艘の船、とホメロスは歌う、攫われし女王ヘレナを取り戻し、復讐せんがためと。この侵略は一〇年に及ぶ戦争を引き起こし、その頂点が紀元前一二七五年のトロイア略奪である（第5章参照）。

三世代後の紀元前一二〇〇年頃、オルコメノスは略奪され、焼かれた。伝説によれば、隣接する都市テーベとの戦争である。それに続く放置のためか、あるいはテーベ人の意図的な破壊のために、巨大な堤防は破れ、オルコメノスの豊かな穀物畑は冠水した。

次に起こったことは、考古学的な解釈の問題である。この時代の文書記録がほとんど現存していないからだ。だがわれわれが知っているのは、ミュケーナイのギリシアのほとんど全ての都市が、テーベやミュケーナイ自体も含めて、破壊されてしまったということだ。

小さな地方の権力拠点、例えばペロポネソス半島南西部のピュロスなどは、余りにも素速い攻撃を受けたので、敵が城壁に殺到して宮殿を灰燼に帰そうとしている時、書記は防衛隊の配置の命令書をまだ書いている途中で――神々を宥めるための人身御供を命じているところであった（第８章参照）。だが最後に陥落した都市――「大壁の」ティリュンスや「黄金の」ミュケーナイのような――は、明らかに破壊が迫っているのをよく知っていた。考古学的証拠によれば、彼らは攻城に耐えられるよう、急いで追加の防御壁を造り、深い溜池を掘っていた。だがそれですらこの都市を救うことはできなかった。これらもまた略奪され、焼かれた。

テセウスの神話によれば、彼は後にギリシアの北東の地域であるカフカスのアマゾネス族の女王であるアンティオペーと駆け落ちした。この女ばかりの戦士の部族は、この時、復讐心に燃えてギリシアを侵略し、四ヶ月にわたってテセウスの生まれ故郷であるアテナイを攻城していたが、アマゾネスは最終的には撃退される。

この物語は、ミュケーナイの神々の黄昏《ゲッテルデメルンク》の時代の実際のアテナイ攻城の民衆の記憶に根差しているのかも知れない。考古学の示す所によれば、偉大なるミュケーナイの全ての都市の内、ただ一つアテナイだけが破壊の嵐を免れた。そしてそれはほぼ間違いなく、幸運な地形の悪戯の所為であった。アテナイの巨大な石の高台――アクロポリス、すなわち「頂の都市」と呼ばれた――はたぶん、青銅器時代の攻城技術を用いて攻略するにはあまりに急峻であったのだろう。そこでアテナイ人は、やはり攻城用の溜池を掘り、近隣の全ての都市が破壊され尽している間も、何とか持ちこたえることができたのだ。

同じ頃、近隣の国家――アナトリアのヒッタイト、クレタ、エジプト――もまた海の略奪者の攻撃を受けた。エジプト人はこの海賊を「海の民」と呼び、明らかに彼らを恐れていた。歴史家の間では、〈海の民〉とは実際には何者であったのかと言うことが今も論争の的となっている。エジプト人は彼らを異なる民族と部族からなる混成の「共謀団」と記している。だが故国の混沌と破壊から逃亡したミュケーナイのギリシア人が、海上を行く群れの巨大集団を形成したようにも思える。

紀元前一一〇〇年までにギリシアは暗黒時代に墜落し、それが三〇〇年にわたって続いた。だが、なぜ？　完全なまでに洗練され繁栄していた文明を、一体何がわずか一世紀足らずの間に野蛮と暗黒へと突き落としたのか？　その答えがアマゾネスの侵略ではないことはほぼ確実である――あるいは実際のところ、それ以外のいかなる外敵によるものでも。よりありそうな原因は、飢餓である。

オルコメノスの穀物畑、すなわち「ミュケーナイの穀物籠」の冠水は、人口過剰なギリシアの都市国家に慢性的な食糧不足をもたらし、すぐさま均衡を混沌へと陥れたのだろう。ミュケーナイ文化期のギリシアは人口過剰であったと推測できる、なぜならホメロスが『イリアス』で述べているように、トロイア戦争の間にアナトリアの沿岸に造られたギリシアの植民都市があったからだ。そして最終章で見るように、一つの文化が支えきれない人口増加を扱う際の典型的なやり方は過剰な人口を植民者の群れとして送り出すことである。

だが植民と日和見的な戦争だけではミュケーナイ文化期のギリシアを救うには十分ではなかった。食糧危機が激化すると、近隣の都市から備蓄を奪おうとする絶望的な略奪は万人の万人に対する戦いたる内戦へと突入していっただろう。養うべき口が一つ減れば、養うべき口が一つ減るのだ。古き盟約は忘れられ、諸都市は近隣都市が自分たちを破壊する前に近隣都市を破壊しようとする。

その紛争は余りにも烈しく、近隣の文明にまで累が及んだ。〈海の民〉がエジプトを荒し、クレタを略奪した。そしてヒッタイト帝国はその首都ボガズキョイが破壊されるのを見た。永遠なるエジプトは生き延びたが、クレタ人とヒッタイト人はギリシア人と同じ暗黒時代に転落した。

それから五〇〇年以上後に執筆した古典ギリシア時代の歴史家は、北方の野蛮人の群れ、すなわちドーリア人がその頃のギリシア全域を席捲したと主張する。だがこのような文化を覆す侵略を裏付ける考古学的証拠は無い。現在の歴史家は、全てを破壊した「ドーリア人」とは実際にはミュケーナイの都市国家の一般人であったと考えている。ひとたび飢餓と全面的な内戦によって社会的インフラが壊滅してしまうと、百姓や奴隷は支配者である貴族の宮殿を略奪するために立ち上がっただろう。トロイアを燃やした貴族たちの孫は、彼ら自身の自暴自棄となった臣民によって殺されるか、奴隷にされたのかも知れない。

そして過剰に中央集権的なミュケーナイの宮殿文化が没落すると、筆記、芸術、巨大建築、機械技術、海外貿易の知識もまた消失した。ただ貴族、神官、書記だけがこれらの事柄を学ぶことを許されていた――ホメロスによるミュケーナイ社会の記述に明らかなように――のだが、今や彼らはいなくなってしまった。三〇〇〇年後にギリシアの文明が再び擡頭した時、彼らは基本的に、再び一から造り直したのだ。

そんなわけで、ギリシアの〈英雄の時代〉はそれ自体の燃える都市の煙に窒息して死んだ。その徹底的な破壊の執念深い野蛮さは、六〇〇年後のアイスキュロスの戯曲『アガメムノン』の一節に反映されている――

彼らはわれらが女王を犯した、ゆえにわれらは彼らの都を犯した。正義はわれらにあり！

その他多くの歴史上の重要な瞬間が内戦を引き起こした。だが、それらはさほど終末的であったわけではない。例えば二世紀近くに及ぶ内紛――紀元前一三三年から紀元前三〇年まで――が古代共和政ローマを破滅させたが、おそらくその死者数はわずか数万というところだろう。それは死者のほとんどが軍事衝突で死んだ兵士だからである。意図的に民間人を標的にしたり、政敵を大量に処刑したりすることも間違いなくローマ内戦の間に起こったに違いないが、近代の紛争のような大規模なものは無い。

だがこれらの戦争はヨーロッパ史を変え、世界初の帝国主義的独裁をもたらした――皇帝《カエサル》である。選ばれた元老院の盲判的な支持を得て支配する絶対的な支配者であるローマ皇帝は、現代人の目から見れば政治的進歩には見えない。だが――確かに彼らはしばしば腐敗し、頽廃し、発狂するが――皇帝は彼らの統治権が第一に民衆の意志に由来するのであり、神々の依怙贔屓によるものではないと主張した。われわれの近代民主主義は、ローマ帝国の理想からほんのわずかしか進歩していない……そのいつものやり方から、とは言わぬまでも。

同様に、英国の清教徒革命（一六四二―一六五一）は最初の近代的な議会制民主主義をもたらした。そして合衆国の南北戦争（一八六一―六五）は産業レベルの奴隷制の柩に最後の釘を打った。これらの戦争のコストはいずれも驚倒すべきものであった。清教徒革命は死者一九万、そして南北戦争は七五万である。だがこれらの数字も、歴史上最も恐ろしい二つの内戦と比べれば顔色を失う――いずれも中国で起こったものだ。

安禄山の乱は七五五年一二月一六日に始まった。その日、唐帝国の北部地方の節度使であった安禄山は古き忠節を棄て、自らを新たな燕王朝の皇帝と宣言した。それから大部隊を率いて南に進軍し、残りの唐帝国を吸収しようとした。何度かの野蛮な戦の後、叛乱軍は帝都長安を制圧した。都と周辺地域の住民、およそ二〇〇万人が恐怖に駆られて逃亡、都は略奪された。食糧も隠れ家もなく、多くの者は死んだ。

ますます殺人的な妄想症の徴候を見せ始めた安禄山は、七五七年一月に自らの息子の手に掛って死んだ。生まれたばかりの燕王朝は内破し始めた。叛乱の指導者、および指導者候補は互いに殺し合い、唐軍は徐々に燕軍を後退させた。最後の燕の皇帝は七六三年に敵の手に落ちる前に自害し、唐王朝はゆっくりと再建を始めた。

安禄山の乱の公式の死者数は不明であるが、ほとんど想像を絶するものとされている。七五五年の唐の人口調査では、帝国全体の人口は五二九一万九三〇九人。七六四年の調査では、一六九〇万人と記録されている。すなわち三六〇一万九三〇九人も減っていることになる。死亡者数としてはこの数字は高すぎることはほとんど間違いない、というのも減った分が必ずしも死んだとは限らないからである。唐帝国はこの時点でまだ北方の特定の領土を回復しておらず、当然ながらそれらの地域からの調査データは回収できていない。壊滅的な内戦の直後の人口調査が平時のそれほど精確とも思えない。だが、安禄山の乱の最も控えめな死亡者数ですら、一三〇〇万という驚くべき数字である。これは当時の全世界の人口のほぼ六%に相当する。

では、甘やかされて高望みした貴族同士のわずか八年の喧嘩で、なぜこれほど多くの人が死にいたったのか？　その理由は、高度に組織化された唐帝国の命令系統が略奪軍によって破壊されたために、何百万人もの人が飢えと病で死に逝くままに放置されたからである。中華文明そのものが彼らにとって不利になった、と言うのも機能しているインフラの支援無しに生きていく術を知っている者はほとんどいなかったからである。文明化されていない野蛮人なら、酷い逆境の下でも生き延びることができたかも知れない、なぜなら彼らは自らを養わねばならないことを教えられて成長したからである。文明人――あなたや私のような――は、災厄の最中にどうやって生き延びれば良いかを理解する前に死ぬだろう。

安禄山の乱の間とその直後、農地と輸送網の破壊は生き残った中国人に十分な食糧が手に入らないことを意味していた。彼らは死ぬか、盗賊になるか、人肉を喰うかという陰惨な選択を迫られた。最後の方策に関しては、七五七年の綏陽の攻城の際にこれ以上もないほど恐ろしい証拠が残されている。そこでは「馬が尽きた後、［唐の守備隊は］女、老人、若者に眼を付けた……人々は喰うために子供たちを交換し、屍体を調理した……総計三万人が喰われた……その都が落ちる頃には、生き残った者はわずか四〇〇人であった」[*1]。

第二の中国の大きな内戦はもっと新しいもので、より多くの人が殺されたのはほぼ確実である。全てはとある中年の官吏志望者が試験に失敗し、そして聖なるヴィジョンを見た時に始まった――あるいは、完全に発狂した時に。どう判断するかはあなたのご自由である。

一八三六年、洪秀全三七歳は、彼を中国の知的エリートに仲間入りさせてくれるはずの試験に落第した。実際、その試験に合格して官吏となることができるのは受験者のわずか五％なのだが、秀全はその失敗を重く受け止めた。発熱して病床に就いた彼は、プロテスタントの宣教師から与えられた福音の冊子を読み耽った。起き上がった洪は自らをイエス・キリストの弟であり、満洲族の支配と孔子の教えという双子の「悪魔」を駆逐するために神から中国に遣わされたと確信した。

＊1　旧唐書（九四一）

秀全はカリスマ的な雄弁家で、その奇妙なキリスト教解釈は燎原の火のように広まった——たまま彼の信仰に寄与してしまったプロテスタントの宣教師が彼の教えを知れば恐れをなしていたに違いないが。満州族の政府に対する叛逆は秀全の故郷である中国南部の広西省に始まり、着実に、特に抑圧された農民階級の間に広まっていった。彼らはその改革運動を「太平」と呼んだ。

支配者である満州からの王朝は古く、腐敗していた。彼らは一五世紀以来、北京から中国を治めていた。元来は故地である満州からの侵略者であり、それまでの明王朝に取って代わったのである。中国を支配して二〇〇年、満州族は上級人種による貴族制に典型的なあらゆる悪徳を身に着けていた。彼らは無能であるにも関わらず、自分たちは無謬であると信じていた。退嬰し切っているにも関わらず、自分たちは精神的にも肉体的にも優れていると信じていた。彼らは土着の漢族を憎み、恐れ、大規模叛乱を招くほどまでに彼らを弾圧していた（非満州族はその人種的劣等生の印として髪を長い弁髪にすることを強制された）。そして彼らは自分たちの数多くの特権を侵害する恐れのある改革を、望ましいとか可能であるとかみなすことを拒否した。

その結果、一八五一年までに太平は風変わりな一宗派から、強力な軍団へと成長しており、巨大な政府軍を壊滅させていた。それから彼らは中国南東部のかなりの領域を占領した。そこには大都市南京も含まれていた。

こうして建国された「太平天国」は奇妙な場所であった。彼らは共産制のように資源の全てを共有して社会経済体制の基盤としたが、政治は王宮において、専制的な「王」たちとますます隠遁的になっていく「天王」によって行なわれていた。彼らの軍は元商売人や百姓が統率していたが、高度に組織化され、規律正しく、自らを神の聖戦士と信じていた。一方、これに対する満州軍は指揮系統は滅茶滅茶で待遇も悪く、軍規は最低であった。そんなわけで太平は連戦連勝を続けていた。

太平の没落を示したのは政治と外交の失敗である。彼らの反儒教の教義は中国の中産階級の人心を離れさせ、その疑似キリスト教的共産主義はヨーロッパの列強から疎んじられた。いずれも彼らの勝利を確定するために無くてはならぬものである。一八六一年、太平は港都上海の奪取を試みたが、ヨーロッパの士官とフレデリック・タウンゼント・ウォードというアメリカの船員に率いられた満州族の忠臣によって阻まれた。この「常勝軍」はその後、上海を出発して膨れ上がり、太平天国を討つために進軍した。

「イエスの弟」洪秀全は一八六四年にその王宮で死んだ。この時、既に彼の新宗教は崩壊しつつあった。それが病死であったのか、あるいは毒殺か自殺かは判然としない。

太平天国の乱は二〇〇〇万から三〇〇〇万の人命を犠牲にした――そのほとんどは飢餓と疫病によるものであった、と言うのも双方の軍は恒常的に、通過した田舎を略奪していたからである。だが戦闘もまた主要な死因であった――たとえば第三次南京会戦では三日間の戦闘で一〇万人が死んだ。これは現在のシリア内戦の三年間に匹敵する数字であり、平均すれば一分当り二三人が死んだ計算になる。

太平天国の乱は現在、中国以外ではほとんど忘れ去られている。アメリカの南北戦争――ほぼ同じ時期に起こった――の方が歴史家、メディア、大衆によってはるかによく記憶されている。だが死者数だけを見るならば、太平天国の乱は南北戦争の四〇倍である。あるいはまた、第一次世界大戦の死者数の二倍、第二次世界大戦の全世界の死者数の半分である。それほどの事件が大衆の記憶から抜け落ちてしまうというのは驚くべきことである。

何ゆえに内戦はほとんど常にかくも悲惨なものとなるのか？　内戦というものを縮図的に示すような野蛮と憎悪それ自体が――どれほど酷い他国間戦争よりもさらに酷いものが――鍵であるのかも知れない。内戦は、まさにその本質として社会規範と作法の根源的崩壊を含んでいる。敵と共通の言語を共有することは、敵からの愚弄や侮辱をより良く理解できると言うことだ。そしてあなたの周囲で国が引き裂かれる時、そしてあなた自身の家族があなたの不倶戴天の敵のために戦う時、戦争のルールを記憶し、維持することはより困難であろう。

だが文明化された社会の内部で、このような通常の社会的コンセンサスの逆転が――誰を誇り、攻撃し、殺すかというような重要な問題に関して――生じるのか？　なぜ、無数の社会的紐帯によって繋がれるべき人が、互いに殺し始めるのか？　それを理解するためには、社会的コンセンサスというものがいかにフレキシブルで何も考えていないものであるかを考える必要がある……。

例を挙げよう。それほど遠くない過去のある時点で、とあるヨーロッパの旅行家がはるか彼方のエキゾティックな土地から帰還し、一角獣を見たと主張した。当然ながら少しでも教育のある者はこれを話半分に聞いていた。一角獣は神話の幻獣であり、誰一人それを見た（まともな）者はいないのだから。だがその時、他の者も同じ遠くの地域で一角獣を見たと報告し始めた。ヨーロッパにもこのような途方もない動物の存在を信じている者が少しはいたかも知れない。だが教養ある人のコンセンサスは依然として堅固である――一角獣は存在しない。

そんな時、一五一五年五月二〇日、一艘のポルトガルの船がインドから生きた一角獣を積んでリスボンに到着した。この動物は教皇レオ一〇世への献上品としてイタリアへ送られたが、それを運んでいた船は難破してしまった。幸運なことに、この幻獣が海に沈む前に一枚の素描が描かれていた。アルブレヒト・デューラーというオランダの版画家が、この動物を見たことが無いにも関わらず、このラフな素描を詳細に描き直した。彼によるインドの一角獣の版画は、史上初の国際的ベストセラーの一つとなった。あなたは今もこの一角獣を、その自然の棲息地や多くの動物園やサファリパークで見ることができる。だがそれは今、サイと呼ばれている。

一五一五年五月一九日まで、ほとんどの教養あるヨーロッパ人にとって、一角獣は神話の幻獣であった。その日以後、伝統的な一角獣の主要な特徴のほとんどに適合する動物が、疑いの余地もなく出現した――それは馬くらいの大きさで、頭から一本の角が生え、偶蹄を持ち、人に馴れず、不機嫌で危険である。だが人々は自分たちの誤りを認める代わりに、単にこの新しい動物をサイと呼び、そして何も考えずに子供たちには神話の一角獣の話を語り続けたのだ。受け入れられた理解の完全な逆転が、こうして全く意識されることなく行なわれた。

では、また別の合意の逆転を考えよう。今度は支配者たる君主の尊厳についてである。過去四〇〇年の間に、イングランド、アメリカ、フランス、ロシアはいずれも血みどろの内戦を経験した。それは基本的にそれぞれの君主となる正当な権力を決めるために戦われたものである。そして――アメリカ独立革命を除く全てで――彼らはわずか数年の内に、君主は不思議な、神に次ぐ存在であると信じていた状態から……この近親交配の腐れ野郎を暴虐にぶち殺す状態に遷移した。これらの国は内戦の間に根本的に変わってしまった、だがその変化の度合いは――またしても合衆国を除いて――数年の内に再び君主制を敷く程度のものであった。フランスとイングランドは王を呼び戻し、ソヴィエト・ロシアはヨシフ・スターリンを、名前以外のあらゆる点で事実上の絶対君主とした。

だがこのような社会的に受容されていた観念の突然の逆転は、万人を連れて行くことは滅多に無い。

その変化のあらゆる点で――あらゆる革命、変革、近代化で――一部の者はその新たな社会的トレンドに衝撃を受け、嫌悪する。そして可能な限りそれに抵抗する。ほとんどの場合、これは単に普通の政治的対立であるが、時には血を見ることになる。

あらゆる人間の社会的コンセンサスの種子は家族である。われわれが善悪の基本――われわれの地域社会が定めたもの――を学ぶのは家族においてである。われわれは相互防衛の絆ゆえに、ごく自然に、家族の者に対して愛と信頼を感ずる。それゆえに家族の誰かが、あるいは同胞が、共有する社会的価値観を裏切ったように見えた場合、純然たる敵の裏切りよりも深く傷つくのである。

この裏切りの感覚は、あらゆる内戦の残虐さの確信にある。あなたと同じ信念と忠義を共有すべきはずの者が明らかにそうしていないという事実――それもあなたを殺そうとするほどに――は、正義と秩序ある世界の感覚を傷付ける。そうなれば、人間の双子の習慣である復讐と紛争の激化が、状況をさらに悪化させ、遂には暴力、混沌、極悪非道へといたるのだ。内戦の最後に赦しと相互の和睦にいたることは極めて困難である。なぜなら双方共に、裏切られたと感じているからだ。

詩人のウィリアム・ブレイクは悲しく歌っている――

友人を赦すより、敵を赦す方が容易い。

第13章「勝利の……匂いが」

合衆国のガンロビー——全ての市民は火器（一分間に五〇発の高速弾を撃つことのできるセミ＝オート・ライフルまで）を所有し携行する権利を持つと主張する圧力団体——が良く口にする決まり文句がある。曰く——

　銃が人を殺すのではない。人が人を殺すのだ。

どんな武器であれ、それを使用する意志のある者がそれを揮わぬ限り、一般的には無害であるというのはなるほど正しい。だが無論、銃を持つ者は、火器に触れることを拒絶している者よりも統計的に言ってはるかに人を殺す確率が高い。ゆえに先の決まり文句は実際には、良く考えてみれば自滅的である。そしてガンロビーは確実に、全てのアメリカ人を信用しているわけではない……。

バットマン「銃は臆病者の武器だ。嘘つきの武器だ。殺しが簡単だから、われわれは殺す。余りにも簡単だから。手間暇を惜しんで」[*1]。

合衆国では、個人の銃保有は比較的一般的であり、アメリカの家庭の三九―五〇％は三億丁と言われる合法的な火器の内の少なくとも一丁を持っている。だがまた別の数字によれば、自家所有者が自己防衛のために意図的に射撃した四人に一人は家庭内の銃の事故によって撃たれている。[*2] 二〇〇一年の初めから二〇一〇年の終わりまでの間に、合衆国では六七三九人が銃の事故によって死んでいる。

これは英国と比べると不利である。こちらには非常に制限的な銃所有法があり、民衆の手には免許のある火器は一八〇万挺しかない。UKでは、同じ一〇年の間に誤射で死んだのは四五人である。[*3] 合衆国の人口はUKの五倍だが、それを計算に入れても、アメリカ人が誤射されるリスクはその一〇年では英国人の三〇倍近い。

無論、これらの数字は主として、訓練も受けていない市民が銃を扱うことと関係している。現代の世界において、致命的武器で武装することが最も多いのは兵士である。軍事的・政治的指導者の命令に従って殺す訓練を受けた男たち、時に女たちだ。無論、兵士の責務はそれだけではない――すなわち殺すことだけではない――が、殺すことは、あるいは殺す意志を持つことは、彼らの公式的な活動のほとんどの根底を成している。戦闘、歩哨、訓練、武器の整備、そして平和維持活動すら、突き詰めれば兵士たちに、必要な状況とあらば殺す意志と能力を持つことを要求する。それ以外の国の公務員――消防署員、官僚、あるいは教師など――は致死的な力による脅迫の行使を要求されることは滅多に無い。

ちなみに、警官は兵士の特殊な形態だが、結局のところ兵士である。一八二九年にロンドンでサー・ロバート・ピールが史上初の近代警察を作ったとき、彼は国家の専制的な武器としての「国内軍」が作られつつあるという民衆の恐れを認識していた。そこで彼は彼らの制服を青とし（英国軍の赤ではなく)、警察は司法制度の非政治的な武器であると主張した。それを信じた者はほとんどいなかった。青い制服の男たちは依然として、職務の遂行のために武器を携行し使用する権利を持っていた。最初の警察官の多くはナポレオン戦争を経験した元軍人であった。そして新たな警察隊は、間もなくあらゆる反政府活動弾圧の最前線に投入された。「お巡りさん」が英国で、国営暴力団ではなく法務官として受け入れられるには何十年も掛った。

警察の非政治化は、国家警察がどの程度致命的な武器を使用するかと同様、地球上のさまざまな国において大きく異なっている。例えばナチスの親衛隊《シュッツシュタフェル》——SSの方が通りが良い——は元来はヒトラーのような党幹部のための小さな護衛隊として発足した。この隊は最終的に一〇〇万近い男女から成る準軍事的な警察隊に転移した。その後、戦争中に武装親衛隊《ヴァッフェンSS》に変容した。だが軍事的戦闘部隊として活動している時にも、SSは警察としての任務を果たしていた。例えばベルリン防衛の絶望的な最終戦闘の間、前線からの脱走兵を捕えて処刑することのみに専念する(そしてそのことにより、偶然にも戦闘を免れた)SSの部隊があった。一六年以上の存続期間にSSは何百万という人々を殺し、主として政治警察としての役割を果たしていた。

あらゆる警察組織は、どれほど慈悲深くとも、合法的に殺す権利を持っている——秩序を維持し、民衆を守るために。ゆえに警察とは基本的には、特別の任務と特別の名前を持つ兵士である。

本書は不要な暴力を行使する人類の習慣を主題としている。そして兵士、あるいは警察による暴力

＊1　Frank Miller, *The Dark Knight Returns* (1986)

＊2　A. L Kellermann, 'Injuries and Deaths due to Firearms in the Home' published in the *Journal of Trauma* (1998).

＊3　数字は www.gunpolicy.org より。

は一般に合法的であり、ゆえに必要なものとみなしうる。だがそれは単に一方的な見方である。つまりその暴力の執行を命ずる国家や政体の視点に過ぎない。軍事的暴力の犠牲者にとっては、民間人であれ戦う兵士であれ、暴力というのは非常な、非常な悪である。

われわれの軍事力に対する現代的な態度は、他国からの侵略を抑止するためにあるというものだ。それゆえにUKや合衆国、その他多くの国で陸軍省は防衛省とその名を改めたのである。だがもしもわれわれ全員が自分でそう思うほど非暴力的なら、そもそも戦争など起きるはずもない。

戦争に知的支援を提供することは、しばしば哲学的意味論の問題となる。ひとつの紛争は「報復戦争」（多くの奴隷制廃止論者が合衆国の南北戦争をそのようにみなしている）、「正義の戦争」（合衆国のカトリック教会は第一次世界大戦をそう呼んだ）、「偉大なる祖国のための戦争」（ソヴィエトは第二次世界大戦をそう呼んだ）、「聖戦」（ほとんど全ての宗教戦争がそう呼ばれる）、あるいは「治安活動」（米軍はヴェトナム、アフガン、イラクの戦争をそう称している）として正当化される。だがこれら全ては、今まさに銃創で死のうとしている人にとっては何の慰めにもならない。

クリミア戦争を描いた小説『突撃フラッシュマン』（一九七二）において、ジョージ・マクドナルド・フレイザー――彼自身元軍人――は、その名前の元となった英雄に一八五四年のアルマの戦いの結果を目撃させる。

> 傷ついたロシア人はわれわれの野営地の周囲に何百となく積み重なり、一晩中泣き、呻いていた――彼らの「どうか！《パヤルスタ》 どうか！《パヤルスタ》」という啜り泣きが今も聞える。野営地は撃った弾、ガラクタ、壊れた機械が、凝固した血の池の間に散らばっている――何たることか、私はただ、我が国

の大臣を、街角の弁士の、血に飢えて朝食を貪り食う教皇を、アルマの丘のような場所に連れて来たいのではないのだ――これを見せたいのではないのだ、なぜなら彼はただ舌打ちして、苦しそうな顔をして、仰々しく祈り、そして屁とも思わないから――只、ソフトノーズの弾丸で奴の腹を撃ち、奴のいる場所で泣き叫びながら死なせたいのだ。それだけが奴らに相応しいのだ。

戦争とは、法的・外交的努力が失敗して望みが達成できない時に、国家やその他の権力が頼る手段であるということに留意する必要がある。フランスの戦争挑発者である太陽王ルイ一四世は、大砲に「帝王ノ最後ノ議論《ウルティマ・ラティオ・レグム》」と刻んでいた。当然ながら、戦争はより文明的な手段が失敗に終わった時に用いられる武器である。そして兵士はその武器の決定的要素である。

歴史上のほとんどの兵士は非常勤であり、戦争のない時には民間人として暮らしている。常勤の兵は主として近代の職業である。啓蒙主義時代まで（そしてヨーロッパのグローバルな植民値的野心の時代まで）、戦争はさほど頻繁ではなく、期間も短く、国家財政は貧しく、ゆえに印だけの常備軍程度のものを必要に応じて、局地軍を徴兵するという形で持つことができるだけだった。常に巨大な常備軍を維持していた帝政ローマのような国家は全く例外的な存在である。そしてそれらの国はそのために慢性的に財政が不安定で、定期的にクーデタや内戦が起こっていた。

古代世界の非職業兵士の問題点は、その戦闘力が予測できないことだ。同じ軍隊が、自分の故郷を侵略者から守るためなら虎のように戦うかも知れないが、故郷を遠く離れて敵の領土を侵略するとなると、一気に精彩を欠いて臆病になったりする。その理由は、自分たちの遺伝材料（すなわち子供、配偶者、同胞など）に直接的な脅威が無い限り、人間というものは一般に、逃げるという手段がある時に敢えて戦ったり死んだりすることには消極的だからだ。
この問題に対する答えは訓練と懲罰である。幸運なことに――軍事的野心のある者にとっては――人間は恐ろしいほど洗脳に弱い（第9章参照）。基本的訓練――終わりなき演習、陣形での行進、武器の使い方、そして何より、苛酷な懲罰――は頼れる兵士を創る基本である。

（二〇一四年八月、カリフォルニア大学で行なわれた研究で、被験者はキャンパス内の道を連れと共に二四四メートル歩かされた。ある者は、任意に自分自身のペースで歩くよう言われた。そしてそれ以外の者は連れと歩調を合わせて行進するようにと。その後、彼らは全員、恐い顔の男の写真を見せられた。歩調を揃えて行進した者はいずれも、自分のペースで漫《そぞ》ろ歩いた者よりも、その写真の男は小柄であまり恐くないと考えた。ダニエル・フェスラー博士は言う、「このように、同時性は敵の相対的な戦闘能力を低く見積もらせる」。言い換えれば、軍事教練と戦場への行進は、兵士をより勇敢にするらしい）。

新兵は基本訓練の間に解体され、そして心理的に再建される。肉体的消耗、下士官による感情的支配、訓練所の孤絶した環境は、全てが一体となって新兵を「造り替える」。このプロセスの目的は彼らの殺すことへのタブーを、そして自らを死地におくことに対する圧倒的な抵抗心を上書きしてしまうことである。軍隊はこれらの社会的・本能的反応を、吹き込まれた半自動的な命令への反応と入れ替える。それと、上官からの命令に従わないことに対する強烈なタブーと。
新兵のそれまでの民間人としての教育はほとんど払拭され、機敏な軍隊的見解と入れ替えられる。この軍隊的洗脳プロセスを通過した者――そしてこの新たなプログラミングへの適切な順応を示した者――は最終的には昇進し、次の新兵の洗脳の任に当たらされるかも知れない。こうして継続的な「軍の伝統」ができていく。

このプロセスはある意味、ティーンエイジャーが――今日ですら――新兵として好まれ、二五歳以上の候補者はしばしば薹が立ちすぎているとされる理由である。ティーンエイジャーは家庭と学校の訓練から脱したばかりで、課せられる新たな精神的ルールに対して極めてオープンである。年嵩の新兵は通常、その年月の間により強い自己感覚を発達させており、軍隊のドグマに沈められることを嬉しく思わない。

軍務の遂行に必要な訓練（および再プログラム）の行き届いたプロの兵士は、ほとんどいかなる環境においても自動的に、そして効果的にそれを遂行する。その中には連隊の名誉、国家のプライドといった抽象的な概念や、旗竿の先でヒラヒラしている色鮮やかな布きれを守るために死ぬまで戦うことも含まれている。

軍組織はまた、第5章で論じた「利己的遺伝子」という社会的本能を利用する。ほとんどの哺乳類は血族を守るという自然の傾向を持っている。なぜなら、遺伝子レベルではそうすることによって自分と似た遺伝子セットを守ることができるからである。だがこの傾向は純然たる本能的・無意識的なものであるから、人間はそれを一種の愛、家族に対する忠節とみなす。われわれはまたそれを延長させて、家族の遺伝子を共有していない友人や同胞までもその対象とする。これは人類史のほとんどにおいて、ある者の知人は同じ部族や村の者に限られていたからだ――そして彼らは何らかの血族であることはほとんど確実である。

文明的な生活にとって幸運なことに、われわれの身内贔屓の本能はわれわれの社会や都市の発展よりも大きく遅れを取っている。さもなければ自分と直接関係の無い者とは仲良くなれなかっただろう。これが人間の友愛の主要な理由である――楽な時も辛い時も傍にいてくれる他人を本能的に血族と感じ、ゆえに守る価値があると考える。軍隊は常にこの誤った遺伝的衝動を利用し、その部隊の中に「団結心《エスプリ・ド・コール》」を創り出す。男たちは隊の中に詰め込まれ、危険と退屈の地獄を共に潜り抜ける。彼らはすぐにお互いに頼り合い、シェイクスピアの言うところの「兄弟団」となる。兵士は自分の国を愛してはいないかも知れない。上官を憎んでいるかも知れない。彼の旗が表す全てのものを呪っているかも知れない。だが彼はしばしば、戦線で自分の両側に立っている男たちを護るために死ぬまで戦うのである。

訓練を受けた兵士の、不要な危険を避けようとする自然な傾向は、軍事訓練の自動的な反応に包み込まれてしまう――それが命令に疑問を抱くことを阻止している限り。それゆえに、歴史上のあらゆる軍隊で聞かれた補助的な指導は、「考えるな！　ただやれ！」なのである。

前述のように、ほとんどの軍隊はより若い、心理的に円熟していない新兵を好む。ここに考察すべき人類の軽蔑に値する伝統がある――少年兵である。

ブルッキングズ研究所（アメリカの政治的シンクタンク）が二〇〇三年に発表した報告書によれば、現在進行中の世界の紛争の四分の三において子供が兵士として使われているという。この報告書の著者ピーター・W・シンガーの見積によれば、三〇万人以上の一八歳以下の子供が世界中で戦闘員として従事している。だがこの数字には多くの国軍の若い新兵は含まれていない。例えばUKでは一六歳で（あるいは、両親の同意があれば一五歳でも）入隊することができるが、一八歳になるまでは前線での戦闘には配備されない。

戦争での子供の使用は間違いなく近年の現象ではない。古代世界では子供たちはしばしば、戦う兵士の使用人として付き従っていた――荷役とか武器防具の手入れとかいった卑しい仕事である。だが子供たちが使われたのは一般に大人の使用人が得られない時にのみ使われていた（あるいは大人が全員戦っている時）。

しばしばこのような仕事は兵士になるための徒弟仕事とみなされた。例えば封建時代の騎士の従者である。従者はしばしば騎士自身の息子で、ゆえに父が死んだ時にはその称号と軍事的責任を――馬や鎧と共に――受け継ぐ立場にあった。より最近では、例えばナポレオン戦争の際には、少年たちは隊が戦場に行進する際の太鼓打ちとして使われた。彼らの身体の小ささが戦場で撃たれる危険を少なくすると考えられたのである。だがいずれにせよ、多くの者が死んだ。

とは言うものの、古風な武器――剣、槍、弓、マスケット銃――を扱うのには体格と腕力が必要であったので、子供たちが実際の戦闘と殺害に従事させられることは滅多に無かった。中世におけるその例外の一つが一二一二年の子供十字軍である。この年、イエスが子供たちをパレスティナに赴かせて強制的にムスリムをキリスト教に改宗させることを望んでおられる、というヒステリックな信仰がヨーロッパ（特にフランスとドイツ）を席捲した。多数の子供たち――おそらく三万人――が、両親によって東方へ送り出されたと考えられている。その多くが備品、隠場、大人の保護の欠如のために行軍中に死んだ。その他の子供たちはジェノヴァまで辿り着いたところで二人の商人――〈豚のウィリアム〉と〈鉄のヒュー〉――から、ただで聖地まで送り届けようとの申し出を受けた。だが聖地どころか実際には船は北アフリカのムスリム領チュニジアに到着し、彼らは奴隷として売り飛ばされた。「ハーメルンの笛吹き男」というお伽噺――街中の子供が一人を残して全員消えてしまう――は、この子供十字軍の民衆の記憶に基づいていると考えられている。

二〇世紀後半は戦争における子供の役割を根本的に変えた。近代兵器――拳銃、擲弾、軽機関銃など——は通常、充分に軽く操作もしやすいので、小さな子供ですら比較的容易に殺すことができる。当然ながら子供は当初はそのようなことをさせられるのを怖がる。だが厳格な基礎訓練は、少なくとも大人と同様の効果を子供にも発揮する。そこである程度無慈悲な軍事組織であれば子供を兵士として使うことができる。

最も悪名高い少年兵の使用者および虐待者は（これを書いている時点では）ウガンダの反政府武装勢力であり、宗教カルトである〈神の抵抗軍〉（ＬＲＡ）である。一九八七年、ＬＲＡは大統領ヨウェリ・ムセヴェニ政府によるウガンダ北部のアチョリ族に対する暴虐な弾圧から発生した。当初はその地方の弾圧された人々を守るために設立されたが、ＬＲＡは間もなくその権力基盤を固めるために自らが地元民の弾圧を始めた。

ＬＲＡの指導者ジョゼフ・コニーは、自らが聖なる預言者であると信じていると言われている。神から直々に「十誡の原理」によって統治される神権政治の国を創るように指導されたと言うのである。これを実現させるため、ＬＲＡは殺人、強姦、拷問、奴隷制、強制拉致による少年兵の調達を行なった。四分の一世紀を超えるテロリストの統治で、ＬＲＡはその支配地域をウガンダ国外の南スーダン、コンゴ民主共和国、中央アフリカ共和国などの近隣諸国にまで拡げた。この時点で彼らは二万から三万人の子供を攫っていたと考えられている。

〈神の抵抗軍〉の暴虐は余りにも夥しく、見積もることすらできない。その活動の最盛期にはＬＲＡは週に一〇〇〇人以上を殺していたと考えられる。以下に、比較的良く報告される彼らの行為の内の三例を挙げる。一九九五年、ＬＲＡはアティアクという小さな街からウガンダ政府軍を撤退させた。それから民間人を掻き集め、幼い少年を選んで兵士に、少女は性奴隷にした。こうして子供たちを連れ去った後、その家族——二、三〇〇人ほどの人々——は殺された。一年後、LRAはアボケの街の学校から一三九人の少女を拉致し——これもまた性奴隷にした。二〇〇八年のクリスマスの日、LRAはコンゴ民主共和国の村を襲った。それから三日の間に六二〇人の人間が殺された——ほとんどは鉈で——そして一八〇人ほどの子供が誘拐された。生き残ったわずかな者はこの叛乱軍を批判したために唇を切り落とされていた。そして以上で述べた全ての事件でLRAの少年兵——銃とナイフで武装している——がその殺戮に参加していた。

LRAの子供たちの中にはわずか七歳の者もいたが、その軍事訓練の中には命令に背いたり逃亡を図ったりした他の新兵——子供も大人も——を殺すことも含まれていた。この洗脳は彼らをコニーの教義と、既にこの殺しのイニシエーションを終えた他の新兵たちに結びつけることを目的としていた。人体の切断もまたLRAにおいては処罰の一つとして一般に用いられていた。

一八歳以下の者を戦闘に参加させるのは、一五歳以下を戦闘に参加しない助手とすることと同様、国際法で禁じられている。一部の国に対して少年兵の前線配備を止めさせることに成功はしているものの、多くの反政府、革命、テロリスト集団——LRAのような——は依然として使えるところには子供を投入している。

慈善団体〈チャイルド・ソルジャーズ・インタナショナル〉の報告によれば、二〇一〇年から二〇一二年までの間に少なくとも世界の二〇ヶ国において子供が戦闘する紛争があった。[*4] 挙げられている国は、コロンビア、ミャンマー（かつてのビルマ）、フィリピン、タイ、イエメン、シリア、アフ

＊4　Child Soldiers International, 'Louder than Words: An Agenda for Action to End State Use of Child Soldiers' (2012)

ガニスタン、イラク、イスラエル（数度にわたって国連の職員が、イスラエル防衛軍がパレスティナの子供たちを人間の盾として用いるのを目撃している）、リビア、コンゴ民主共和国、中央アフリカ共和国、スーダン、南スーダン、チャド、コートディヴォワール、エリトリア、ソマリア、ルワンダ、そして連合王国（UKは二〇〇七年から二〇一〇年までの間に、一七歳の少年兵五人をイラクとアフガニスタンの戦闘地域に送っている）などである。

これらのさまざまな紛争の全体的な状況はそれぞれ大きく異なるかも知れないが、各々において、一つの基本的な事実は共通している――大人が自らの戦略的・政治的・宗教的野心のために子供たちを危険な場所に送り込んだということだ。

前章で見たように、兵士の士官階級は戦闘中に手下たちに命令を叫ぶ族長から自然に発達したものである。戦力が巨大化し、最終的に軍隊になると、士官のヒエラルキーもまた発達し、戦場での基本的な戦術的連携もしなければならなくなる。時にはこれらの初期の士官たちは地元の貴族であり、平時にも同じ手下たちに命令を下している。この――士官がその能力ではなくその生まれによって任命されるという――伝統は戦争における他の要素よりも数多くの軍事上の悲劇を引き起こしてきたと思われる。

その問題点は、一九世紀半ばかそれ以後にいたるまでこれらの「命令するために生まれた」男たちは、自身では軍事訓練を受けたことがたとえあったにしても滅多になかったということである。同輩や司令官らも、彼らのより良い教育と文化的優越こそが士官たるに必要な全てだと受け入れていた。これは何も軍の士官は訓練を受けていない――軍隊生活と上官らが上手く取り計らった――というのではない。戦闘における士官の資質は一般に彼のこれまでの経験、彼の人格と彼の（そして手下たちの）幸運の問題だということである。正式な訓練は、たとえあったとしてもほとんど重要な要素ではない。

もしも士官が宮廷で愛顧を受ける術を心得ており、上等の軍服を買うカネがあり、そして連隊の宴で非の打ち所のない振る舞いをするならば、彼が豚のように肥満体で、牛のように愚かで、鶏のように臆病であるという事実は無視される。彼の軍事的資質は戦闘に参加して初めて計られる――そしてその時、彼の無能の尻ぬぐいをするのは大抵、階級が下の者なのである。

これには理由がある。すなわち単なる上流階級の自己満足だけではない。厳格な軍隊の教練は、個人の自ら考える能力を損なうと考えられていたのである。実際、既に見たように、それこそが訓練の主要な目的であった。だが士官は考えることができねばならない。そして階級が上がれば上がるほど、より多くの命が彼の素速く正確な決断をする能力に懸ってくることになる。だがこのような特殊なスキルが正式に伝えられ、候補生が実際にテストを受けて、時には能力不足のために落第したりするようになるのは士官学校ができてから、すなわちまだ二〇〇年も経っていない。

歴史上のほとんどの軍隊は単に兵卒――「平民出の男たち」――が士官になることを許さなかったのだ、たとえその経験と能力がどれほど華々しくとも。軍曹の徽章を得ることが彼らに許された最高の出世であった。このことは一般に「成り上がり」の士官の下に付けられた他の兵卒が嫉妬し、反抗するからという主張で弁解される。だが主たる理由は上流階級の俗物性と、平民出の田舎者が「上の者」よりも優れていることを証明することに対する暗黙の恐怖である。

この軍隊の階級区分は、おそらく歴史上最も尊敬を受けた国軍によって馬鹿げたものであることが証明された――スパルタ人である。ギリシアのペロポネソス半島の南部に位置していたスパルタは大国でもなく、また昔からのライバルであるアテナイのような大都市でもなかった。それは文字通りカネのない、五つの田舎の村の集合体だった——スパルタ人は貨幣の使用を頽廃とみなしていたのだ。だがスパルタは独自の社会体制——貴族的軍隊的共産主義というべきもの——を持っており、その陸軍は敵にとって恐怖の的であった。

スパルタ人の生き方は紀元前七七〇年頃、立法者リュクルゴスによって生み出された。これはミュケーナイ文化の破局的な滅亡（第12章参照）に続くギリシアの暗黒時代の後に文明を再発明しようとする試みであった。スパルタ全土が軍の兵営となり、贅沢は禁じられ、全ての市民は頑健で、鍛えられており、無私であることが求められた。スパルタ人は衷心からこの新たな生き方に染まり、四〇〇年以上にわたってそれを維持した。

スパルタには二つの王家があり、その年長の者が王として共同で統治していた。さらに監督官《エフォロイ》と呼ばれる長老たちの議会もあった。その下に、スパルティアテスと呼ばれる市民がいた。男のスパルティアテスは互いを同輩《ホモイオイ》と呼び合っていた。なぜなら軍隊の階級を除いて、全員が社会的に平等とされていたからである。だがスパルタ人になれるのはスパルタ人として生まれた者だけで、そういう意味では社会全体が事実上、一つの巨大な世襲制の貴族階級と言えた。それから奴隷《ヘロット》がいる。彼らは情け容赦もなく隷属的な地位に置かれている。スパルタはヘロットがしばしば数の上で自由民を上回った奴隷制社会のひとつである。

七歳になるとスパルタの少年は家族から引き離されて「アゴゲ」に入れられる。これはスパルタ式軍事教練方式である。この年以後、彼は家族の者が教師として赴任してきたのでは無い限り、滅多に家族と会うことはなくなる。彼はいずれも国家から支給される公共食堂で食事し、兵舎で寝る。そして日夜訓練に明け暮れ、重装歩兵《ホプリタイ》となる。

一二歳になるとスパルタ人の子供はその貧弱な特権すら奪われる——衣服としてただ一つのもの、すなわち赤い羊毛の外套だけを与えられる。寝る場所は街路や田舎で、各自で屋根を見つける。そして意図的に、飢えるほどの糧食しか与えられない。これは彼らに食糧を盗ませるためである——敵の領土で軍事行動をする際に必須の能力だ。だがもしも盗んでいる現場を押えられれば、鞭打ちである——通常は背中から血が噴き出すまで。スパルタ人の若者のかなりの割合が一〇代で死ぬ、それもしばしばこの鞭打ちによって。

二〇歳になるまでには、もしも生きていればスパルタ人は軍隊に入り、家族の地所に戻って生活し、働くことを許される。だが同時に、いついかなる時にも戦争に参加する用意ができていなければならない。そしてアゴゲを卒業するまでには、スパルタ人は既に誰かを殺している。毎年秋になるとスパルタの支配階級は彼ら自身の奴隷に対する短期間の戦争を宣言する——スパルタ人はこの「解禁期」には反抗的なヘロットを見つけたらどれを殺しても良い、というかそうすることを奨励される。

例えば紀元前四二五年、ヘロットたちは彼らの中で最も解放されるに相応しいと思われる者を選び出すように命じられた。二〇〇〇人の者が推薦された。そして選ばれた者は反抗の恐れありとして虐殺された。このようにスパルタ人が彼ら自身の財産を破壊することには、二つの目的があった。それによって軍が遠征に出ている間に奴隷が叛乱する機会を減らすこと、そして若者に情け容赦なく人を殺すことを叩き込むことである……時には、生まれた時から知っている相手をも。

だが——現代人の目にはエリート主義的で冷酷で野蛮に映るとしても——スパルタ人はまた、軍事面ではほぼ完全に平等主義だった。王家の者だけが一般のスパルタ人に対して特権を持っており、王だけが自動的に命令を出す地位にある。それ以外の全ての者は独力で出世しなければならない――血と汗と能力で。そこで全てのスパルタ人の士官はまずは一般の兵卒として出発した。この体制の真価は、テルモピュライの戦いで証明された。

紀元前四八〇年、ペルシア帝国の王クセルクセス一世が大軍を以て北からギリシアに侵攻した。一〇年前のマラトンの戦いで彼の父がアテナイ人によって大敗を喫したことの復讐を企てたのである。実際にペルシア軍が何人であったのかは多くの異なる説がある。ギリシアの歴史家ヘロドトスによればペルシア軍は二六〇万の兵士と、それと同数の助手から成っていたという。現代の歴史家は、五〇〇万人以上の人間（現代のワシントンDCの全人口とほぼ同じ）に食糧と水を供給するのは不可能であると指摘している、特に峻険な地形を行軍中には。そこで彼らはペルシアによる侵攻軍の兵士の数は七万から一五万であっただろうと控えめに見積もっている。

この侵攻軍の前に二人のスパルタ王の一人、レオニダス一世が立ちはだかった、三〇〇人のスパルタ人とおよそ六〇〇〇人のギリシア同盟軍を率いて。割合としては少なくとも一〇対一である。だがギリシア軍はペルシアを打ち破ることを望んでいたわけではない。単に、残りのギリシア軍を動員できるまでの間、時間稼ぎができれば良いのである。とは言うものの、彼ら全員が、それが自殺的使命であることを認識していたに違いない。

ギリシア人はテルモピュライ街道を戦場に選んだ――温泉が湧くことから、「熱き門」と呼ばれていた場所である。だが風呂はともかく、テルモピュライはユニークな戦場であった。南は峻険な崖と通行不能に見える山、北は海。兵士が横に並ぶと数十人程度しか通れない。その圧倒的な数と騎馬隊の利点をこうして無効化された軽装のペルシア軍は、ギリシアの密集した重装歩兵《ホプリタイ》――重い青銅と分厚い革の鎧を着て、大型の丸い青銅とオークの盾《ホプロン》を持つ男たち――の戦線と対峙することとなった。

その結果は緩慢な虐殺であった。何千人ものペルシア軍が波のように街道に殺到するも、ただギリシアの盾の壁の前で屠殺されるか、押し戻されるのみ。ギリシア人は八フィートの槍で武装しており、ペルシア兵はしばしば自分たちの短い武器の射程内まで近づく前に殺された。ギリシア人はまた、前線の男たちを波状攻撃の合間、時にはその最中に後ろの者と交替させ、これによって疲労のリスクを減らし、傷ついた者を前線の後に控えた医者に診せていた。同時にペルシア軍は苦労して丘を登り、彼ら自身の死者と死にかけの者の累々たる山また山を踏み越え、塵埃と血でできた分厚い泥濘を掻き分けて進まなくてはならなかった。

この間、国王クセルクセスは玉座に就いていた――戦場から離れた安全な場所である。そして彼の精鋭軍が突入しては虚しく挽肉にされてしまうのをおめおめと眺めていた。戦の第一日目、四〇歳のクセルクセスは三度にわたって無能な激怒で玉座から跳上がった。だがその日の彼の運動はそれだけである。

それとは対照的に、スパルタ王レオニダスは齢六〇を越えていたが、自ら前線に駆けつけ、兵士たちと肩を並べて奮戦した。ギリシア人はテルモピュライで勝利することはできなかったが、彼らの士気は気違いじみた戦力差を前にして少しも挫けなかった。それは少なくとも部分的には、その士官と指導者が兵士と共に戦ったからである。一方、貴族の生まれであるペルシアの士官は自軍の兵士を羊の群れのように追い立てるのみであった。

三日目の朝、ペルシア軍は遂に南の山を越える道を見つけ出し、素速くギリシア人を包囲した。ほとんどのギリシア軍はその罠を抜け出した。だがレオニダスと、生き残っていたスパルタ人全員、そして他の都市国家から来た一〇〇〇人以上のギリシア人は最後まで戦うことを決意した。包囲したペルシア軍が彼ら全員を殺すのに丸一日を要した。そしてその時にはペルシア軍の士気は著しく下がり、侵攻の時刻表はずたずたになっていた。クセルクセスは怒り狂い、レオニダスの屍体の首を刎ねて磔にさせた。後にこの短気な行動を羞じたクセルクセスは、その命令を実行に移した男たちを処刑した。

テルモピュライでの足止めの犠牲は奏功した。ギリシアの都市国家が集結し、侵攻するペルシア軍を粉砕したのだ。まずはサラミス湾の海戦で、次にプラタイアイの陸戦で。敗北したペルシア軍のほとんどは祖国の領土へ帰還する長い道のりの途上で飢餓、風雪、盗賊の襲撃によって死んだ。だがクセルクセス王は既に安全にペルシアに帰還していた――サラミスの敗戦の後、王らしく激怒してとっとと帰国していたのだ。実際、もしもこの王が自分の護衛のために侵略軍の多くの割合を連れて行っていなければ、ペルシア軍はギリシアを征服する目もあったかも知れない。

ペルシアのギリシア侵攻は成功するはずのものであった。ギリシアは小国で分裂したが、対するペルシア帝国は広大でまとまっていた。ギリシア側の優れた軍の統率力に対するペルシア側の統率力の酷さが戦争をひっくり返す決定的な要素の一つとなったのだ。このことは後に、文化的後進国であるマケドニア――ギリシアとペルシアの間にある――が、わずか一世紀後にその両方の国を打ち破った時にさらに強調されることとなる点である。マケドニアの王フィリッポスは内で争っていたギリシアの都市国家のほとんどを征服した。そして彼の息子であるアレクサンドロス大王はペルシア帝国の全域を征服し、さらにはるばるインドにまで遠征した。両者は共に統率力に優れた天才であり、常に最前線で自軍を指揮していた。

（だが、マケドニア人はスパルタ人の故地であるラケダイモーンだけは侵略しなかった。フィリッポスは彼らに使者を送り、脅迫して言った、「もしも余がラケダイモーンを征服すれば、スパルタを焼くであろう」。スパルタの監督官は――ぶっきらぼうに――応えた、ただ一言、「もしもな」)。

だがしばしば、戦争史において決定的な合戦に勝つのは劣った統率者を打ち破る優れた統率者ではない。より典型的なのは、勝利した側の無能な統率者よりもその敵側の統率者の方がさらに少しだけ無能であったという場合である。第二次世界大戦のスターリングラードの戦いはまさにその例である。

スターリングラードの都(現ヴォルゴグラード)はロシア南部のヴォルガ川の西岸にある。一九四二年六月、ドイツ/ナチス帝国はこの地域を征服するために動いた――ソヴィエト連邦の工業力の大半を破壊すると共に、ドイツに広大かつ必要不可欠な油田への道を与え、かつ効果的にロシアを二分するという一撃である。もしそれが達成されていれば、ナチス帝国は今日もなお存続していたかも知れない。

だが、前年のソヴィエトの同盟国に対する奇襲の時と同様、ドイツ人は一九四二年の東への攻撃を、絶大な過信と共に開始した。ドイツの指導者アドルフ・ヒトラーは、USSRは一九四一年のクリスマスのはるか前に陥落すると確信していた――だが彼は誤っていた。東部戦線の何万人というドイツ人が酷い凍傷や凍死に見舞われることとなったのだ、主としてヒトラーが兵士に冬服と冬用装備を持たせて送り出すのは資源の無駄だと言ったからである。一九四一年の戦役は、寒さと戦闘の合間にドイツに一〇〇万以上の損害を出した――死者、もしくは重傷者である。

この経験があったにも関わらず、ドイツ人は一九四二年の東征を遅すぎる時期に出発させた。恐るべきロシアの冬は六ヶ月以内に迫っていたが、ヒトラーは戦闘からはるか離れた快適な場所で、彼の野心的計画は初雪前に全て達成されると主張したのだ。

ナチスの総統《フューラー》――彼の病的自負心は、ドイツが西ヨーロッパと北アフリカのほとんどを征服したことによって膨れ上がっていた――の指導の下、ドイツ軍は完全無敵であると信じ込んでいた。だが一年もしない内にドイツ兵は辛辣な冗句を飛ばすことになる、ヒトラーは連合軍の秘密諜報部員に違いないと。最近の彼の決断は、それほどまでにドイツ軍にとっては破滅的なものばかりだったのである。

ヒトラーの命令でスターリングラードの都は絨毯爆撃を受け、ドイツ軍の攻撃前に既に煙を噴く瓦礫の山と化していた。この爆撃で何万というロシアの民間人が無駄に死んだ。なぜならソヴィエトの指導者ヨシフ・スターリンが彼らの疎開を拒んでいたからである。スターリンは主張したのだ、女子供が戦場で待避壕に避難しているのを見ればソヴィエトの兵士はますます一層死にもの狂いで戦うだろうと。

この冷淡な残酷さこそ、まさにスターリンの特徴である。実際、彼は歴史上、最大の大量殺人者であると考えられる。彼の統治下におよそ二〇〇〇万から三〇〇〇万のソヴィエトの民間人が、直接「パパ・ジョー」が行なった決断によって無駄に死んだ。スターリンは、もしも偏執狂の社会病質者に絶対権力が与えられたらどうなるかという第一の実例である。彼はその権力に仇為す敵を誰であれ、全員皆殺しにすることに何の良心の呵責も感じなかった……。そしてその偏執狂は、あらゆるところに敵を見出させたのだ。

無論、スターリンが直々に誰かを殺したという証拠は無い。彼は基本的に官僚的殺人者であり、全体主義国家体制を武器として用いた。現代の歴史家は先述の二〇〇〇万から三〇〇〇万の中に、彼によって「国家の敵」とみなされて定期的に粛正された者、彼の政策によって故意に引き起こされた、回避できたはずの飢饉によって餓死した者、グーラーグ強制収容所で死ぬまで労働させられた者、そしてスターリンが地域の全員をシベリアまで徒歩で行進させた際に寒さと疲労で死んだ者を含めている。だがそこには「大祖国戦争」において彼の野蛮で傲慢でまとまりのない決断によって命を落とした者は含まれていない。結局のところ、指導者は何をやろうと非難されることはないのだ。

ナチスの側では、ヒトラーが命じたスターリングラードの飽和爆撃はドイツにとって大失敗であったことが判明した――瓦礫の山は無傷の建物よりもよほど防衛しやすく、伏兵や狙撃といった攻撃をより効果的に行なうことができたのだ。一九四二年の晩夏と秋、ソヴィエト軍は瓦礫という瓦礫を中心とする平方フィートの範囲で敵兵を戦わせた。ドイツ人を冬の到来まで釘付けにできれば、状況は侵略者にとって劇的に不利になることを知っていたのである。スターリングラードでの戦闘はしばしば、爆撃された建物の中での野蛮な白兵戦となり、両軍共に捕虜を取った。一週間当り二万人の兵が失われているという衝撃の事実を知ったドイツ人は、援軍を要請せざるを得なくなった――同盟国であるクロアチア、ルーマニア、イタリアから大量の兵を徴兵して。

スターリングラードの初雪は一一月一六日。この時点で予想し得た者はほとんどいなかったが、それはナチス帝国の終わりの始まりを告げるものであった。

だがロシアの防衛にとっても状況は悪化しつつあった。スターリンは意図的にスターリングラードの軍への補給と援軍を断った。ドイツ人に勝利の時は近いと思い込ませるためである。その結果、ロシア人の死者数――軍人と待避中の民間人――は驚倒すべきものとなった。戦後にまとめられたソヴィエトの数字によれば、戦闘中の赤軍兵士の死者・行方不明者数は七五万人。スターリンの命令によって戦場に閉込められたロシアの民間人は二万五〇〇〇人から四万人が死んだ。

もう一つの問題は、ソヴィエトの陸軍士官のほとんどが誤った判断をしたと見られることを恐れたことである。一九三七年、スターリンは彼の統治に反対する巨大な陰謀がソヴィエト赤軍内部に形成されつつあると信じ込んだ。彼は三万五〇〇〇人の士官を、上は陸軍元帥から下は尉官にいたるまで逮捕した。多くの者は殺され、そうでない者はグーラーグ強制収容所へ送られ、またある者は軍から追放された。赤軍の多くの士官の部隊がスターリンの偏執狂の結果として平時に消滅した――新たな世界大戦の予兆が地平線上に見え始めた、まさにその時に。

一九四二年の時点でソヴィエト軍はまだ完全にその数を回復させておらず、新任の士官は秘密警察の脅迫に完全に怖じ気づいていた。誤った判断をすれば何であれ叛逆者として処刑されてしまうことを恐れた彼らは、少しでもリスクのある決断は何一つできなくなってしまった。このような決断は最終的には用心深すぎる形で下されたり、あるいは動きの遅い委員会の手に委ねられたり、あるいはそのまま採用されたりした。そして例によって例の如く、その指導者の尻拭いをするのは兵卒であった。

スターリングラード内部での抵抗の衰えを見て得意満面のヒトラーは、ソヴィエト全軍が今や崩壊の瀬戸際にあると信じ込んだ。赤軍にはもはや余力は残されておらず、その指揮系統もずたずたになりつつあると。無論、彼は誤っていた。スターリングラードで交戦していたドイツ第六軍は、ますます深く罠の中に陥って行った。破壊された都市で持ち堪えている軍には最小限の補給しか送らぬまま、スターリンはスターリングラードの北と南に大部隊を展開していた、非占領地帯であるヴォルガ川東岸の裏に隠れて。

一一月一九日、最初の降雪から三日後、赤軍はウラヌス作戦を発動した。第六軍の側面守備隊を撃破し、二つのソヴィエト軍は真っすぐスターリングラードを通り過ぎ、それから互いに向かって進軍し、枢軸側の全軍を包囲、その補給と友好地帯への退路を遮断した。

ソヴィエト軍はこれによって七万五〇〇〇ほどの敵兵を孤立させたと考えた。だが実際には、彼らは一〇〇万の三分の一を下回るほどの人間を罠に掛けていたのである――およそ二六万五〇〇〇人のドイツ人、ルーマニア人、イタリア人、クロアチア人、それに四万ほどのロシア人「義勇兵」。義勇兵とはしばしば奴隷で、ドイツ軍のために戦うことを強制されたが、他に選択肢はないということを良く承知していた。スターリンの命令で、ロシア兵は何ぴとたりとも敵といるところを発見された場合、裁判無しでその場で射殺することになっていたからである。

第六軍の司令官フォン・パウルス大将は、ロシアの包囲を破って安全地帯まで退却するため、自らの軍を集結させる許可を願い出た。ヒトラーはその許可を拒んだ。ある意味では、彼が愚かにもUSSRが今にも崩壊の瀬戸際にあると未だに信じていたからであるが、主要な理由は「我が軍」が退却を余儀なくされるという考えに耐えられなかったからである。

第六軍の中のある者はこの都市丸ごとの牢獄を「大釜《ケッセル》」と呼んだ。またある者は、単純に「共同墓地」と。ドイツ空軍は物資を積んで輸送しようとしたが、届けることができたのは微々たる弾薬、食糧、医療品だけだった。かつては意気揚々とパリを占領した軍は、今や気がつけば自らが凍てついた地獄にいた。うち続く狙撃兵の銃弾と大砲の弾幕の下で飢え渇きながら。

一九四三年一月半ばまでに、第六軍はもう長くは保たないとフォン・パウルスは確信した。彼らを脱出させるためにヒトラーが送り込んだわずかな援軍は、既に西に向かって進軍するソヴィエト軍に敗退していた。フォン・パウルスはまたしても降伏の許可を願い出たが、ヒトラーはまたしても拒否した。彼は主張した――快適なベルリンから――第六軍の兵士は不名誉な降伏よりも、「最後の弾丸の一発まで戦い抜いて」栄光ある死を遂げよ、と。だがいずれにせよ一月三〇日、フォン・パウルスは降伏した。

これだけの大軍の損失に、ドイツの軍事機構ははらわたを抜かれたも同然となった。この戦い全体における枢軸国の損害を併せて、歴史家はスターリングラードにおいて五〇万から八五万人が死ぬか捕虜となったと推定する。そしてソヴィエトの捕虜となった者の中で生きて終戦を迎えることができた者はほとんどいなかった。ほとんどの者はソヴィエトの捕虜収容所で飢えと病で死んだのだ。

そしてドイツ軍の敗北の第一等の責任者はアドルフ・ヒトラーその人である。一九四一年以後の彼の軍事的決断を見ると、憤激する兵士たちに同意しないわけにはいかない――ヒトラーは連合国の諜報員として働いていたのではないかと。彼が自らの祖国の戦争遂行努力に対してもたらした意図せざる損害を考慮すれば、そう考えざるを得ないのだ。躁病と言えるほど自己中心的であった――そしてそれゆえに専門家の意見や批判の言葉に貸す耳を持たなかった――ヒトラーは、他の誰よりも、彼の愛したナチズムを破壊するのに功績があったのだ。

第14章 「草は何によって育つかッ⁉」

一九六八年三月一六日午前七時三〇分、ヴェトナムで大量処刑が行なわれた。合衆国の第二〇歩兵連隊第一大隊C中隊、第二三歩兵師団第一一軽歩兵旅団が、南ヴェトナム・クァンガイ省の集落や村の点々とする場所にヘリコプターで着陸した。これらの集落の一つはミライと呼ばれ、後にその名はこの虐殺全体の名称となった〔英名 My Lai Massacre だが日本では「ソンミ村事件」として知られている〕。

アメリカの兵士の任務は、その辺りに蔓延っていた敵――北ヴェトナム人――の活動を根絶することであった。数週間にわたり、ブービー・トラップや伏兵によって多数の死者を出した後、合衆国の新兵はその一体を「ピンクヴィル」と呼ぶようになっていた――住民のほとんどは共産主義者の「アカ」と行動を共にしていると彼らが信じていたからである。

GIが到着したのは市の立つ日だった（GIというのは米軍を意味するスラングで、galvanised iron、general infantryman あるいは単に government issue の略と言われている）。「チャーリー」中隊が村人たちを包囲し始めた時、彼らのほとんどは平和そのものといった様子で市場に商品を並べていた。レジスタンスは一人もおらず、そもそも戦える年齢の者もほとんどいなかった。にも関わらずアメリカ人はほとんど直ちに人々を殺し始めた。犠牲者は射殺され、銃剣で刺され、池に投げ込まれ、小屋の中で焼かれ、手榴弾で一斉に殺された。親共産主義者と疑われた何人かの男たちは拷問の後にその場で殺された。GIはまた、多くの女を殺す前に輪姦した。

午前一一時、アーネスト・メディナ大尉――チャーリー中隊を地上配備した――は、無線で兵士に消火を命じた。だが昼食休憩の後、チャーリー中隊は午後遅くまで非武装の民間人の虐殺と女の強姦を、恐らくはメディナ大尉の承認の下に続けた。これらの全ては米軍ジャーナリストの前で行なわれ、彼らはあまり血腥くない場面の写真を撮った。ペンタゴンは後に、これらの写真を使って、クァンガイ「テロリスト掃討作戦」の完全な成功を説明した。

現在のヴェトナム政府の見解によれば、一九六八年三月一六日にクァンガイ省の村の中およびその周辺で、五〇四人の人間が殺害された。米軍によれば、軍によって殺害された民間人はわずか三四七人だったという。

以下の証言は、その後の公的な取り調べにおいて、現場にいた米兵の一人によって語られたものである。「彼らは、見境なく撃っていました、女も、子供も。われわれは抵抗に遭うことも無く、押収した武器も自分の見たのは三つだけです。われわれに死傷者は出ませんでした。それはどこにでもあるヴェトナムの村でした――年輩のパパさん、女、子供。実のところ、その場所全域で、生きているにせよ屍体にせよ、軍隊にいるような年齢の男は一人も見ていません」。

もう一人の兵士は証言する、「彼は［赤ん坊に向けて］四五口径［のピストル］を撃ちました。外れました。われわれは爆笑しました。彼は三フィートか四フィートほど近づきましたが、また外しました。われわれは爆笑しました。すると彼はその真上まで近づいて、弾を撃ち込みました」。

メディナ大尉は次のように証言したとされる、「彼らは全員VC［ヴェトコン］でした。今すぐ彼らを連れて来てくださいǃ」。つまり、赤ん坊の射殺は部下にしてみれば公式の許可があるものとみなされていたのかも知れない。

ヴェトナム政府は現在、ミライ村は一二年に及ぶアメリカのヴェトナムでの治安活動の間に米軍およびその同盟軍である韓国軍が行なった数多い民間人虐殺の一つに過ぎない——ミライ集落の件は確かに最も露骨かつ野蛮であるが——と主張している。この虐殺について公式に不満を述べたアメリカの兵士はただ一人——ヘリコプターのパイロットであるヒュー・トムソン・ジュニアである。彼の証言によって直ちに調査が行なわれ、その結果、その後数日の内に同じ地域で決行が予定されていた同様のテロリスト掃討作戦が撤回された。つまりこの蛮行に対するトムソンの率直な感情が、何百という命を救ったのかも知れない。

米軍による長期にわたる調査の後、ミライ村虐殺事件は最終的にただ一人の男の責任とされた——ウィリアム・カリー・ジュニア少尉である。カリーがその日、多くの民間人を殺したのは間違いない。彼は母親の腕に抱かれた幼児を射殺したことを堂々と認めている、なぜなら「赤ん坊が手榴弾を隠し持っている恐れがあったからであります」。彼は最終的に終身刑を宣告される——が、実際には三年半で執行を停止される——そしてそのほとんどの期間、牢獄ではなく自宅に軟禁されていた。

だがカリーは虐殺の現場にいた中では最も階級の低い士官であり、作戦立案、戦力調整、攻撃命令のいずれにおいても、ほとんどもしくは全く出る幕が無かったことは間違いない。アーネスト・メディナ大尉——彼は間違いなく地上戦を調整し（そして少なくとも一人の非武装の民間人を射殺したとパイロットのヒュー・トムソンに報告された）——は、わずか一時間で終わった軍法会議で全くの無罪とされた。この作戦を指揮していたフランク・ベイカー中佐は裁判に掛けられることすらなかった。合衆国大統領リンドン・B・ジョンソンはこの虐殺には直接関係しておらず、ゆえにこの調査でも証言に呼ばれることはなかった。だが、ヴェトナムでの共産主義との戦いに関する彼の政策上の強硬路線が、このような作戦を遂行しようとする米軍の意志に貢献していたことは間違いない。最後に、チャーリー中隊の下士官以下の兵士——実際の殺戮、拷問、強姦のほとんどを行なった——についても、裁判は行なわれなかった。彼らはただ軍務を遂行し、命令に従っただけだからである。

チャーリー中隊の兵士たちは戦争狂の古参兵ではない。彼らはわずか三ヶ月ほど「内地」で——戦闘の見学をしていた。その時間のほとんどを戦闘を見ずに過した。彼らの多くは、ヴェトナム戦争に徴兵されたほとんどのアメリカの民間人と同様、二〇代前半か、高校を出たてのティーンエイジャーだった。にも関わらず彼らは、ハイエナさえ吐き気を催すような残虐行為に手を染めた。彼らがそれを行なうような明示的な命令を与えられたかどうかは疑わしい。彼らはただ士官らの見本通りに行なったか、あるいは士官に咎められることがないと気づいて自発的な意志で行なったのだ。

われわれは、若者、特に不本意ながら徴兵された者は無情な上官——および、全てを指揮する遠くの政治指導者——から強制されない限り戦争犯罪などに加担しないと考えがちだが、物的証拠はそれを支持しない。若い男に銃と、そして自分の意のままになる非武装の人間が与えられれば、一般市民の生活では絶対に感じないような誘惑に駆られるのである。実際、歴史を鑑みれば、兵士が最もしばしば残虐行為に関与するのは軍の命令系統が弱いか、あるいは存在しない時であることが判るだろう。

騎兵は特に、歴史を通じてずっと、野蛮と残酷とに結びつけられてきた。例えばフランスのナポレオン軍の槍騎兵《ランシエ》と呼ばれる騎兵は、一八〇七年から一四年の間、スペインとポルトガルの占領地で数知れぬ虐殺を仕出かした。半島戦争は特に酷いもので、とりわけフランスとスペインの間ではそうであった。これはかつてフランスとスペインが、ポルトガルと英国に対して正式に同盟を組んでいたからである——皇帝ナポレオンがスペインを裏切って同国全土を支配し、弟をスペイン王位に就けるまでは。

指揮官が無能であったスペイン軍はフランスの侵略の前に崩れ去ったが、スペイン市民は丘に登り、野蛮なゲリラ戦（guerrilla はスペイン語で「小さな戦争」の意味。この紛争から「ゲリラ戦」という言葉が生まれた）を遂行した。フランスはゲリラの一撃離脱攻撃によって多くの人命を失った。彼らは捕えた兵士を死ぬまで拷問するのが得意で、しかる後に解体した屍体をこれ見よがしに放置していた。そこで侵略者の側も、これと同様の残酷さで報いた。叛乱を根絶するため、彼らは村から姿を消した男の家族に狙いを付けた。姿を消すということは、つまりはゲリラとなった疑いがあるというわけである。女子供の強姦、拷問、殺害は、ほとんど通常の軍務となった。最もしばしばこのような作戦に使われたのは騎兵である。なぜなら彼らは残虐行為の後に容易に立ち去ることができたからだ。そしてそういう騎兵は通常は小隊で行動し、しばしば上官の監視もないので、勝手気ままに思う存分に復讐を果たすことができたのである。フランス人は最終的には英国人、ポルトガル人、再建されたスペイン軍、そしてスペイン人ゲリラによってスペインから駆逐される——だが、後に残されたのは荒れ果てた土地であった。

移動の容易さはしばしば無視されるが、軍の残虐行為の歴史においては重要な要素である。スペインにおけるフランスの槍騎兵。合衆国の第七騎兵隊、彼らは一八六七年にウォシタ川で、そして一八九〇年にウンデッドニーで、ネイティヴ・アメリカンに対して無差別虐殺を働いた——そして一八七六年には、もしも彼らの攻撃部隊が全滅させられていなければ、リトル・ビッグホーン川でも間違いなく同じことをしていただろう。ドイツの武装親衛隊を乗せたトラックとタンク、彼らは一九三九年から一九四五年までの間、ナチス占領下のヨーロッパ一円で、数えきれぬほどの残虐行為に手を染めた。そしてヘリコプターで輸送されたミライ集落のチャーリー中隊。いずれも、それを終えた後に急いで立ち去る自由があった。

歩兵の場合、退去はそれほど容易ではない。その進軍は一日にせいぜい一二から一五マイル——殺戮に長時間を要しない場合である。ゆえに徒歩の兵隊は彼らの行為の結果のすぐ傍で生活し、眠らねばならない——ゆえにやりたい放題にやることは少ない。

アントニー・ビーヴァーの歴史書『ベルリン陥落 1945』(二〇〇二)によれば、一九四四年末から一九四五年初頭に掛けて、東ドイツを征服したソヴィエトの騎兵によるドイツ女性に対する強姦が一四〇万件あった。また彼によれば、前線の赤軍部隊(フロントヴィキ)は後方の補給部隊に比べて強姦に関与することが少なかった。フロントヴィキは一般に徒歩で移動し、頻繁に戦闘に巻き込まれたので、ちょっと一休みして女を襲うということがなかなかできなかったのだ。一方戦闘終了後に——大抵はトラックで——到着した補給部隊は、略奪と輪姦の狂宴に耽った。

もう一つ面白いことに、戦闘許可が出ると、フロントヴィキは敵の民間人に対しては高潔、むしろ親切であったとしばしば報告されている。一方、ソヴィエトの補給部隊は、到着した時点で復讐の義務があると思い込んでいる。彼らの目——そしておそらく、民間人を攻撃したからと言って兵士に懲戒処分を下すことのほとんど無い彼らの指揮官の目——からすれば、ソヴィエト連邦におけるナチスの戦争犯罪は、無力なドイツの女や少女に対するありとあらゆる襲撃を完全に正当化してあまりあるものだった。実際、強姦魔の一部は不本意な女性を略取することを戦利品とみなしており、復讐という動機は不要だったように思える。さもなければビーヴァーの報告、すなわち解放されたソヴィエトの娘たち——それまでナチスによって奴隷にされていた——が、彼女らを捕虜にしていたドイツ女と共に赤軍によって強姦されたという事実をどのように説明できるのか？

赤軍兵士がドイツ女に食糧と援助を与えるか、あるいは戦友を呼び寄せて彼女を強姦する手助けをさせるかを決める要素は、期待と社会的圧力であろうと思われる。フロントヴィキは獣のように振舞う機会がほとんど無かった。ゆえに彼らは、無力な女性を襲うことに対する通常の文明的なタブーを維持する団体精神《エスプリ・ド・クール》を培っていた。逆に補給部隊はのべつ幕無しに強姦と略奪を繰り返していたので、怪物のように振舞うことをむしろ要求するような団体精神を育んでいたのだ。

戦争が終わると、この同じ怪物が帰宅し、高潔な兄弟、夫、父として振舞う。なぜなら平和が彼らを文明的な行動規範に再び馴化させたからである。無力なドイツ女性と出会ったとしても、昔の習慣が甦ってくることはない。なぜなら、もともと彼らが良心のない強姦魔として振舞うことを許容した捕食的な社会環境は戦争と共に消え去っているからである。

不幸なことに、その野蛮な時代と場所の犠牲者にとっては、同じことを言うことはできない——ビーヴァーによれば、東ドイツ社会は戦時中の大量強姦の直接的な結果としての長期にわたるトラウマを抱えることになったという。女はいうまでもなく感情的に傷ついたが、多くのドイツ男もそうであった。彼らは自分たちの女——多くの者がそうみなしていた——を守ることができず、ゆえに罪悪感と拒絶という遅発効果に苛まれることとなった。そして戦後に強姦被害者に生まれた子供は、「母の恥辱」の結果と疑われようものなら、しばしば苛められ追放された。

良く言われる「事実」によれば、二〇世紀になるまでの二〇〇〇年間における戦争での死者の九〇％は軍人で、わずか一〇％だけが民間人である。だが第一次世界大戦以後、そのパーセンテージは逆転したと言われる。だが実際には、これに限っては真実はそこまで不愉快なものではない。

第一次世界大戦（一九一四―一八）の戦争死亡者の割合は、最大でも四〇％が民間人で六〇％が軍人である。この戦争における民間人の死亡者数が多いのは、主として戦争の副作用によるものだ。この場合は飢饉による病気と飢餓、それに加えて一九一八年のスペイン風邪による死者も一定の割合で存在する（確かに、スペイン風邪は兵士たちが世界中にそれを広めたことによって悪化したというのは事実だが、歴史上の致命的な風邪の流行の定期的な変異を見れば、何にせよスペイン風邪が発生していたことはほぼ間違いない）。両側からのヒステリックなプロパガンダに反して、民間人が射殺されるとか、あるいは戦争の直接的な結果として殺されることは滅多に無い。

第二次世界大戦（一九三九―四五）における民間人の死者数はさらに悪い。全死者数の六〇から六七％である。これは主として両方の側が間もなく民間人を「偶然の的」とみなすようになったからである――すなわち民間人は（非常にしばしば）公式的には的ではないが、どちらの側も、敵の非戦闘員を殺せば敵側の士気と戦争遂行能力を削ぐことができると考えたのだ。実際にはこれは部分的にしか正しくなかった。民間人の領域への攻撃――特に地上からの砲撃や空中からの爆撃――は、実際に軍需産業に混乱をもたらす。だがそれは致命的でもなければ、長期的でもない。そしてそれが著しく士気を下げるということは確実にない。実際、復讐への欲求とその結果としての暴力の激化という双子の人間の動機のお陰で、いずれの側も、究極的にはそれほど多くの非戦闘員を殺したことによって得たものよりも失ったもののほうがはるかに多かったということを認識した。だがその時には既に遅すぎた。

またその教訓は記憶に留められることもなかった。朝鮮戦争（一九五〇—五三）において、民間人の死亡率は第二次世界大戦の高い方の見積と同じだった——六七％。つまり軍人一人当たり二人の民間人が死んでいると言うことだ。ある見積によれば、北朝鮮の民間人の死亡者は全人口の二〇％に及んだという。第一次・第二次インドシナ戦争——世論では一纏めにされて「ヴェトナム戦争」と呼ばれる——（一九四六—七五）においては、民間人の死者数——ヴェトナム人だけで——はこれまた六七％であった。

この最後の事実は注目に値する。と言うのも、高い民間人の死亡率を引き起こすのは特定の国の野蛮さではないということを意味しているからだ。ヴェトナム戦争には多彩な交戦国が参加していた——南北ヴェトナム、フランス、合衆国、韓国、オーストラリア、ニュージーランド、ラオス、カンボジア——そしてその全てが多かれ少なかれ、戦闘地域の中の民間人居住区を標的にしていたのだ。だがヴェトナム民間人の死者のほとんどは村や都市に対する砲撃と空爆によるもので、ゆえに「付随被害」に分類されるものであった。

より近年になると、その数字は議論の余地のあるものとなる——その時々の政治状況に関係するようになるのだ。第一次チェチェン戦争（一九九四—九六）では、ロシアが独立勢力を弾圧しようとしたが、一七三九一人の叛乱軍を殺した。ロシア軍は五七三二人の男たちを焼いた。[*1] 総計二三一二三人の軍人が死んだ。同じ時、同じ地域で、五万から一〇万の民間人が死ぬか行方不明となった。それはつ

＊1　数字は二〇〇一年のロシア政府の公式報告書より。

まり、死者の五四％から七七％が民間人だったということだ。

二〇〇三年のアメリカと英国によるイラク侵攻では、公式的には民間人の死者は三三％だった。だがそれに続く一〇年、すなわち二〇〇三―一三年のイラクにおける混沌によって引き起こされた死を計算に入れるなら、その数字は七七％の民間人の死に跳ね上がる。

それでは、全ての兵士が潜在的な怪物なのか？　本書においてはここまでの時点で、そのように結論を下す客観的な判断を導き出すに足る十分以上の証拠を考察してきたと思う。ごく普通の人間でも、軍服を着せられれば、自分自身で残酷、野蛮、あるいは純然たる悪と信じているような形で振舞うように仕向けることができるのである。彼らは自らの意志で残虐行為に関与しうる。ただ「他の者も全員やっている」とか、「誰も私にそれをするなと命令していない」というだけの理由で。

このような倫理的犯罪は軍隊生活のあらゆるレベルに見出すことができる。その武器を非武装の民間人に向ける兵卒や警官から、自分で無駄に命を奪うと解っている命令を非情に下す指揮官にいたるまで。そして現代の国家ではごく普通の非武装の民間人ですら、それに連座することもありうる。なぜなら暗黙の（あるいは言葉による）過半数の世論の支持がなければ、このような戦争犯罪は稀、あるいは未知のものとなりうるからである。

このわびしい結論に対する希望の光は、第二次世界大戦直後に、アメリカの戦史家S・L・A・（「スラム」）・マーシャル大佐によって提唱された。彼とその小さなチームは、戦闘が行なわれた直後に、戦場で米兵にインタヴューした。彼の結論は一九四七年に『発砲しない兵士たち』として出版され、軍を揺るがせた――特に合衆国の、だが世界中の。

マーシャルによれば、戦術分析の最も単純なレベルにまで突き詰めると、戦闘に勝つのは最大の銃砲撃を敵に集中させることができる側である。そして発砲の効率は兵士の練度による。彼によれば、司令官は彼の部隊のどの程度が精確な射撃ができるかを問わねばならない。そして彼らは良く調整され制禦されたやり方で発砲したか？　そして兵士は発砲のあらゆる機会を活用したか、たとえ自らが撃たれる危険に曝されても？

話を解りやすくするために、マーシャルらは合衆国のさまざまな戦闘兵を被験者として、最近の戦闘で発砲したかを訊ねた。不可解なことに平均して七五％の者が、このところずっと撃っていないとか、そもそも一発も撃ったことはないと述べた――反撃しなければ自分自身の命が危ないというときですら。また全身全霊で戦った者の中でも、あらゆる戦闘で常にそうであった者はわずか五％しかいなかった。撃たなかった者は臆病ではない――勇敢にも戦場に進軍したし、今後も戦場に戻る意志はある――だが実際に攻撃をすることは困難もしくは不可能だと解ったのだ、たとえ完全なる敵の標的が姿を現したとしても。

「スラム」マーシャルは平和主義者ではない。彼の研究の主要な目的は、米軍がより効率的に敵兵を殺せるようになることである。だが彼の結論によれば、合衆国のＧＩは殺しを忌避するように徹底的に社会的に条件付けられており、大多数は文字通り戦うことができないのである、たとえ護身のためであったとしても。彼らの軍事的基礎訓練は、二五％を除く全てにおいて殺しへのタブーを破ることに失敗した。もしもマーシャルが正しいなら――最多の弾を撃った側が、衝突、戦闘、戦争に最も勝つと思しい――アメリカ人が第二次世界大戦に勝った理由は、彼らが最終的に、招集することのできる兵隊の備蓄がはるかに多かったから、ということになるだろう。七五％ものＧＩが戦えないということは、残りの二五％の数そのもので埋め合わせたということだ。

この研究の結果は意図的な虚偽でもなければ、いい加減に行なわれたものでもない。マーシャルらはヨーロッパと太平洋の両方の戦域で何百人もの米兵にインタヴューし、明らかに彼らの率直さを確信していた。これらの男たちは自らの消極的な平和主義を誇っていたわけではなく、面白半分に研究者たちをからかっていたわけでもない。兵士自身の、自らが戦いたくなかった理由は実にさまざまである——パニック、低い士気、PTSD（「シェルショック」の方が通りが良い）、突然宗教的あるいは人道的確信が強まった、あるいは単に戦況がどうなっているのか判らなくなり、戦友を撃ってしまうかも知れないと恐れたから。だがマーシャルによれば、これらの合理的・理性的説明を超えて、アメリカの文化的教育という無意識の影響があったという。

［アメリカの歩兵は］彼の家庭、宗教、学校教育、そして社会の道徳律と理想が創り上げたところのものである。軍は彼を変えることはできない。彼は、生命を奪うことと結びつく攻撃性が禁じられ、受け入れられない文明の出身であるということを考慮に入れねばならない。その文明の理想は、殺すこと、弱みに付け込むことに反対している。攻撃性に対する恐怖はあまりにも強烈に彼に表明され、そして彼によってあまりにも深く、普遍的に吸収されているので——文字通り、母乳と共に——それは普通の男の感情構造の一部となっている。これは彼が戦闘に突入した時に大きなハンディキャップとなる……この問題に関して、ヨーロッパ戦域の医療隊精神科医による戦闘疲労症の症例研究を通じて光が投げかけられている。それによれば、殺されることに対する恐怖よりも殺すことに対する恐怖の方が個人の戦闘疲労症の最も一般的な原因であり、それに次いで失敗に対する恐れが有力な二位であった。[*2]

第二次大戦後、二〇年以上にわたって、『発砲しない兵士たち』は多大な影響力を持ち、ほとんどの士官学校で必読書とされた。だが今日では、S・L・A・マーシャルの仕事は信頼できないと広く受け止められている。彼の調査スタイルは科学的というよりもむしろジャーナリズム的であると。戦場という状況下においては、彼の結論を裏付けるような確証的な仕事はほとんど、あるいは全くできないと。実際、ヴェトナム戦争中の一九六七年に彼自身が行なった類似の研究では、彼がインタヴューした戦闘兵の一〇〇%近くが良心の呵責無く、殺すことを狙って武器を発砲したと答えている。

だが、S・L・A・マーシャルの第二次世界大戦研究は全く無価値なのか？　あるいはさらに悪いことに、誤解を招くものなのか？　以後半世紀に及ぶ研究――泡を食った軍によって行なわれたもの――が示すところによれば、ほとんどの兵士は、特に下士官以下の「正規軍」の兵士は一般に、基本訓練によって社会的に再プログラムされれば、殺すことに対するどのような心理的障害をも克服する。実際、ほとんどの現代の研究は、兵士の中で「凍り付いて」しまったり、あるいはその他の形で戦闘を拒否する者はわずか二〇%程度に過ぎないことを示している。

だが、『発砲しない兵士たち』を読むと、マーシャル自身は、個人的には自分の調査の軍事的意味に恐れ戦きつつも、それに確かな自信を持っていたことは一見して解る。彼の一九四四―四五年の研究が正しく、なおかつ一九六七年のヴェトナムでの研究もまた同様に正しい、ということはあり得るだろうか？　後者においては、合衆国の兵士の間にほとんど気楽に殺す意志が見られたというのに。

第二次世界大戦時のGＩが殺すことを躊躇ったのは社会的タブーのためであったというのが正しい

＊2　S. L. A. Marshall, *Men Against Fire* (Chapter 6, page 78) (1947)

のなら、その後の数年で変わってしまったのは社会的タブーの方なのかも知れない。つまりアメリカ人が殺しを避ける必要性が低下したのである。確かに、第二次世界大戦で戦ったＧＩの多くは自分の軍隊での職務に対して道徳的葛藤を抱いていた。

第一次世界大戦後、合衆国は全国的に強い厭戦感情に囚われた。塹壕での殺戮の恐ろしい報告を聞いたからである。多くのアメリカ人はヨーロッパの戦争に巻き込まれたのは間違いだったと感じるようになった――その感情は英国が一九三九年にドイツへの宣戦を布告し、アメリカの軍事援助と部隊支援を求めるようになると、ポピュリズムの〈アメリカ・ファースト〉運動で広く喧伝された。その結果、両大戦の間の時期、アメリカ文化は軍国主義から遠ざかった。政治的・経済的圧力の下、米軍は事実上、張り子の虎のように縮小された。ある意味、それゆえに日本人は一九四一年一二月に真珠湾を攻撃するに十分なほどの自信を付けたのだ。

両大戦間の時期には、またアメリカの強力なキリスト教リヴァイヴァル運動もあった――特に中西部と南部の諸州において。これらの地域は最終的には第二次世界大戦での戦闘に配属される合衆国の部隊への人材のかなりの割合を提供することになる。一九三〇年代の百姓の子供たちや地方の町人にとって、聖書は簡単に手に入る娯楽のほとんど唯一の様式だった。そしてその主要なメッセージは――少なくとも新約聖書においては――兄弟愛と「汝殺すなかれ」である。

同じ頃、合衆国の大衆文化――映画、新聞、書物など――もまた暴力の美化から遠ざかっていた。当時、アメリカの路上で起る揉め事の主要な原因と言えば酒の密売組織の縄張り争い。このようなギャング団はどこでも無価値な愚連隊として蔑まれていた。だが時には、彼らと戦う法執行官もまた同様の侮蔑を受けていたのである。今では忘れられて久しいが、創設当初のＦＢＩはその乱暴な捜査手法をさんざん批判されていた。ボニーとクライドのような無慈悲な殺人鬼、そしてジョン・ディリンジャーのような兇悪な銀行強盗を人気者にしたほとんど唯一の理由は、当局が彼らを銃殺したことだったのである。

ゆえに、第二次世界大戦中の平均的な二十何歳かの下士官以下の米兵は、殺しに対する強い社会的・倫理的タブーを持っていたと思われる。それは——何らかの形で——子供時代から叩き込まれたものである。マーシャル自身、枢軸国の兵士にはこのような問題が存在しないらしいことに気づいていた。ドイツ、イタリア、そして日本は少なくとも戦争前の一〇年間、その大衆・政治文化において好戦的な熱意を涵養していた。彼らの若者の多くは祖国の敵を殺すことは人生最高の目的であると信じるように教育されていた。

だが、喜んでヴェトナムとそれ以後の戦争で人を殺しているように見えるアメリカのベビーブーマー——終戦直後に生まれた子供たち——はどうだろうか？　人殺しに対する彼らのタブーはどうなっただろうか？

アメリカ人にとって、第二次世界大戦の余波は、第一次世界大戦の余波と同じではなかった。枢軸国の戦争における残虐行為が明らかとなると、ほとんど全ての者が、このような卑しむべき敵を討つことは価値ある大義であった、むしろ聖なる営みであったと信ずるようになった。ハリウッドという宣伝機関は戦争中は何十もの好戦主義的な映画を制作してきたが、終戦後もそれを継続した——戦争で戦ったＧＩを持て囃し、好調な売り上げを叩き出したのだ。

庶民でも買えるＴＶの生産は、すぐにこれらの映画をお茶の間に持ち込み、また多くのＴＶ番組も重点的に暴力を賞揚した。例えば現代アメリカの新保守主義運動の祖先であるレオ・シュトラウス教授によれば、一九五〇年代の学生はＴＶの西部劇『ガンスモーク』に魅了されていたという。この番組では、架空のドッジ・シティの連邦保安官であるマット・ディロンは白いステットソン帽を被り、毎週毎週黒いステットソン帽を被った悪漢を射殺する。ストラウスは特に、この番組の神話的要素に深い感銘を受けた。善人は一目で視聴者にそれと解り、好感が持てる。悪人はどいつもこいつも見るからに悪党で、そいつらが敗北すると当然のように視聴者は喜ぶ。

シュトラウスが学生たち（彼らの中には、後に高級官僚や政策専門家となった者もいる）に説いたところによれば、現代のアメリカ社会はこのような単純な神話を必要としている――たとえこれらの神話が、その主題を馬鹿馬鹿しいほど過剰に単純化しているとしても。ソヴィエト連邦、中共、冷戦の脅威は、合衆国そのものを存亡の危機に陥れている。だが多くのアメリカ人は依然として、かつての反枢軸国の同盟に共感し、共産主義に対しても同様の親しみを感じている。ストラウスによれば、アメリカの大衆には冷戦政治学の描き出す単純な「われわれか彼らか」という描写を与えねばならない。共和主義者は「黒帽」であり、アメリカとその同盟国は「白帽」である。そして白帽が黒帽を打ち破るのは、常に正しく高貴な営為である。ＱＥＤ。

レオ・シュトラウスのこの見解には、当時のアメリカの時代精神が大いに谺《こだま》している。マッカーシズム――一九五〇―五六年にアメリカで繁茂した――は反共産主義の偏執狂と右翼の虐めを極めてファッショナブルなものにした。社会政治的魔女狩りは間違いなく、アメリカが国連を助けて朝鮮で戦った、あの血みどろの尻切れ蜻蛉の戦争によって煽られた。一九五〇年六月から一九五三年七月までの間、合衆国のＧＩは英国のトミー・アトキンズや資本主義の韓国人と共に、共産主義の北朝鮮とその同盟国である中共と戦った。この戦争で、軍人民間人併せておよそ三〇〇万人が死んだ。そして双方の側の部隊の文化的・人種的差異がその政治的差異を強調した。双方共に、自分の敵は間違いなく「黒帽」であると感じていた。

S・L・A・マーシャルもまた韓国に行き、またしても戦闘を終えたばかりの兵士にインタヴューした。今や五〇%以上の者が、大した躊躇もなく殺すために発砲したと答えた。これは――米軍にとって――第二次世界大戦時の報告にある二五%から見れば大幅な向上である。だがそれでも少なくとも合衆国のGIの四五%は潜在的に、戦闘において使い物にならない兵士であるということになる。

もしもマーシャルの三度にわたる合衆国の戦闘兵の研究（第二次世界大戦、朝鮮、ヴェトナム）を額面通りに受け取り、次にそれに続く研究の結果を付け加えるならば、歪なベル型曲線のグラフを描くことができる。先ず一九四四年には常に良く戦う歩兵は全体の二五%ほどだった。それから一九五〇年代の朝鮮戦争の頃には戦う者が五五%にまで上昇した。その頂点は一九六七年のヴェトナム戦争で、九五%以上の者が射殺に対して良心の呵責を感じなかったと答えた。それからまた下落して、現代の米兵で戦闘中に「凍り付く」ことがないのは八〇%である。

では、この汚いグラフの意味するところは何だろう？　アメリカの曾祖父はアメリカの祖父や父や現世代よりも虐殺を引き起こすことが少なかったということ以外には？　それは、われわれが既に推測したことを告げている――暴力における社会的トレンドは、下がることもあれば上がることもある。平和の幸福な時代は、それが継続する保証にはならない。

S・L・A・マーシャルの統計、そして『発砲しない兵士たち』のためにデータをまとめる際に彼が用いた調査手法は、現在では信用の置けないものとみなされているかも知れない。だが、彼の結論を完全に棄て去ってしまうのは間違いだろう。第二次世界大戦の際に合衆国のGIの七五%が使い物にならなかったというのは確かに信じがたい。だがマーシャル等は、文化的に注入された殺しへのタブーを精確に突き止めたように見える。それは本物であり、一九二〇年代と一九三〇年代に育てられた多くのアメリカ少年の教育に遡ることができる。マーシャル自身、こんなことがありうるということを明らかに信じたくはなかったが、圧倒的と思えるような証拠の前に屈せざるを得なかった。まさにその事実そのものが、その結論に根拠の一つを与えている。

確かに、異なる文化の軍隊は自らの戦闘の役割に驚く程異なる態度を示すというのは事実である。ある軍隊は攻撃的で愛国主義的で、時には自らの好戦的な衝動を満たすために民間人である統治者に不要な戦争の開始を強いる。また別の軍隊は国内の権力を希求し、クーデターによって自国の政府を掌握し、軍事独裁政権を建てる。現代社会のほとんどの軍隊は自らを平和維持軍であり、無防備な者を守る者であるとみなしている。だがある者はこの高貴な仕事に携わる内に、気がつけば残虐行為に陥っているのだ――ミライ集落におけるチャーリー中隊の紅顔の若き兵士のように。

第15章 「群衆の狂気」

「大衆文化」のような曖昧なものが、比較的短期間の内に一国の考え方の中に大変化を引き起こしたりできるものだろうか？　例えば一世代か二世代の間に、S・L・A・マーシャルの戦闘効率の研究における米兵に起こったように。間違いなく、より厳重なメディア規制を信ずる者はそれを信ずるだろう。彼らの主張によればポルノグラフィ、血腥い映画、猥褻なTV、暴力的なビデオゲームなどに接すれば接するほど、視聴者の精神的・道徳的高潔さは堕落し、究極的には強姦やその他の暴力犯罪が増えるという。そして確かに一九九〇年代半ばまでは、全ての証拠はそのような娯楽を制限もしくは禁止すべきとする者に味方しているように見えた。

一九六〇年代半ば――ヒッピーと反体制運動が西側諸国の若い世代の中で圧倒的な支持を獲得しつつあったのと同じ頃――から、合衆国における暴力発生率は鋭く上昇しはじめた。例えば一九六〇年の合衆国における平均殺人発生率は市民一〇万人当たり五・一件。これが一九七〇年には七・九件に上昇する。強姦の統計も同様である。一九六〇年には合衆国市民一〇万人当たり九・六件、それが一九七〇年には一八・七件とほぼ二倍になる。

その後の三分の一世紀の間、合衆国の暴力犯罪発生率は上昇を続けた。それが頂点に達するのは一九八〇年の一〇万人当たり一〇・二件――二〇年前の殺人発生率のちょうど二倍である。一九八〇年の合衆国の強姦統計は一〇万人当たり三六・八件に達した――一九六〇年のほぼ四倍。同じ期間に、より安価な印刷手法、ホームビデオのテクノロジー、そして家庭用コンピュータ（および基本的なコンピュータ・ゲーム）の到来により、ポルノや暴力的なものへのアクセスはこれまで以上に容易に、そして広範囲に及ぶものとなった。これはある者にとっては、猥褻と野蛮が密接に関係しており、適切な検閲がなければ文明が堕落することの明白な証拠であった。

だが一九九〇年代半ば以後、アメリカの暴力発生率はかなり低下した。地球上のその他の地域も大なり小なりそれに倣っている。二〇一四年には合衆国は一九六〇年とほぼ同じ殺人発生率の水準に戻った。アメリカの強姦統計の下落はそれほど速くはなかった――一九六〇年の二倍強である。だが同様に一九九三年以後、下落傾向はほぼ続いており、しかも強姦の記録上の統計が高いのはおそらく一九六〇年代初頭よりも現在の方が強姦が報告される事例が多いからだと考えられる。

この暴力発生率の下落はインターネットの発明と普及に伴うコミュニケーション革命の直後に起こった。インターネットはアナーキーな媒体であり、主として自己支配的で、それを統制または検閲しようとするほとんど全ての政府の試みを上手く拒んでいる。今日では――主としてインターネットのお陰で――ハードコア・ポルノはこれまで以上に普及した。同時に映画はしばしば極端な暴力を描くようになった。TV画面はこれまで以上に大胆なコンテンツを映している。そして多くのコンピュータ・ゲームは、人々に残酷な野蛮を演ずることを可能としている。ならば、なぜ文明は崩壊していないのか？

その答え――検閲好きなロビイストが、今頃大発生していると信じていた類いの野蛮な犯罪者を相手にしている心理学者からの――は、このようなものが反社会的行為を引き起こすことは、もしあるにしても滅多に無いということだ。確かに多くのシリアルキラー、連続強姦魔、その他の習慣的に暴力を揮う人間が中毒のようにポルノグラフィやSM的娯楽を見るというのは事実である。だがこのような暴力的な犯罪者の社会復帰を目指す人々の研究――そしてしばしば、これら犯罪者自身の意見――によれば、ポルノと暴力的娯楽は既に充分に確立されている反社会的姿勢や習慣をサポートする程度のものに過ぎない。

間違いなく、暴力的な人間をこのような娯楽から切り離すことは――通常は刑務所や精神病院で――彼らを社会復帰させるのにほとんど、あるいは全く役に立たない。卑猥なメディアそのものがその反社会的行為を動機づける上での主要な要素となっている場合なら確かにそうだろうが。猥褻物が彼らの心の糧になるとは考えがたいが、それが彼らを怪物に変えたわけではないし、怪物的な行為に及ぶよう直接的に唆したわけでもない。スラッシャー・ムービーを見ることでだれもがシリアルキラーになるわけではないし、ポルノを見て自慰をすれば強姦魔になるわけでもない。それは例えば、食品の広告を見れば間食してしまうというのと同じではないのだ。刺戟と暴力犯罪の原因の関係はあまりに複雑であり、そのような直接的な圧力を生み出すようなものではない。

何が個人を暴力行為に駆り立てるのか、あるいは忌避させるのかについては、本書の最後の方の章で詳しく論ずる。ここでは民間であれ軍事であれ文化全体を、流血を忌避することから、戦闘と攻撃性を高貴な職業として称揚することへと揺れ動かすものは何かを考えたい。あるいはその逆方向へと。

そしてまたしてもわれわれは本書の主要な問いに触れる。人間は――種として――本質的に残酷で野蛮なのか、あるいは本能的に慈悲深いのか？　殺人は普通なのか、それとも異常なのか？　どちらの答えを受け入れても、疑問が生まれる。もしもわれわれが狼や虎のような生まれついての殺し屋であるのなら、なぜわれわれのほとんど――そして実際、歴史上のほとんどの人――は他の人間を殺したことがないのか？　もしもわれわれが生まれつき慈悲深いなら、なぜわれわれの共有する歴史のほとんどは流血のカタログなのか？

この問いは初期人類の進化に関する「チンパンジー仮説」と「ボノボ仮説」の論争に立ち返る（第5章参照）。チンパンジー仮説によれば、先史時代の人類は生まれながらに暴力傾向がある。つまり彼らは基本的に、レイモンド・ダートの言う「キラーエイプ」である。一方ボノボ仮説によれば、人間の暴力傾向は不自然な環境――主として文明化による――で生きるストレスによって強制されたものである。われわれの問いは、人間の無駄な暴力は氏か育ちかというものだ。ストレスに満ちた困難な世界への反応として習得したものなのか、あるいは単に一部の人間は初めから純然たる怪物として生まれてきたのか？

この問題は、人間が――文明の有る無しに関わらず――極めて特殊な生物であるという事実によってさらにややこしくなる。そして第9章で見たように、われわれは周囲を取り巻く文化的な力よって恐ろしいほどの同調圧力を揮い、あるいは洗脳までする傾向が強い。個性や自由意志などの感覚を重視するのと同様に、われわれの一部は常に自分が傾倒する社会集団の支配下にある。そしてもしもこれらの文化的な力が平衡感覚を失えば、われわれは自分の行動が過激化して行きつつあることに全く、あるいは部分的にすら気づくことなく、ずるずると引きずられていく。

一九三〇年代初期のドイツ人を考えてみよう。多くの者は社会主義者で、共産主義者すらいた。慈悲深きキリスト教はほとんど全てのドイツの共同体の主要要素であり、そして多くのドイツ人は――

第一次世界大戦の塹壕での恐ろしい体験の後に——平和主義に傾いていた。にも関わらず一〇年後には事実上、国民全体がファシスト政府の情け容赦のない征服とジェノサイド的な「民族浄化」の全面戦争を支持していた。ナチス時代の前後の両方の観点から見れば、ドイツ人は集団的に狂気に走ったのだ。

同様の好戦的な精神病は同時期の日本も支配した。一九八三年の映画『戦場のメリークリスマス』(ローレンス・ヴァン・デル・ポストの半自伝的捕虜収容所小説『種子と蒔く者』に基づいている)は、日本人が情け容赦のない帝国建設に向けて文化的に堕落していったことを端的に要約している。

ローレンス大佐：彼らは不安な民族の国なのです。そして彼らは一人では何もできない。だから彼らは発狂したのです、集団で。

だが実際には、日本人もドイツ人も、他の全ての民族よりも国家的狂気に囚われやすいということはなかったし、現在もない。それなりの環境にあれば、どんな国家、文化、あるいは集団も非人間的行為を黙認し、そしてそれを文明の高みとすらみなすのである。われわれは既にマッカーシズムについては言及した。一九五〇年代に国を二分した、全米挙げての魔女狩りである。マッカーシズムは何千もの人々を——時には左翼に共感したという疑いのみで——ブラックリストに載せて職場から締め出し、公的生活から追放した。

それならば、ヨーロッパ全土で少なくとも三世紀にわたって猖獗を極めた実際の魔女狩りはどうだろうか？　ほとんどの歴史家はキリスト教の魔女狂騒を、一五世紀後半に始まったと考えている。なぜなら一冊の本――『魔女の鉄槌』《マレウス・マレフィカルム》――が二人のドミニコ会修道士の手によって発刊されたのが一四八六年だからだ。この本は中世のベストセラーとなり、サタンの魔女術に関する偏執狂の嵐を揺立てた（五世紀に活動した聖アウグスティヌスは、魔女は実際には完全な人間ではなく、人間と悪魔の合いの子であると規定していた）。

『魔女の鉄槌』の基本的な主張によれば魔女はどこにでもおり、悪天候から男性の不能までありとあらゆる災いを引き起こす。著者である二人の修道僧は明らかに、魔女の脅威は凄まじいものであり、魔女術を行なったという告発だけでも罪の決定的証拠と同等のものとみなさねばならないと感じていた。もしもそれ以上の証拠が必要なのであれば、無制限に拷問を用いれば間違いなく自供を引き出せるであろうと。

同書の人気は、それが中世という時代にあっては一種のＳＭポルノグラフィでもあったという事実によって煽られたのだろう。同書は涎を垂らしながら魔女と悪魔の性的狂態を詳細に描き出し、容疑者が魔女であることを自供するまで裸に剥いて拷問する方法を入念に述べる。こういう内容にも関わらず『魔女の鉄槌』はカトリック教会に黙認され、むしろ推奨された。だがもしも読者がこの本を読みながら性的に興奮したなら、当然ながらその罪を司祭に告白せねばならない。

当時の教皇インノケンティウス八世は教皇教書『いと高き熱意もて願う』《スムミス・デシデランテス・アフェクティブス》を出してヒステリーの炎を煽っていた。これはドイツにおいて告発された魔女に対する異端審問所の訴追に権威を与えたものである。インノケンティウス八世はまた、それ以外の二つの点で歴史的に興味深い。彼こそ、もしも奴隷主が野蛮人の海賊から買って来た異教徒の奴隷をキリスト教に改宗させるために何らかの努力を払ったのなら、奴隷売買はキリスト教的事業であると定めた人物なのだ。また彼は医学史の上にも名を残しており、その死の床で史上初の輸血を受けた。輸血と言っても、三人の一〇歳の少年の血を飲んだのだが、それでも彼の命は助からなかった。少年たちは三人とも死んだ。失血死か、傷口から敗血症を起したのかも知れない。

歴史家は、何人の人間が魔女術の罪で告発されて処刑されたかの点で一致を見ない。見積はヴォルテールによる三〇万人から、ゴットフリート・クリスティアン・フォークトの導き出した九〇〇万人までである（共に一八世紀に活動した）。犠牲者は死ぬまで拷問され、斬首され、生きたまま吊されたり火炙りにされた。衝撃的なことに、処刑された「魔女」の中には子供、あるいは幼児までいた。そしてこれらの殺された人々の八〇％ほどが女性であった。無論、このような家父長的な社会では、魔女狩り人、異端審問官、裁判官、拷問吏、処刑人は全員男だった。ゆえに、謹厳実直な司祭の抑圧された性欲、および女たちを裸に剥いて「悪魔の印」を探す機会こそが、魔女狩りヒステリーを駆り立てた基本的な要素だったのではないかとの疑いは免れない。

（一四三一年、ジャンヌ・ダルクが異端と男装の罪で火刑に処された時、処刑人は彼女の服が部分的に燃え尽きるのを待ってから一旦火を弱めたという。こうして露わとなった彼女の下半身を観衆に楽しませた後、再び火を煽り、彼女を焼き殺した）。

だが、この魔女ヒステリーのもっと根本的な原因は――サディスティックな窃視症以上に――無知と、そして自分の不運の責任を自分以外の者に向けようとする人間の生まれながらの傾向である。人々はなぜ作物が不作になるのか、なぜ地震が起こって家が倒壊するのか、なぜ癇ができるのか、なぜ嫁が鋳掛け屋と一緒に出て行ったのかを知らなかった。彼らはそれが自分の百姓としての未熟さの所為であり、出来の悪い家を建てたからであり、酔っ払って池に落ちたからであり、毎日嫁を殴っていたからだということを認めたがらない。いや、こうした災いは全て、悪魔のような魔女の邪悪な呪いの所為なのだ。そしてもしも、余り好きではない人物――たとえば、まあ、放浪の鋳掛け屋――が手近にいれば、そいつこそが邪悪な魔女なのだと思い込むことはいとも簡単である。

司祭だの神官だのは常に、第6章で見たように、人間の知識の中の無知の空隙を、信じることのできる面白い物語で埋めてきた。このような物語は意図的な創作、自己欺瞞、神の啓示、あるいはその三者の混合の結果かも知れない。だが要するに、それは同じ源泉に発している――宇宙の機構の働きのほとんどに対する人間の普遍的な無知である。啓蒙思想以前の司祭は、なぜ作物が駄目になるのか、なぜ地震が起こるのか、基本的な衛生で何ができるのか、あるいは（多くの場合）なぜ女を虐待すると逃げ出すのかということについて、俗人と同じく、全く何も知らなかった。だがそれは全部神の意志だとか、悪魔の仕業だとか言っておけば、一般に無知の空隙は埋められ、ほとんどの人間は満足する。

そして、他の全てのプロのエンターテイナーと同様、司祭は聴衆――というか、この場合は会衆――の気分を感じ取らねばならない。教区民が人身御供を――魔女狩りという形で――求めているのならば、それに対していつまでも抵抗を続けることはありそうもない。たとえ、キリスト教の聖職者の場合、そうすることは彼らの上辺だけでも慈悲深い宗教が唱道しているほとんど全ての教義に反するとしても。

また、魔女熱狂がかくも多くの命を葬り去ったのには経済的な理由もある。天文学者のカール・セイガンが一九九五年の著書『科学と悪霊を語る』で指摘しているところによれば、ヨーロッパ一円の魔女狩りはまた膨大な費用のちょろまかしでもあった。告発された魔女が裁判を待つ間、彼らとその家族はその費用を支払うことになっていたのだ。これは監獄の独房の部屋代と宿泊費のみならず、監守への手当（ワインの支給も含む）、裁判長、弁護士、司祭への立派な食事代も含まれている。多くの場合、被告人はまた、彼らに使用される拷問具の購入と維持費、彼らを生きたまま焼くための薪代も支払わされた。処刑後に残された財産がわずかでもあった場合、訴追者と教会で平等に分ける。つまり魔女術の告発はちょっとした小遣い稼ぎになったのだ。「魔女」の供給が干上がらない限り。

だが実際には、訴追して儲けるための魔女の数が枯渇するということは滅多に無かった。被告人を拷問する目的は彼ら自身の罪を強制的に自供させるのみならず、また近隣の他の魔女の名前を聞き出すためでもあったからである。時にはこのドミノ式の起訴により、辺り一帯がほとんど無人化してしまうこともあった。そしてもしもこの過程の非人間性と腐敗を批判したりしようものなら、その批判者もまた燃える薪の上で生涯を終えることとなる。結局のところ、〈母なる教会〉は魔女の火刑を承認しているのだ。もしも魔女の火刑が過ちなら〈母なる教会〉は悍ましい犯罪に加担していたことになる。そんなことは想像もできないし、あり得ない。ゆえに循環論法ではあるが、魔女の火刑を批判する者は異端であり、彼ら自身が魔女かもしれないのである。

ヨーロッパの魔女狩りは、ほとんどの人が考えているよりもかなり長く続いた――実際にはほとんど一九世紀にいたるまで。記録上の最後の魔女の処刑は一七八二年のことで、四八歳の女中アンナ・ゲルディが、スイスで斬首された。現代の研究者によれば、彼女は有力者である雇い主との不倫が暴露されるのを防ぐために合法的に殺害されたのだという。

ゴットフリート・クリスティアン・フォークトの見積、すなわち中世とルネサンスの時代に宗教的ヒステリーによって九〇〇万人が殺されたという数字すら、あまりにも低すぎる可能性まである。魔女熱狂のルーツはカトリック教会による異端迫害にある。そしてそれは南フランスのカタリ派を滅ぼそうとした一三世紀のアルビジョワ十字軍に始まるとされている。

異端迫害に先立つ行為は既に散発的に起っていた。少しだけ異なるキリスト教セクトの間の、直接的な——そしてしばしば血を見ない——神学的縄張り争いとして。だがカタリ派の信仰——フランスのラングドック地方を中心とする——が教会権力の覇権に対する脅威にまで成長すると、異端は彼らにとって全面的な強迫観念となった。

カタリ派は平和主義、グノーシス的、そして二元論的なキリスト教で、サタンを神に等しい神格とみなす。とはいえカタリ派は悪魔崇拝ではない（その敵が何と言おうと）。だが彼らは、あらゆる物質はサタンが創造したものであり、ゆえに本質的に悪であると信じていた。この教義は教会や貴族の権力者には受け入れられなかった、目玉が飛び出るほどの物質を所有していた彼らは、カタリ派から言外に霊的に不浄とされたことに憤慨していたのである。

教皇インノケンティウス三世は一二〇八年にカタリ派に対する十字軍を糾合した。皮肉なことにそれは同じキリスト教徒のみを標的にするものであった。ヨーロッパ中のカトリックの王は「真の信仰」を「守る」ために兵を送り、一二二八年には事実上、あらゆるカタリ派が信仰を撤回することを強制された。そうでない者は殺されていた。この十字軍の戦略と倫理的姿勢は一二〇九年のベジエの街の略奪に示されている。良きキリスト教徒と異端のカタリ派をどうやって見分けるのかと問われた教皇特使は司祭のラテン語で答えた、「全員殺スベシ、神ハ神ニ属スル者ヲ知リ給フ《カエディテ・エオス、ノヴィト・エニム・ドミヌス・クイ・スント・エイウス》」。宗教的・文化的用語で言えば、アルビジョワ十字軍は成功裏に終わったジェノサイドである。

カタリ派の根絶の後も、カトリック教会はカトリックの神学のほんの些細な細部に対しても公然と疑問を持ったほとんどの者を殺すという習慣を断ち切ることはできなかった。一つの異端的なキリスト教セクト――一五一七年に、教会の経済的腐敗に対する抗議《プロテスト》から生まれた――は、何とかカトリックの迫害と統制から逃れることに成功した。それは後に「プロテスタンティズム」と呼ばれることになる。だが今度はプロテスタント教会が、彼らの言う異端や魔女を殺すことに同様に熱心になった。そして間違いなくカトリックとプロテスタントは中世末期とルネサンスの時代に、しばしば自由奔放にお互いに殺し合っていた――入念に議論された神学的理由のためであったとしても。

ゆえに、ヨーロッパを荒廃させたカトリックとプロテスタント諸国の間の戦争――特に一六一八年から一六四八年までの、破局的な三十年戦争――の犠牲者もまたキリスト教の神学的屁理屈による死者数の中に含めても良いかも知れない。その数字に、同じ頃のヨーロッパにおける多数のユダヤ人虐殺――「キリストを殺した民」との理由で――を追加すると、魔女術迫害などは怪物的な氷山のほんの一角のように見え始める。

この宗教的論争と流血の多くの主たる動機は死後の世界、特に地獄に対する信仰である。「真の信仰」の人は天国に送られ、それ以外の者は全員地獄に堕ちるという信仰は、ほとんどの社会において大いに影響力を揮ってきた。だが主として過去二〇〇〇年の話である。部族および都市化以前の文化でも確かに死後の世界が信じられていた。だが彼らの信仰は彼らの生活と同様、文明化された人々のそれよりも単純で、ドグマ的ではなかった。ほとんどの場合、彼らの信仰は祖先崇拝に基づいていた。これはその同じ死んだ祖先が死後も霊的に物質界に住み着いているという信仰と組み合わされていた。彼らに祈ったり犠牲を献げたりすることで、子孫が指導や奇蹟的な援助を得られるというわけだ。

われわれの世界とは別の不可視の世界があり、そこには神々と呼ばれる超越的な霊が住み着いているという概念はこの信仰の自然な発展形である。だがそうなっても、ほとんどの紀元前の宗教は神々の領域は実際にはわれわれの物質界の一部であると信じていた。例えば古代ギリシア人は、彼らの神々はオリュンポス山の頂に住むと考えた――現実の山ではあるが、接近を拒むほどに高く、遠い。ゆえに（われわれの知る限り）誰一人、この神に直接会うために登った者はいない。今日においても大抵の人は天国はどこにあると訊かれれば、冗談半分に上を指すだろう。これは多くの初期の宗教が、雲は遠くにあって平和そのもので平穏だ。神々が住むのに理想的な場所だと考えたことの名残である。

地獄もまたほとんどの一神教以前の宗教にとっては物質界の一部であったが、しばしば地下のどこかにあるものと考えられた――ギリシアの死者の神ハデスの領域であるタルタロスのように。冷たくじめじめした洞窟に入った者――あるいは火山の爆発を見た者――は誰でも、なぜ宗教における地獄がしばしばそのどちらか、あるいは両方として想像されているのかと考えただろう。

だが初期の地獄の観念は刑罰的なもの――悪人に相応しい地獄的な苦痛を味わう場所――ではなかった。むしろ死者が幽霊となって地上を彷徨うのを防ぐために、全ての死者の魂を収容する場所とみなされていたのである。贖罪的な地獄――生前に罪を犯した死者を苦しめるために特に設計された死後の領域――が宗教に採り入れられたのは、歴史的には比較的後のことである。神々は特定の罪人に永遠の責苦を与える――たとえば巨人族のプロメテウスは、人間に火を与えたという罪のために大岩に縛り付けられ、内臓を食われては治癒するという過程を永遠に繰り返す。だが普通の人間は一般的にはあまりにも取るに足らぬものとみなされていたので、神々のお気に入りのヘイト・リストに書き込まれることもなかった。

だが旧世界の二つの宗教がその先へ行った。第一は古代エジプトの多神教である。彼らは、悪人の魂は地下の火の湖で煮られると考えた。そこは夜の間、太陽神ラーの太陽の船が通過するところである。だが適切な苦しみの期間が過ぎると、苦しめられた魂はクロコダイルの頭をした怪物に食われ、消滅する。

二元論である古代ペルシアのゾロアスター教もまた、死者の魂は熱で苦しめられると考えた。この場合は地下の溶融した金属の湖である。だが彼らはそれを情け容赦のない刑罰ではなく、浄化の過程と考えていた。魂は邪悪を火で清められ、天国に入るに相応しい者となって、最終的にはそこを出る。

古代ユダヤ教には死後の世界の概念はなかった――彼らの哲学的姿勢は、多かれ少なかれ現代の悲喜劇的不平にまとめることができる。「生まれた。酷い人生。そして死」。だが一世紀が始まる頃には近隣のギリシア人、ゾロアスター教徒、エジプト人の信仰がユダヤ教に浸透し始めていた。とある特別な宗教的改革者にして叛逆者であるガリラヤのヨシュアは、明らかに死後の世界の観念に深く影響を受けていた。そして自分の文化的伝統とのもう一つの訣別の中で、彼はたぶん、遠慮会釈なく親ギリシア的――伝統主義のユダヤ教徒とは対極――であった、と言うのも彼は自らの名をギリシア風に名乗ったらしいからだ――イエスと。

（ギリシアのセレウコス朝は、二世紀前にユダヤを征服し、ユダヤ教を弾圧しようとしていた。そして一世紀現在、政治的・宗教的・文化的反撃は依然として極めて盛んであった。ゆえにイエスがその名を選んだのは、第二次世界大戦直後にジャックというフランス人がヨハンと呼んでくれと主張するに等しい）。

イエスが説いた多くの画期的かつ慈悲深い教えの中には、死後の刑罰という全く新しい概念があった。だがこの点において彼は慈悲深くもなく、寛大でもなかった。実際、彼はギリシアとエジプトの信仰の最悪の部分を採り入れ、繋ぎ合わせたのである。今や地獄は、悪に対する処罰となった、エジプトの火の湖のように。だが同時にそれは永遠に続く、ギリシアの死後の世界のように。二度目のチャンスのための転生というものは無いし、最終的な浄化と昇天も確実に無い。[*1]

イエスが神であろうと（キリスト教徒が信じているように）、神の霊感を受けた人間であろうと（ムスリムが信じているように）、あるいはいろいろやっている内にでっち上げたのであろうと（それ以外のほとんど全員が信じているように）、彼の地獄の教義は宗教思想を由々しく変えた。特に、キリスト教会がその他の競合する全ての宗教に勝利した後のヨーロッパにおいては。

中世において異端や魔女を焼いた者のほとんどは、自分は彼らの魂を永遠の苦痛から救うために苦闘しているのだと馬鹿正直に信じていた。それゆえにキリスト教が罪人を迫害する際には常に悔い改めよと命ずるのである。無論、洗いざらい罪を告白して悔悛したとしても処刑人を追い返すことはできない。結局のところ罪人はその罪のために罰せられねばならないのだ。だが有罪となった人間の肉体の死――苦しみに満ちた、だが群衆を喜ばせる形の――は、それによって犠牲者の魂の永遠の苦痛が回避されたと信ずる者にとっては取るに足りぬことであった。

そして罪人が自供と悔悛をせず、堕地獄が決定したとしても、少なくともその裁判官や拷問吏は確実に堕地獄を免れる。結局のところ――テルトゥリアヌスや聖アウグスティヌスなどの初期キリスト教思想家の崇敬される文書のお陰で――天国の多くの喜びの一つは地獄を見下ろして、そこで行なわれている拷問を見物することだと一般に信じられていた。そして間違いなく神自身、罪人の拷問を喜んでいる。と言うのも、天国の底にこのような展望台を創ったのは他ならぬ神なのだから。

このような宗教に鼓舞された混沌の中、当時は法的な記録の保存も不完全であり、一二〇八年から一七八二年までの間に何人の人間が異端および／あるいは魔女術の罪で――同じキリスト教徒に――殺されたのか、見積もる術とてない。もしもゴットフリート・クリスティアン・フォークトの九〇〇万人の魔女が殺されたという数字が正しいとしても、それはイエス・キリストを守るために殺された人々の中では小さなパーセンテージでしかない。そして無論、辛辣な皮肉だが、悪魔を崇拝する魔女の秘密のカルトなどというものが存在した験しはないのだ。「魔女術の脅威」なるものはヒステリーの幻想であり、聖俗の権力者の偏執狂に支えられ、維持されて来たものだからである。言うまでもなく、彼ら自身の政治的・経済的目的のために。

同様に血みどろの、そして根拠の無いヒステリーは現代社会にも勃発している。西および中央アフリカで時折勃発する魔女恐慌を御覧頂きたい。男の性器を盗み取っていく魔女の噂はスケープゴートへの迫害、暴動、殺人にいたっている（皮肉なことに『魔女の鉄槌』もまた、魔女が男性器を盗むという同じ主張をしている。だがこの時、その著者らは男性のありとあらゆる性的不能の形態に取り憑かれていたという明白な徴候を示している）。人間の身体のどの一部であれ「魔法で抜き去る」などということが物理的に不可能であるという事実、そして性器が消失した男性の医学的・警察的証拠が全く何一つ存在しないという事実も、この信仰を根絶させるにいたっていない。

あるいはまた、一九八〇年代末から一九九〇年代初頭に掛けて英国とアメリカの一部の権威者が信じ込んだ、悪魔の儀式における子供の虐待の話を考えてみられよ。幅広く普及している悪魔崇拝カルトの一部として、養育している子供を性的に虐待したとか、（身元不明の）子供を密かに殺したと訴えられた人々が何十人もいた。この流行が最終的に鎮まった時、そんな儀式を行なう悪魔崇拝などは存

＊1　『マルコによる福音書』9章43－50。ここでイエスは三度にわたって、「地獄では蛆が尽きることも、火が消えることもない」と繰り返す。

在しなかったことが明らかとなった。確かに最悪の場合、不幸な家庭でのありふれた子供の虐待はあったが、それが超自然的な幻想に鼓舞されたものであったという証拠は全く無い。実際には、調査機関にあれこれ訴えている方が超自然的な夢想家であったと思しい。

原理主義者や再生派（しばしば非常に慈悲深く、資金不足で過重労働の社会事業で働いている唯一の人々）は、サタンは実在すると信じている。実在するからには、奴は活発に人々を罪に引きずり込もうとしているに違いない。そう信じている彼らの一部が、現実であろうと空想上のものであろうと、子供の虐待の証拠らしきものがあれば何であれ悪魔崇拝のカルトの印とみなすのも容易なことだ。動揺している子供たちが執拗にインタヴューを受ければ、中には驚くべき悪魔的虐待の物語を述べる者もいる。例えば生まれたての赤ん坊を何百人も生贄に献げたとか、とある忘れがたい事例では、キリンを献げたとか。

そこにどれほどの調査員の誘導が入っていたかが明らかになるのは後に、そのインタヴューの完全な書き起こしが明らかにされてからである。当初、子供は不快であるにしてもごく普通の出来事に驚かされたとか恐かったとか言っているに過ぎない。そこで調査員が、優しく補助的な質問をする。その多くは無意識の内に、彼ら自身の悪魔崇拝者に対する個人的な執着に向けられたものである。子供はすぐさまそれに感づき、優しい大人を喜ばせるために、物語に細部を付け加える。調査員はこのような細部の拡充を「抑圧された記憶症候群」の所為にして、なぜこのような衝撃的な細部が以前には言及されなかったかを説明する。かくして調査員と子供の間に極めて詳細な物語が有機的に作られていく。それも、どちらの側も虚偽や全くの空想に迷い込んでいることに気づいていない。これらの善意の、だが妄想に囚われた調査員が、そのさまざまな事例研究を貯留すると――しばしばタブロイド新聞の記事を通じて——子供を強姦し、赤ん坊を殺す悪魔崇拝カルトの国際的ネットワークの図が出来上がる。

当然ながら、心からの信者である調査員はこのカルトを万難を排して殲滅せねばならぬと感ずる。不幸なことに、そのために難を被るのはしばしば無辜の家族である。人々は告発され投獄され、子供は時に永遠に家族と引き裂かれて養子にされる。それも濫用された薄っぺらい証拠に基づいて。さらにそれに加えて、幼い子供たちは意図的であれ偶然であれ、洗脳に弱い。一部の子供の証人は、後になって自分で調査員に話して聞かせた悪魔崇拝の虐待の話に酷く混乱するという。意図せざるままに話を創作するよう圧力を受け、自分でもその恐ろしい出来事が本当に起ったとすっかり信じ込んでしまっているのである。彼らはあたかも、実際に赤ん坊殺しの儀式を目撃したかのようにトラウマを負っている。

このような国家的狂気と非人間性の時代を鼓舞したり維持したりするのに、権威の支持は実際には必要がない。大衆文化は、自発的にそれ自体の怪物を生み出すのだ……

一六世紀中頃、パリの真夏の祭では、猫の火炙りが好例の呼び物だった。特別な舞台を設け、五、六〇匹の猫の入った大きな網を、下に用意された焚き火の上に下ろして行く。苦痛の鳴声を上げる猫が火で焦げ、焼かれ、最後には炭になる光景に、王や妃も含めた観客は大笑いし金切り声を上げる。明らかに残酷な行為は愉快なものと考えられていた。闘鶏、熊虐め、闘牛、それに狐狩りなどのヨーロッパの多くの伝統的娯楽では、残酷さが見る者を楽しませる要素となっている*2。

動物虐待は多くの――おそらく、ほとんどの――文化において極めて最近まで、良くある娯楽の形態であった。人間社会は常に自分たちを「内集団」と「外集団」――あるいは「真人間」と「クズ」、「善人」と「悪人」、あるいは最も一般的には「われわれ」と「彼ら」――に分けるようである。そして――一般に一七世紀後半のヨーロッパの啓蒙思想と共に始まった慈悲の心理の発達まで――共感や同情は通常、「彼ら」には与えられなかった。

動物はわれわれが食物連鎖の頂点に登り詰めて以来、ずっとわれわれの自然な獲物であり奴隷であったので、ほとんど自動的に「彼ら」の範疇に入れられる（通常、ペットだけが栄誉ある「われわれ」の地位を与えられる――そしてそれは通常、明らかに見える幼い人間との類似のためである）。動物を人間にとって異質であり、興味の対象外とみなす習慣からほんの一歩進めば、彼らを楽しみのために苦しめることに行き着く。

同じことは犯罪者の公開拷問や公開処刑にも言える。社会の司法制度は――そして彼らの行動それ自体が――このような人々を「彼ら」の範疇である外集団の中に置いてきた。そして人類史のほとんどにおいて人間の共同体は小さな、内輪的なものであったことを思い起こさねばならない。ゆえにこのような法的に再定義された人々はしばしば、判決の瞬間までは「われわれの一人」であった。道の向こう側の、妻殺しの男。街の反対側の、金持ちの家から盗みを働いた女。あるいはあなた自身が、何らかの理由で魔女術の告発をした隣人。これらの人々はある日には知人や友人であり、そしてその翌日には叫喚と流血の大衆娯楽となる。このような公開処刑は常に、その他の虞犯者にとっては抑止力になると公式にみなされていた――だが、それを見物する民衆のサディスティックな喜びの叫びは忘れてはならない。

このような共同体的サディズムは余りにも普通のことであったので、人気のある童話にすら採り入れられている。

［邪悪な妃は］はじめはご婚礼の席へ出るのはよそうと思いました。けれども、行かなければ行かないで、やっぱりお尻が落ち着きません、どうしてもその若いお妃というのを見に行かずにはいられなかったのです。そんなわけで、お妃は、その御殿の中へ入ってみると、若いお妃というのは、紛れもない白雪姫でした。胸が締め付けられるように苦しく、それに恐ろしいのなんの、お妃は立竦んだまま、身動きもできません。けれども、この時、早くも鉄の上靴が炭火の上に載せてあって、それが二股の火箸で挟んで持ち込まれ、お妃の前に据えられました。お妃は、その真っ赤に焼けてる上靴を、否応なしに履かせられて、踊って踊って踊り抜く内に、とうとう息が絶えて、ばったり倒れました。おしまい。[*3]

ここにある本質的な矛盾を考えてみられよ。寝物語を読んで聞かせるほど子供たちを愛している人が、拷問による恐ろしい死が正当――というか、実際にはハッピーエンド――であると子供たちに吹き込むことを何とも思っていないのである。むしろ虚構の白雪姫が、ほぼ間違いなく自分の結婚式でこのような血腥く残酷な処刑が行なわれることを要求したということを匂わせている（そして実際、な

＊2　Norman Davies, *Europe: A History* (1996)
＊3　Jacob and Wilhelm Grimm, 'Little Snow-White' from *Children's Household Tales* (1812)

ぜ白雪姫の宮殿には初めから鉄の靴などというものが待ってましたとばかりに用意してあったのか――もしも赤熱した靴が、このお伽噺の国においてはごく普通の処刑方法とみなされていないとしたら?)。

だが公開拷問と処刑は、一九世紀初頭(グリム兄弟が白雪姫のような伝統的なドイツのお伽噺の収集と照合を行なっていた当時)においてはまだ世界のほとんどで一般的であった。間違いなく、このようなサディズムを卑しいことと感ずる人も常に大勢いただろうが、歴史のほとんどの期間において彼らは世論の大波に逆らって泳いでいるように感じざるを得なかったに違いない。啓蒙的な教育、世論、そして最終的には成文法によって、晒し絞首台だの断頭台だのは徐々に撤去されていったのである。

古代ローマ人は大衆の残酷さを一種の芸術にまで高めた。既に第9章においてローマの伝統である剣闘士の闘いを見た。負傷もしくは死亡するまで奴隷を強制的に戦わせることによって、ローマ人はスポーツと宗教的人身御供を結びつけた。剣闘士の闘いは常に厳かに神々に献げられていたが、だからといって唸り声を上げる――そして博打をしている――闘技場の群衆の興が削がれることはなかった。

罪人を生きたまま野獣に食わせる見世物(damnatio ad bestias)はおそらく、ローマの剣闘士の伝統から発展したものだろう。剣闘士の見世物の初期のヴァリエーションの中には武装した男たちが闘技場の中で猛獣を「狩り」殺すというものがあった(現代のラテンアメリカの闘牛のようなものである)。そこから少し進歩すれば、闘いのオッズを変えてみればどうかという話になる。例えば武器を持たない人間を飢えた獣と闘わせるとか、あるいは罪人を杭に縛り付けてライオンや闘犬や野牛などに襲わせるとか。

(このような闘技場の動物の中には、犠牲者を強姦するよう仕込まれたものもいたという事実は注目に値する。つまりサディズムの性的要素はローマの闘技場にも提供されていたのだ)。

ローマ人はこのような処刑兼娯楽を紀元前二世紀から紀元三世紀まで行なっていた――言い換えれば、千年紀の半分である。これに対してここ最近の五〇〇年の間の人類の進歩を見ると、武装騎兵隊は巡航ミサイルに、蛭に血を吸わせる治療は脳外科手術に、アメリカ発見は月面着陸にまで進歩している。Damnatio ad bestias はローマ人にとって一時的な流行などではなかったのだ。このようなグロテスクなやり方で処刑されたのは捕まった脱走兵、毒や妖術を用いた殺人犯、偽金造り、児童誘拐犯、反抗的な奴隷、親殺し、中でも今日においても最も悪名高い初期キリスト教徒のような宗教的厄介者である。ライオンに食わせるのは、ローマ人が犯罪者に対するこの上なき侮蔑を表明する方法だった――たぶん、磔刑以上に。

古代ローマの貴族と文明を擁護する人は、その近隣文化――例えばゲルマン、ガリア、イスパニア、カルタゴ、エジプト、パルティアなど――もまたその処刑と娯楽において同じように野蛮であったと指摘する。ローマ人は単にこれに関して、より特徴的に制度を整えていたに過ぎないと。だがその説は古代ローマ文明が自ら古典ギリシア文明の後継者であると任じ――ギリシア文化を自らの宗教、政治制度、芸術の基盤とみなしていたという事実を見落としている。

実際、ギリシア人は人間を死ぬまで闘わせたりしたことはないし、人間が動物に喰われるのを喜んで見物したこともない。古典ギリシアにおける良き家庭の娯楽とは詩を読むことであり、運動競技であり、午後の観劇であった。無論、ローマ人もまたこれらの娯楽を楽しんだ――ただ、イヴェントのスケジュールに闘技場の血みどろのスポーツを追加したのだ。

ではなぜローマ人はかくも血に飢えで残酷なのか、彼らの文化的先駆者であり師でもあるギリシア人はそうではないのに？　その理由はある意味では周到な政策のためである。ローマ人は剣闘士の闘いを見ることによって、観客に尚武の気風が植え付けられると心から信じていた――彼らをもっと戦争好きにすると。またライオンに引き裂かれて叫ぶ犠牲者を見れば、戦場の光景にも耐性ができるし、同時にまた法の力に対する健全で抑止力ある恐怖を植え付けることにもなると。

この闘技場精神の要素は、ローマ人が考え、行なったことの全てに見出すことができる。ローマ人の中に見出しうる最高の特性は「武徳《ウィルトゥス》」であると信じられていた。この概念は男《ウィル》という言葉に由来するもので、英語の virtue の語源でもある。戦闘と征服への意志――人生のあらゆる側面における――は男と女を問わず、真にウィルトゥスなローマ人の本質と考えられた。パトリキの親は、我が子が成長してウィルトゥスを持っている確たる証拠を示せるようになるまでは、愛情を示すことさえ拒んだ。古代の何人かの著述家がローマ人一般の赤ん坊嫌いについて言及している。それは主として幼児は十分なウィルトゥスを示すことができないからである。

ローマ人は、このように入念に育てられた戦士の魂こそが彼らの帝国を築き、維持しているものであると信じていた、それに対してギリシア人も帝国の建築を試みたが、いずれも数十年以内に崩壊したと。ローマ人の攻撃性と残酷さは個人的な狂気の問題ではなく、ヨーロッパの魔女熱狂のような永続化した集団ヒステリーでもない。それは入念に育てられた国の気風であり、支配者と臣民によって創り上げられたのである。その目的はひとえにローマ人の意志を世界に強制することであった。

一九三〇年代にナチス・ドイツと大日本帝国を生み出したのも、基本的にはこれと同じ国家的信念の無慈悲な枠組みである。残酷さと搾取の利己的な正当化は一九世紀の大英帝国に力を与えた。また同様の人喰い的な気風が今日の超大国の疑似帝国主義的な「利益範囲」を築いたと考える者もいる。

例えば中国、ロシア、ＥＵ、そして合衆国のように。

浮薄な娯楽の文化的影響と国家的妄執の影響との間には重大な差異がある。それこそが暴力的なコンピュータ・ゲームと国家のプロパガンダの違いである。ポルノグラフィと宗教的ドグマの違いである。小説とニュース記事の違いである。人々は、それぞれの前者によって殺すことは、たとえあるにしても滅多に無い。だが後者によって動機づけられる時、一つの地方をまるまる荒廃させてしまうことも容易いのだ。

第16章　自発的死刑執行人たち

では他の人間を残忍に扱い、拷問し、殺せという無慈悲な命令を実行する者はどうなのか？　自分はどこか遠くにいて手は汚したくない、そして全てが衆目に曝された後ですら非難を免れたいという指揮官の出す命令。ナチスの死の収容所の監守に明瞭に示されている通り、軍事訓練を受けた男女は一般に非人間的な、あるいは怪物的な命令にでも、それが上官から出されたものなら実行に移す。人々をガス室に入れた部隊は何百万人もの人間を殴り、飢えさせ、殺している間も、恥辱の煩悶に悩まされたようには見えない。憂鬱症の割合はSS強制収容所の監守の間では明らかに高かったが、その原因はうんざりする仕事の退屈さと不満であり、自分と同じ人間に対して実行を命じられた内容に対する恐怖ではなかったようである。

一九六三年、政治理論家ハンナ・アーレントは『イエルサレムのアイヒマン――悪の陳腐さについての報告』と題する研究を上梓した。それは戦争犯罪者アドルフ・アイヒマンがイスラエルの独房で処刑を待っている間に行なわれた彼女との膨大な面談に基づいている。

戦争中、アイヒマンは〈最終的解決〉の官僚的設計者である親衛隊中佐であった。一九四二年、彼は秘密の〈ヴァンゼー会議〉の開催を手伝った。ここでナチスの二番手の高官たちは、贅沢な安らぎの中で楽しい数時間を過し、人類史上最も組織的な大量殺人の詳細を発案・承認した。

その後直ちにアイヒマンはホロコーストのより細密な技術的詳細を計画するという、ほとんど不可能に近い責務を与えられた。殺すべき人間のリストの作成を監督し、何百万もの逮捕者を管理し、輸送手段を集め、死の収容所に常に補給物資と犠牲者の両方が行き届いているように配慮する。その全てを、戦争の敗色が濃厚となり、あらゆる資源を生存のためにのみ掻き集めねばならない帝国の手で為されねばならないのだ。ナチスの上官の眼から見ればアイヒマンはその責務を素晴らしくやり遂げた。彼の兵站上の計画がなければホロコーストは単に昔から良くある手際の悪いユダヤ人虐殺と変わらず、わずか数千人ほどの犠牲者以外はまんまと逃げ果せていただろう。

ハンナ・アーレントの驚くべき結論によればアイヒマンは、典型的な警官があらゆる犯罪者を憎んでいるわけではないように、特段ユダヤ人を憎んでいたわけではない。彼は単に自らをドイツ国家の忠実な従僕とみなしていただけである。その国家は彼に特定の問題の根絶を命じた。その問題が何百万もの人間の生命であるということは自分には関係の無いことだと彼は考えた。

ヴァンゼー会議でアイヒマンは、この国の最高位の高官たちが大量殺人の政策に拍手喝采しているのを見た――ならばどうして彼に反対などできようか？（留意すべきことだが、アイヒマンは自分の学歴の無さを痛いほど認識していた。高卒の資格さえない彼は、大学教育を受けた者に対しては誰であれ畏怖の念を抱いていた）。親衛隊中佐アイヒマンは大量の人間をガス室に送り込む時、格段の憎悪も憐憫も感じなかった。自分はただ命令に従っていただけだと彼は言った。アイヒマン自身は何百万もの人間の逮捕、輸送、そして殺害を単なる複雑な仕事上の問題とみなしており、そして自分がそれを解決したことをむしろ誇りに思っていた。

またアイヒマンは狂っていたわけでもない。実際、六人の傑出した心理学者がイスラエルで裁判を控えた彼を検査したが、全員、彼は驚く程性格的に安定しており、自ら友人や家族とみなす人々に対しては羨ましいほど気持ちの良い態度を示した。彼に対する最悪の悪口は――現代史上最大の犯罪における彼の重要な役割は脇に置いて――彼は想像力に欠け、やや悪徳な官僚であるというものであった。

裁判で彼の優れた管理能力が生み出した恐怖と直面した時ですら、アイヒマンはホロコーストの実施における彼の主要な役割について何の責任も感じていなかった、囚人を監獄にぶち込む監守と同様に。彼の手によってジェノサイドで殺された人々は彼が仕える国家によって有罪とされた犯罪者であり、ゆえに彼らを殺す際「彼は命令に従っていたのみならず、法にも従っていた」[*1]。それゆえに彼は自らをいかなる犯罪に関しても全く無実とみなしていた。

彼はまた〈最終的解決〉によって引き起こされた全ての死に対して個人的には何の恥辱も感じていないと述べた。もしも何らかの恥辱を感じねばならないとすれば、それはホロコーストを実施せよと命じた者であり、最終的にはアドルフ・ヒトラーその人であると。だがそこでもアイヒマンは言葉を濁している。彼は弁護人を通じて、ユダヤ人を初めとする望ましくない者の根絶という解決策は国家の行為であったと主張している。戦時において大量の「犯罪者」をどうするかという決断はドイツ国内の政治問題である。ゆえにそれは統治者の問題であり、国際法の下では外部の司法制度の枠外にあると彼は言う。彼はホロコーストの開示がこの地球上のほとんどの人に引き起こした恐怖と憤激を単純に理解していないようであった。

アドルフ・アイヒマンは一九六二年五月三一日に絞首刑に処された。最後まで自分はいかなる犯罪に関しても無実であると主張し、ドイツ、家族、神に対する愛を公言していた。

アーレントの副題――「悪の陳腐さについての報告」――は時に誤解される。彼女はいかなる意味でもホロコーストを、あるいはそこにおけるアイヒマンの役割を陳腐なものと示唆しているわけではない。彼女はアイヒマンの無頓着な愚かさ――想像力と共感力の欠如、主として自業自得である低学歴、そして権力者とあらば自動的に媚びへつらい従属する態度――のことを言っている。このような要素――アイヒマンの根源的な陳腐さ――こそが彼をこれほど無定見に残虐行為へと引き込み、そしてその後のあらゆる避難の矛先を躱させたものなのだ。

アイヒマンの鈍い無慈悲さの主要な要素は権威に対する無批判の服従である。間違いなく歴史上最も無慈悲な組織の一つである軍での訓練がここで大きな役割を果たしていただろう。例えば親衛隊はあらゆる訓練に実弾を用いており、その結果としての負傷や事故死は単に親衛隊として相応しくない者を除外しているに過ぎないとして正当化していた。非人間的な命令に疑問を持ったり逆らったりすれば、やはり親衛隊から除外され……墓に入ることになる。

典型的な軍の「考えるな！　ただやれ！」という洗脳は、個々の兵士に倫理的責任を忘れる、あるいは無視する言い訳を与える上で極めて効果的であるように思える。確かに「自分たちはただ命令に従っただけだ」という主張は戦争犯罪者が最もしばしば口にする弁解である。だが支配的な指導者タイプの者に従うという群志向の人間の本能は、あらゆる人間の反発的思考をも上回りうる――軍人であれ民間人であれ。

＊1　Hannah Arendt, *Eichmann in Jerusalem: A Report on the Banality of Evil* (page 135) (1963)

一九六三年、イェール大学の心理学教授スタンリー・ミルグラムは一つの画期的な、そして極めて不穏な実験を行なった。被験者は白衣の実験者と共に部屋に入れられる。彼らの前には数字の付いたダイヤルとスピーカーから成る操作盤がある。実験者は被験者にこのダイヤルを回すと離れた部屋にいる別の人に電気ショックが加えられると説明する。その苦痛の反応はスピーカーを通じて聞くことができる。実験者はまた、ダイヤルを最大限まで回すと――四五〇ヴォルトと記されている――死ぬ可能性のあるショックが与えられると報せる。

それから被験者は、別の部屋の人間に対して徐々に増大するショックを与えるよう命じられる――その間、スピーカーからは彼らの文句、次に慈悲を乞う嘆願、しまいには苦痛の絶叫が流れてくる。被験者がショックを止めようとすると、実験者はその度に、紙に書かれた指導を与える。

「どうか続けてください」

「この実験にはあなたが続けることが必要なのです」

「あなたが続けることが絶対に不可欠です」

そして「他の選択肢はありません。続けなくてはならないのです」

この実験は五回の拒絶、あるいはダイヤルが三度にわたって四五〇ヴォルトに合せられた時点で中断する――するとその度に悲鳴が止まり、スピーカーからは死のような沈黙だけが聞える。

被験者には知らされていないが、実はそのダイヤルは無害なダミーで、別の部屋にいる「犠牲者」というのは苦痛の演技をしている俳優であった。実験の目的は権威ある人物が、自分の命令に何の説明も正当化も与えられない状態で、その指導に従ってどの程度、死ぬかも知れない苦痛を他者に自発的に与えるかを見るものであった。

ミルグラム教授が確認しようとしたのは、「私には選択肢がなかった、私はただ命令に従っただけだ」という弁解が心理的リアリティの中に何らかの基盤を持つのかどうかということである。アウシュヴィッツやビルマ鉄道の野蛮な監守は本当に彼らがやったことをやらねばならなかったと感じていたのか？　あるいは彼らは単にサディスティックな怪物で、その個人的な罪を告白する勇気を持たなかっただけなのか？　実験の結果は甚だ衝撃的であった。

その電気ショックが偽物であると考えた者は誰一人おらず、ほとんどの者は自分が「強制」された行為によって甚く狼狽していた。だが実際には紙に書かれた言葉以外、何ら強制はされていない。被験者の中で逃げ出して当局に通報しようとした者は誰一人おらず、また言葉以外の方法で実験者を攻撃した者もいなかった。四〇人の被験者の内、一五〇ヴォルト——間違いなく「犠牲者」が悲鳴を上げるレベル——に達する前に命令に従うことを拒否したのはわずか七名（一七・五％）のみ。感動的なことに、何人かの被験者は犠牲者との交替を提案した——自分が犠牲になることで相手を救おうとしたのである。だが被験者の六五％——ごく普通の四〇人の中の二六人——はダイヤルを四五〇ヴォルトまで上げた。全体としての結果は明らかである——人間の多くは要求があれば拷問や殺害を行なうことができる。

「ミルグラム」実験は一九六三年以後半世紀にわたり、何度か異なる状況下で、とりわけミルグラム教授自身によって追試された。その結果はオリジナル実験と驚く程一致していた。例えば二〇〇八年にはジェリー・バーガー教授がオリジナル実験を再現した——ただ新たな人体実験のルールとして、被験者が使用を許可されるのはゼロから一五〇ヴォルトの目盛までとされた（たとえ一時的であれ、自分が実際に人を殺してしまったという被験者の心理的ダメージを避けるため）。バーガーらの発見によれば四〇人の被験者の内の二八人、すなわち七〇％が、ダイヤルを一五〇ヴォルトまで上げた。これは明らかにミルグラムの結果より五％高いが、もしもバーガーのダイアルが四五〇ヴォルトまで回せるようになっていれば、さらに二人の人が拒否していただろうと推測することができる。より肯定的に言えば三〇％（一二人）が、ダイヤルが一五〇ヴォルトに達する前に中止した――ミルグラムの結果のほぼ倍である。これは共感的で知的な反権威主義がここ半世紀の間に増加したという事実を示すのかも知れない。

とは言うものの――被験者の年齢、社会集団、人種、教育レベル、宗教、そして性別すら彼らのこの実験に対する反応とは無関係に見える。どの群れも他の群れと比べて残酷さへの自発性が高いとか低いとかいう徴候はなかった。実験者のあからさまに非人間的な命令への反応が何であれ、それは明らかに被験者の精神の深い奥底にあり、無力な人々を傷付けるなというそれまでの社会的訓練を全て撤回した。だがいろいろと条件を変えて実験を行なったミルグラムは、実験者が白衣を着ていない場合、被験者が拒絶することが多いということに気づいた。尊敬を受けている制服の存在は、この実験の文脈においてはいかに無意味なものであったとしても、自分で慈悲深い決断を下す能力を台無しにするのだ。啓蒙思想の哲学者ヴォルテールは言った、「あなたに馬鹿げたことを信じさせることのできる者は、あなたに残虐行為を行なわせることができる」。実際、信念は制服を着た権威者に置き換えることができ、最終的な結果は同じことになるように思える。

オリジナルのミルグラム実験から八年後の一九七一年、さらに混乱をもたらすような実験がフィリップ・ジンバルドー教授によってスタンフォード大学で実施された。彼は心理学科の建物の地下に偽物の監獄を設営し、健全な七〇人の若い男性の応募者の中から二四人を選んだ。彼らはランダムに監守と囚人に振り分けられた。一二人の監守には制服、警棒、サングラスが支給され、一二人の囚人は囚人服とビーニー帽の着用が命じられた。この幻想をさらに強化するため、ジンバルドーはパロ・アルト警察に依頼して囚人たちを「逮捕」させ、「監獄」にぶち込んだ。

実験の目的は二週間にわたって監獄の雰囲気を精確に再現することである。ジンバルドーが見たかったのは被験者の中の固有の人格傾向によって、単に役割を演ずるのではなく役そのものになりきるということが起こるか否かであった。だが彼はこの実験をわずか六日で打ち切った。もしも二週間続ければ何か恐ろしいことが起こるのではないかと危惧したためである。

昼夜を問わず監禁された「囚人」はすぐさま従順に振舞いはじめた。その内の一人は一時的に発狂した様子でヒステリックに叫んだり毒突いたりしていたが、それが演技でないことが明らかとなった後に解放された。一方「監守」の方は交替で勤務していたが、極めて素速く——そしてジンバルドーからの直接的な指示は何も無いまま——担当の囚人を虐待し始めた。囚人はコンクリートの床で寝ることを強制され、背中に監守が立っている状態で腕立て伏せをさせられ、トイレの代わりに共用バケツを使わされ、素手でそのバケツを洗わされた。また一部の監守は彼らを裸に剥いた後、犯す真似をした。これらのほとんどは実験の最初の一日か二日で起こった。

ジンバルドー教授は後に、少なくとも監守の三分の一が純然たるサディスティックなやり方で行動するようになり、残りの者は別の形でその権力を濫用したと述べている。痛ましくも彼はこの見積の中に自分自身をも含めている。なぜなら彼こそが——「刑務所の監守長」という役割において——秩序を守るために必要なことは何でもやれと監守たちに命じた張本人であったからだ。その中には「監獄」全体を建物の別の階に移したことも含まれる。彼自身と監守たちが、前述の釈放された「狂気の」囚人が集団脱走を企んでいるという妄想に囚われたのである。

実験に参加した若者たちにはそれ以前の神経症や犯罪的行動の記録は全く無い——実際、情緒的に安定しているように見えるという理由で選抜された者たちなのである。ほとんどは典型的な中産階級のアメリカの若者で、全員がこれは偽物の監獄であり、二週間後にはいつもの日常生活に戻るということを認識していた。また、「独房」で生じたことを記録するカメラがあるということも。にも関わらず四八時間もしない内に、彼らは犠牲者と加害者の役割になりきっていた。そしてそこで生じた残虐性は何一つ偽物ではなかった。

ジンバルドーによれば、ほとんどの監守は実験が早期に切り上げられたことに失望した。そして囚人は——いつでも好きな時に自らに「執行猶予」を与えることができるとされていたのに（日給一五ドルは没収）——あまりにも役割に没頭していたためにこの方法を使ってこの恐ろしい状況から脱出しようとした者は一人もいなかった。彼の結論によれば、投獄という概念と権威者（すなわち彼自身）の期待は、彼らの制御を越えるような形で彼らの人格の中に組み込まれた。彼らは為す術もなく犠牲者および悪役となった、なぜならそれこそが自分に期待されていることだと思い込んだからであり、その幻想は環境によって強化された。このように、普通にものを考えるごく普通の人間を何も考えない施設の一部に変えてしまうことは、ほとんど間違いなく現実の刑務所、精神病院、軍事基地においてさらに顕著に行なわれている。

ミルグラム、ジンバルドー両教授の発見を驚くべき形で裏付けているのが、ミカ・ハリトス＝ファトウロス博士の『制度化された拷問の心理的起源』（二〇〇二）である。彼女が研究対象としたのは右翼的軍事政権――一九六七―七四年までギリシアを支配していた――によって拷問吏として招集され、訓練され、配置された男たちである。

ハリトス＝ファトウロス博士によればギリシア軍事政権は涎を垂らしたサディストや権力狂の独善主義者ばかりを採用していたわけではない――そういう者なら、全身全霊で仕事に打ち込むと期待されただろうが。また彼らは過激な政治的支持者やチンケな「小ヒトラー」タイプを選んだわけでもない。彼らは「権威主義的な人格的特質や、その他の権威主義的傾向のある新兵を探していたわけではない……むしろ、彼らが重視したのは従順さと慣例主義であった」。彼らが求めたのはごく普通の、ありきたりの人間だったのだ。

サディスト、独善狂、狂信者、規律家は余りにも感情的に不安定であるがゆえにプロの拷問吏にはなれない。それは主として支配に対する情熱のゆえである。ギリシア軍事政権が発見した最高の拷問吏とは日がな一日爪を剥いだり被拘禁者をズダ襤褸になるまで殴り続け、しかる後に帰宅して家族と楽しい夜を過ごすことのできる人間である。このような人間はまさにその安定性と正常性のお陰で自らの仕事内容の恐怖と普通に共存し、自分は単に上司の命令に従っているだけだと自己正当化することができる（この政権の「拷問訓練」は基本的軍事訓練の特に野蛮な形であり、しばしば訓練生自身が拷問を受けるに等しいものであったことは留意すべき）。

ミカ・ハリトス＝ファトウロスの結論によれば「拷問はどのような形であれ、日常生活で良くある加害行為とさほど異なるものではない。制度化された拷問はその連続体の極限であるに過ぎず、日常的な行動と質的に異なるものではない」。

言い換えれば、愛する者をわざと傷つけるようなことを言うのと、政治犯の足の指をブライヤーで潰すのは、いずれも環境に対する心理的反応という点では全く同じなのだ、ただ程度が違うだけで。前者は日常生活でもかなり頻繁に起こるが、後者は滅多に起こらない。だが双方とも、もしもそうする必要があるのなら他者を容赦無く傷付けることができるという人間の能力に由来しているのである。拷問という残虐行為は、ほとんどどんな人間でもそれを行えるよう訓練することができる。兵士を戦えるよう訓練することができるのと全く同じである。

だが、命令に従って自発的に拷問や殺害をするごく普通の正気の人と、それを拒絶するごく普通の正気の人とを区別する何らかの要素があるのだろうか？　この問題を理解する上での基本的な問題は、普通さと正気は時代や人間の社会において固定されたものではないということだ。そもそも本書が書かれた理由からして、過去わずか数百年の内に社会における暴力に対する姿勢が根本的に変わったからに他ならないのだし。

第5章で述べた殺人発生率を考えて頂きたい。現代の英国人が不法に殺される確率はだいたい一〇万人当り一・四人である。現代の合衆国市民は一〇万人当り四・七人。一三世紀のオクスフォードでは、殺人率は平均して一〇万人当たり一一〇人。狩猟採集社会の人間にとって暴力による死の確率はだいたい一〇万人当たり一万五〇〇〇人だった。この変化の幅は単に物理的環境の変化の結果というには少々大きすぎる——何世紀もの間に暴力に対する人間の姿勢そのものが変わったに違いない。

そしてさらに、暴力に対する姿勢は極めて短期間の内に、あるいは単一の文化の中ですら根本的に変わるのかも知れない。誰でも良いから人間を一人、生まれた社会の中から抜き出して、異なる要求と目的を持つ社会へ放り込んでみれば、その人は変人もしくは狂人と見えるだろう。これはある意味、マイノリティの移民集団が新しい国に最初にたどり着いた時、常に困難に直面する理由でもある……無論、原住民より高度な武器とそれを使用する意志を持って到着したのなら話は別だが。何にせよ、その人はそれまで当然のものとして受け入れていた先入観の多くを再評価しなくてはならない。さもなくばその報いを受けることとなるだろう。

一七世紀のヨーロッパ人による侵略以前のニュージーランドでは、人喰いではない者は社会的アウトサイダーとして孤立していたかも知れない——二〇世紀初頭のヨーロッパとアメリカにおいて菜食主義者がしばしば嘲られたのと同様である。到着したヨーロッパ人入植者は、マオリ族が時に敵の屍体を食うと考えただけで恐怖した。だがこれら入植者は自分たち自身の敵——多くのマオリ族や、近隣のタスマニア島においては原住民全員——を絶滅させることに対してはほとんどタブー視しなかったのである。マオリ族の人喰いに対するヨーロッパ人の嫌悪はそれゆえに、倫理的姿勢というよりも文化的衝突に対する強い反応であった。言わば食の嗜好の違いである。

マオリ族がすぐに人喰いを辞めたこと——あるいはヨーロッパ人入植者がそれを採り入れなかったこと——は、単にヨーロッパ人の方が彼らの文化的観点の輸出を強制するためのより優れた武器を持っていたという問題なのかも知れない。もしもニュージーランドへの初期の入植者が何らかの点でヨーロッパとの繋がりを断たれていれば、すなわちその文化的影響や火薬の補給が得られなければ、マオリ族の圧倒的な人口に直面した彼らはすぐに「現地化」していただろうとの推測も可能である。となれば、ニュージーランドの国民食は今頃、ラム肉のミントソース添えではなかったかも知れない。

ある人が残虐行為を犯したり命じたりする傾向があるかどうかを計る科学的な試みが一九四七年にバークレー校でカリフォルニアFスケールを用いて行なわれている。これは多項式選択問題の筆記試験で、それぞれの設問は被験者に対して一つの言説に対する反応の割合を問うものである。例えば「科学には科学の役割がある、だが人間には理解の及ばぬ重要な事柄も数多くある」「正気で正常で真面な人は近しい友人や親族を傷付けようなどと思うことはない」「ホモセクシュアルはほぼ犯罪者であるから、厳罰に処さねばならない」。

その意図するところは情緒的なフレーズと観念を用いて、本能的・非合理的な反応を引き出すことである。設問は全て間接的で、被験者はこのテストの意図をあらかじめ告げられることはない。実際、Fスケールの「F」とは「ファシズム」を表しており、このテストは「人格のレベルにおけるファシスト的感受性を見積もる」ために設計されたものであった。Fスケール・テストが創られたのは第二次世界大戦直後のことであり、当時は右翼的全体主義の復活に対する十分な恐怖があったのである。おそらくこのテストの設計者たちは近い将来にカリフォルニアに死の収容所が創られることになるかどうかを知りたかったのだろう。

Fスケール・テストは現在では幾つかの理由によってしばしば欠陥品と見做されている。ある批評家は試験官が篤い宗教的信仰を自動的にファシスト傾向と結びつけていると苛立った。またある者はこのテストが社会的な軋轢を生じさせるリスクがある、なぜなら教育のある人はしばしばテストに答える前にその意図を推測する——こうしてその解答は無価値になるからだと指摘した。社会の一部の層がその高い教育のために適切な研究を免れることができるならば、どうしてこのテストで精確な答えが得られようか？

確かに教育程度の低い者は一様にFスケール・テストで高い点を取る。それはファシズムに対する傾向の強さを示しているのだろう。だがこの結果は一九二〇年代末から一九三〇年代初頭に掛けてナチス党に無条件かつ熱狂的な支持を与えた者のほとんどは貧しく教育程度の低いドイツ社会における中流下層、ちょうどアドルフ・アイヒマンのような者たちであったという既知の事実を反映してもいる。

にも関わらずカリフォルニアFスケールはある点で興味深い。それは何であれ――政治的、宗教的、文化的――権威に対する被験者の姿勢を確認しようとしたからである。アドルフ・アイヒマンの事例に明確に示されているように、権威に対する無条件の姿勢は、非倫理的あるいは野蛮と思われる命令を実行しようとする自発性に関する強力な決定因であると思しい。ゆえに一九六〇年代以来世界中の多くの文化で顕著になったように、権力への大衆の自動的な屈従が下落しているのは残虐行為に加担するつもりのある人間の数の減少を示しているのかもしれない。

だが無論、政府が欲するのはただ自発的に文字通り手を汚す気のある少数の者だけである。例えば親衛隊が一〇〇万人以上になったことはない――これに対してドイツの戦時中の人口は八〇〇〇万ほど。そして親衛隊の全員がドイツ人であったわけでも、戦争犯罪者であったわけでもない。ゆえにナチスが記録史上最悪の残虐行為をやり遂げたのは、国民のおそらく一%以下の能動的参加者である。

このような無慈悲な人間は稀少かも知れないが、彼らはしばしばさまざまな政府によって貴重な人材と見做される。一九四五年、英国の諜報機関（SIS）は征服したばかりのドイツから逃亡する戦争犯罪者を特定するために一人のドイツ市民を雇った。一九四七年、米陸軍対諜報部隊（CIC）は占領下のドイツにおいて、フランスの諜報部に潜入した共産主義者を捜査するためにこの同じエージェントを雇った。この男は――西ドイツ諜報部（BNDにも雇われ、「鷲《アドラー》」のコードネームで呼ばれた）――あまりにも有能であったために、一九五〇年にフランスが彼の真の正体を見抜いてフランスへの送還を要求した時、アメリカはこれを拒否したほどである。その代り彼らは秘密裡に彼をヨーロッパから連れ出し、ボリビアで新たな人生を送らせた。その後、一九六六年、彼はマルキストの叛乱指導者チェ・ゲバラを狩り出して殺すというＣＩＡの作戦に参加した。彼はまた武器売買に手を染め、ウゴ・バンセル将軍と昵懇となった。将軍は一九七〇年の血みどろのクーデタでボリビアの民主政権を打倒し、右翼独裁政権を建てた。

この極めて有用なドイツ人の名はクラウス・バルビー。元親衛隊大尉で、第二次大戦中のほとんどの期間、ナチスが支配した東フランスのゲシュタポの司令官であった。ゲシュタポは親衛隊の片腕で、ナチスの秘密警察として動いていた。リヨンを拠点とするバルビーの部隊はその地域全体からフランスのレジスタンスを根絶し、連合国のスパイを捕え、ユダヤ人を探し出して死の収容所に送ることであった。

クラウス・バルビーは不快な責務を他人にやらせるのが好きな類いの指揮官ではなかった――リヨン・ゲシュタポの長であった三年の間に彼は一万四〇〇〇人の処刑に直接関わり、その多くは自らの手で殺したとされている。だがバルビーの専門は拷問であった。フランス・レジスタンスの工作員、ユダヤ人、およびその他の「犯罪者」の正体と居場所を吐かせるため、彼は殴打、抜歯、電気ショック、性的虐待、溺水、皮剥などを駆使した。戸枠に手を挟み、苛性アンモニアのバケツに頭を突っ込み、戦闘犬をけしかけた――時には犠牲者を強姦することもあった。

バルビーは男、女、子供ですら拷問した。例えばシモーヌ・ラグランジュはフランス人の隣人によってユダヤ人であることを密告され、ゲシュタポに逮捕された。彼女が初めてクラウス・バルビーに会った時、彼は仔猫と戯れていた。

彼は猫を撫でていました。そして私、一三歳の子供であった私は、彼が悪い人だなんて想像もできませんでした。なぜなら動物好きだからです。私は八日間にわたって彼に拷問されました。

英国、アメリカ、西ドイツ、ボリビア当局はいずれもクラウス・バルビーの過去の犯罪を良く認識していた。にも関わらずいずれも戦後、彼を司法の手から守ったのである。なぜなら彼は共産主義者相手の冷戦において極めて有用なエージェントだったからだ。だが、いわゆる「コカイン・クーデタ」――一九八〇年にまたしても右派独裁がボリビアの民主主義を打倒した――でバルビーは遂にツケを支払うこととなった。一九八三年、復帰した民主政府は遂に彼をフランスに送還した。彼は裁判を受けて終身刑を宣告された。だが裁判の間ほとんど口を利かず、こう宣言した、「神の玉座の前に立った時、私は無罪とされるだろう」。一九九一年、彼は七七歳で白血病で獄死した。

クラウス・バルビーはごく普通の中産階級のドイツ人として育てられ、元来は神学者を目指していた。知人によれば彼は極めてシャイで、知性が高く、愉快な人物であったという。そして戦後においてバルビーが誰かを拷問したり殺したりした形跡は全く無い――ただ、さまざまな諜報機関と二つのボリビアのファシスト独裁政権に対する有益な助言によって間接的に殺すのを手伝っただけである。だが東フランスでゲシュタポを率いていた三年の間に、彼は実際に一つの渾名を奉られていた――「リヨンの屠殺人」。

クラウス・バルビーがもしもナチスの洗脳、親衛隊の訓練、そして戦争それ自体に影響されていなかったとしたら、学者としての人生を送り、誰かを傷付けることなどなかったのかもしれない。彼自身はおそらく自らを単なる環境の犠牲者だと主張していただろう、彼が情け容赦なく拷問し殺害した人々と同様に。ゆえにクラウス・バルビーに関する最も畏るべき点とは彼が数年間にわたって彼がサディスティックな怪物であったことではなく、その人生の大部分において比較的普通の人間として振舞っていたことだろう。われわれは親衛隊大尉クラウス・バルビーとの繋がりを何としても拒絶したくなるかもしれないが、彼はまさしくわれわれの一人なのだ。

第17章 「悪事が降る雨のように来る時には」

一九三七年一二月一九日、ジェイムズ・マカラム師は日記に記した。

これほどの残虐は、聞いたことも読んだこともない。強姦！ 強姦！ 強姦！ 我々の見積もりによれば、一晩に少なくとも一〇〇〇件、そして日中にも数多く。反抗すれば、あるいは不服な態度を示せば、銃剣の刺突、もしくは銃弾。

彼は日本軍による南京攻略の余波を目撃していた。この不運な都市は、八〇年ほど前にも、太平天国の乱の際に攻城され略奪されていた（第11章参照）。大日本帝国軍は一九三七年七月に中国に侵攻した、広大だがまとまりのない隣国の征服は比較的容易であると信じて。だがそれは誤りだった。間もなく港都上海において彼らは中国人の粘り強い抵抗に遭い、烈しい市街戦の泥沼に陥った。この都市を落すのに日本人は――中国人よりも兵力に優り、はるかに優れた兵器と航空支援を持っていたが――三ヶ月に及ぶ苦難の時を要した。そして彼らは血と屈辱に塗れ、南京——中華民国の首都——に進軍した、自分たちには中国人レジスタンスに復讐する権利があると信じて。

二人の日本軍将校——野田毅少尉と向井敏明少尉——が当時の日本の新聞によって一〇〇人斬り競争をしたと誇らしく報じられた。「軍刀」と呼ばれる儀式用の剣で、先に中国人を一〇〇人斬った方が勝ちという珍競争である。彼らは戦闘中にこれを行なったとも主張されたが、これは極めて怪しい——ライフルで武装した兵士相手に剣だけで長く生き延びることはできないだろう。この数に到達したからには非武装の捕虜を処刑していたに違いない。両者とも一〇〇人を上回ったが、その日時については失念しており、どちらが勝ったかは決められなかった。将校であり紳士でもあった彼らは、南京に到着すると、新たな競争を再開することで合意した。その刃で先に一五〇人の中国人を斬った方を勝者とすると。

中国人による南京防衛は総崩れとなった。完全に包囲され、武装で圧倒された城内の中国軍はわずか六日の戦闘で敗北した。勝利した日本軍——古えの侍魂を持つ高貴な戦士を自称していた——は血に狂った鬼のような振舞いに及んだ。

いわゆる「南京大虐殺」の死者数に関しては公式な合意はない。それは一つには日本軍が敗戦の際に入念に占領記録を湮滅したためである。今日においても多くの日本人は第二次世界大戦中の彼らの国の戦争犯罪の記録証拠を受け入れておらず、南京大虐殺を巡る議論は争点として残り続けている。

報道によれば二〇〇七年、名古屋市の市長が来日した南京の市民団体に対して、彼らの同国人を何千人も殺したというようなことは「たぶん無かった」、そして「何十万人もの人間を殺した大虐殺というようなものは無かった」と告げた。

だがこの名古屋市長は単に外交的に下手を打ったのみならず、誤ってもいた。大日本帝国軍が敗北して無力な都において殺戮の狂宴に耽ったことに関しては山のような証拠がある。ドイツのファシスト政権ですら同盟国の暴虐の報告に衝撃を受け、ナチスが中国と日本の間の外交的会談を取り持つことを提案した。これは駐ベルリン日本大使がそのホストに対して――合衆国大使の耳に入るように――大日本帝国軍は南京攻略の前に五〇万人の中国人を殺したと自慢した後のことである。向井と野田の五〇〇人斬り珍競争など流血の湖の単なる一滴に過ぎない。

少なくとも四万人、もしかすると三〇万人が南京陥落後の六週間の内に殺された。すなわち毎日平均して一〇〇〇人から八〇〇〇人が殺されたことになる。当初は民間人の中に潜んでいる中国人の便衣兵を捜索していると主張していた日本人は、即座に軍人年齢のあらゆる男を処刑するようになった。だがこの法令遵守の偽装も、すぐに恥知らずな虐殺嗜好となった。

ジェイムズ・マッカラム師のような第三者の外国人の証人が、略奪、拷問、強姦、殺害そして不埒な屍体遺棄をする日本兵を見た。この六日間の攻城においては、南京の建築物のほとんどは被害を受けなかった。だが大虐殺の後、都の三分の一が消失し、残りは日本軍によって完全に略奪された。何万という死者は薪で焼かれ、揚子江に投げ込まれ、あるいは巨大な墓穴に山積みにされた。時間の節約のために――そして娯楽のために――日本兵は彼らの一部を生きたまま焼いた。

戦後、国際極東軍事裁判は少なくとも二万人の女子供が南京大虐殺の際に強姦されたことを見出した。証人は多くの者は輪姦されしかる後に殺された、しばしば膣や肛門を銃剣で刺されたと証言した。また裁判所への報告によればあまりにも幼すぎて、あるいは小さすぎて大人の陰茎が入らないような子供に対しては、刺突の後にその傷口を強姦したという。

これら全ては、単に見境を無くした兵卒だけの問題ではない――軍司令官・朝香宮鳩彦王の本部はあらかじめ「全ての捕虜を殺せ」という特別命令を出していた。つまり南京大虐殺は公式に許可されたものだったのである――そして間違いなく日本の将校は虐殺を抑制するためにほとんど何もしなかった。彼らのほとんどが自ら略奪、強姦、殺害に加わっていたからである。戦後、朝香宮は裁判を免れた。合衆国のダグラス・マッカーサー将軍が日本の皇族に対する一律の赦免を主張したからである。朝香宮はその後、ゴルフとローマ・カトリックにのめり込んだ。彼は一九八一年、九三歳で平穏に死んだ。

野田毅と向井敏明、すなわち一〇〇人斬り競争の将校はそれほど幸運ではなかった。両者は戦後中国へ送還され、一九四八年、戦争犯罪によって処刑された、いずれも首の後に銃弾を撃ち込まれて。戦争犯罪は歴史家にとっては仰天するほど複雑な問題である。なぜなら人間が忌み嫌うことというのは文化によっても時代によっても全く異なるからである。例えば女性の大量強姦は長い間、全ての文化において征服軍の兵士の自然で否定しがたい特権と見做されていた――他の略奪と同様、彼らの乏しい給金に上乗せされる特典であると。つまりほぼ間違いなく、南京の強姦魔は単に、失われた軍の伝統を復活させたに過ぎない。

だがこれを旧世界の野蛮として片付けてしまう前に、今日においてすら女性の強姦被害者を――自らが強姦されることを許したという点で――事実上の犯罪者とみなす家父長制社会が存在しているということを思い起こして頂きたい。同時にこれらの社会は強姦魔の方を単に一時的に自分を見失ったに過ぎないとみなすのだ。主として問題の女性による邪悪な誘惑の所為で。

実際、パキスタン当局は女性の強姦に関しては余りにも緩やかなので、そこでは女性が兄弟の犯した罪の恥辱を贖うために輪姦の刑を宣告される可能性すらある。これは二〇〇二年六月に三〇歳の女性ムクタール・ビビの身に起こったことだ。この時彼女は慎み深い振舞いをすることを拒否して地元の共同体に衝撃を与えた。その慎み深い振る舞いとは言うまでもなく、彼女自身が強制された恥辱を雪ぐために自殺することである。

そんなわけで、もしも完全にしたいようにさせたなら（彼らの陰鬱な実績に照らせば）、現代のスーダン、コンゴ、パキスタン、オマーン、サウジアラビア、あるいは実際にはヴァティカンですら、女性の強姦を戦争犯罪とみなすだろうかと問うことは公正である。

敵の政治的指導者や敵国の文化的信条を侮辱することは現在、対立する国のプロパガンダの中に普通に組み込まれている（「ヒトラーにはタマが一つ、ゲーリングは二つあるけどとても小さい、ヒムラーも似たようなもの、だけど哀れな老ゲッベルスは一つも無い」――第二次大戦中の連合軍のマーチの歌。「ボギー大佐」の節で）。今日ではユーモラスな侮辱を戦争犯罪とみなす者はほとんどいないが、過去においてはこのような侮辱が戦争の原因となっていたのである。

紀元前四一五年のアテナイで、何者かが一夜の内に聖なるヘルマイ――勃起した男根を誇示する伝統的な公衆の幸運の柱――の男根を毀損するという事件が起こった。この些細な芸術破損は今でこそコミカルに見えるかも知れないが、アテナイはその行為を極刑に値する戦争犯罪とみなした。殊に、彼らは今にもシチリア島の侵略に乗り出そうとしていた矢先だったからである。だが近隣のシチリア人に責任を負わせることを拒絶し、アテナイ人はヒステリックにも自国の遠征隊司令官アルキビアデスに意味もなく責任を押しつけた。同郷人に処刑されるのを免れるためにアルキビアデスは敵に寝返り、シチリア遠征はアテナイ人にとって純然たる災難となってしまった。

既に見たように（第5章）あらゆる紛争は激化するという現象がある。どちらの側も一般に戦争を始める時点では共通の規則に則っている——伝統的な部族の禁忌から外向的な戦時成文法にいたるまで。だが長期に及ぶ紛争によって増大した憎悪と敵意はしばしば攻撃性を劇化させ、これらの規則を一つずつ破っていくことになる。そしてひとたび一方が戦争の規則を破れば——偶然であれ、敵による些細な犯罪に対する無定見な過剰反応としてであれ、あるいは単に社会病質者のサディストによる狼藉であれ——相手側は自分たちもその規則を破ることが正当化されたと感ずる。無論、処罰としてである。

勝利の後、勝者側は通常、敗者側を戦争犯罪のリストで告発する。しばしばそれは過大な賠償の序曲となる。これは一般に「勝者の正義」と呼ばれる。だが彼らは、自分自身の違反行為をリスト化することにはそれほど熱心ではない。例えばもしもナチスが何とかして第二次世界大戦に勝利していれば、彼らは間違いなく、ドイツの諸都市を大規模爆撃し——四一万人の民間人の男、女、子供を殺した連合国の政治指導者と軍司令官を裁き、処刑していただろう。ドイツのプロパガンダはしばしば戦時中にそのような意図を宣言していた。だが連合国は勝利し、ナチスが絞首刑にしていたはずの男たちを讃える像を建て、そしてドイツの戦犯に有罪判決を下し始めたのだ。

ジュネーヴ条約はある意味で近代精神への希望のイコンである。それは一八六四年から現在までの間に制定され拡張され続けている一連の国際法で、民間人、降伏もしくはその他の事由によって戦闘不能となった敵戦闘員に対する暴力やその他の残酷行為を禁じている。無論、依然として銃を持っている相手に対しては何をしても良い——ナパームや神経ガスのような国際的に禁じられている武器の使用を除いては。だが多くのイコンがそうであるように、ジュネーヴ条約もまた単なる空虚な像に過ぎないことがあまりにもしばしば証明されてきた――理想を表してはいるが、それを強制する力は持たないと。

例えば非戦闘員の誘拐や拷問はジュネーヴ条約において堅く禁じられている――そしてアメリカ合衆国はこれらの条約に調印している。だが二〇〇一年以来、そして対テロ戦争開始以来、合衆国の治安部隊は誘拐や拷問に極めて近い行為を数限りなく行なっている――彼ら自身がこれらの行為を「囚人特例引き渡し」「強化された訊問手法」と称している。歴史がこれをどう裁くかは将来的な問題であるが、目下のところ合衆国がこのような政策を実施していることによって国際社会で多くの友好国や尊敬を失ったとする主張はほとんど無い。だが国際法がこの状況に干渉しうるのはそこまでらしい。権力の座にある者は誰一人として合衆国の政治家、防衛関係者、兵士などを戦争犯罪で告発しようとなどとしない。グローバルな舞台においては力は通常、正義と見做されているのだ。

無論、究極の戦争犯罪はジェノサイドである。一つの民族的・社会的・宗教的・もしくは国家的集団の全てを、もしくはそのかなりの割合を意図的に抹殺しようとする試みである。「民族浄化」はジェノサイドとは似て非なるものである。例えば「民族浄化」の中には、ただ単に望ましくない人間集団を浄化する側の領地から強制的に移住させるだけで、必ずしもその多くを殺すまでは行かない場合も含まれるからである。ジェノサイドは主として現代の現象である。なぜならそのためには高度の政治的統制、長距離に及ぶ管理運営、そして一つの民族全体を――男も、女も、子供も――根絶せしめるだけの軍事技術が必要だからだ。侵略的プロパガンダ、高速遠距離通信、機関銃などの発明以前はジェノサイドの試みは通常、単なる混沌とした虐殺に落ちぶれ、標的となった犠牲者のほとんどが脱出した。そうは言っても、古代史には幾つかの明瞭なジェノサイドの例がある。

聖書には少なくとも一つのジェノサイドが書かれている。出エジプト後、預言者モーセとイスラエル族はミデアン人と呼ばれる民族を消滅させた――全ての男、少年、非処女を殺したのである。処女は――三万二〇〇〇人いたが――奴隷とした。一部の歴史家はこれを民族抹殺《ジェノサイド》というよりも「性抹《ジェンダー》殺《サイド》」あるいは「男性抹殺《アンドロサイド》」と呼ぶ。なぜなら完全に絶滅させられたのは男のミデアン人だけだからである。しかし最終的な結果は同じことだ。生き残った女のミデアン人はおそらく性奴隷として使用するか売却するために生かされたのだから。というのも彼女らが処刑を猶予された主要な理由は、処女だったという事実だからである。そしてこれらの悲惨な、離散した、抑圧された少女たちには、民族を再興する機会など全く無かった。

もしも聖書の数字を絶対的真理として受け入れるなら、ミデアン人の虐殺は物凄い死者数となっていた――特に、地方の人口レベルが現在に比して極めて低い青銅器時代にしては。たとえこの民族のかなりの率が未成年もしくは未通の少女だったとしても――たとえば全人口の二〇%――それでもなお、一二万八〇〇〇人ほどが殺された計算になる。そのほとんどが、聖書によれば戦争終結後に無慈悲に殺された。*1 モーセは彼の神であるヤハウェの直接の使命の下にこの殺戮を熱心に監督した。だがもしかしたらこの預言者自身は密かにこの虐殺を悲しんでいたのかも知れない。彼自身の妻がミデアン人だったのだから。

紀元前四一六年、アテナイ人はスパルタ相手のペロポネソス戦争の際に、はるかに小規模なジェンダーサイドを行なった。彼らはメロス島を襲撃し、戦える年齢の男を全員――およそ一五〇〇人――を殺し、残りを奴隷として売った。メロス島人の罪というのは、戦争での中立の維持を主張したことである。ここでの問題は数ではなく――メロス島の人口は少なく、おそらく六〇〇〇人ほどであった

――アテナイ人の民族抹殺の意志である。生き残ったメロス島人の奴隷化と離散は民族としてのメロス島人を事実上、抹殺した。祖先の遺産と祖国の伝統ら取り憑かれた文化において、アテナイ人はその他の全ての中立者たちに明瞭なメッセージを送っていた――われわれの側に付け、さもなくばお前らが聖なるものとする全てを破壊すると。アテナイ人は最終的にペロポネソス戦争に敗北した。

古代共和政ローマによる北アフリカの都市カルタゴの破壊もまたジェノサイドと言うことができる。紀元前二六四年の開戦以来一〇〇年以上にわたって、ローマとカルタゴの都市国家は一連の野蛮な戦争――ポエニ戦争――を遂行してきた。紀元前二一六年にはローマはカルタゴのハンニバルによって陥落寸前にまで追い詰められた。紀元前一四六年、三年間の攻城の後にローマ人はカルタゴに侵入し、その住民を虐殺した。一〇万から二〇万の住民の内、わずか四万だけが生き延びて奴隷として売られた。それからローマ人は全ての建物を打ち壊し、その瓦礫を呪い、地面を焼いた。かつて六〇〇年以上にわたって栄華を極めたカルタゴ文明は地上から組織的に抹消された。

アテナイ人によるメロス島攻撃と同様、ローマ人によるカルタゴの破壊はジェノサイドを意図していた。つまり一つの文化全体の意図的な殺戮である。最後のポエニ戦争の数年前に、大カトー――ローマの代表的な政治家――はあらゆる主題に関する全ての演説の最後を、断固たる要求で締め括っていた――「カルタゴ滅スベシ《デレンダ・エスト》」。

紀元前一四六年、カトーは思いを遂げた。だがローマ人は後にはこの無慈悲な行為を羞じていたように見える。彼らの言う「ポエニの呪い」の影は何世代にもわたって彼らの上に留まった。彼らは天

＊1 『民数記』31章

晴な敵を不名誉に殺したということを理解していた——もしもハンニバルがローマの城門から踵を返していなければ、彼ら自身がその運命を被っていただろう。独裁官ユリウス・カエサルはローマの植民者を使ってカルタゴの再建まで試みた。だがローマ人のカルタゴは元来のカルタゴの血の気のない複製に過ぎなかった。

ここで留意すべきは、ローマ人はカルタゴを滅ぼしたのと同じ年にギリシアの都市コリントで似たような虐殺を行なったのだが、それに関してはほとんど、あるいは全く恥辱を感じていないらしいということである。カルタゴでは彼らは意図的にジェノサイド的に文明全体を破壊したが、コリントの破壊においてはギリシア文化は無傷のまま残された。

この国家レベルの恥辱はジェノサイドの直後に自動的に起こるものらしい。例えば第二次世界大戦前および最中の多くの、というかたぶんほとんどのドイツ人は、ドイツの占領地から全ての「好ましからざる者」を根絶するというナチスの政策を知っていた。終戦直後に連合国がダッハウのような強制収容所、そしてアウシュヴィッツのような死の収容所で発見したものを写したフィルムを見せられた時、ドイツ人は間違いなく、純然たる恐怖と衝撃に襲われた。だが、彼らが吐き気を催していたのは明らかながらも、その後のドイツ人の無実の主張——ホロコーストの実態を知っていたのは親衛隊（ナチの精鋭部隊）だけだ——は極めて虚しく響く。

実際、戦後において自分たちは常に反ナチス派だったと主張しないドイツ人を見出すことは困難だった（ならば、あの熱狂的な親ナチ派ドイツ人——敗戦前はあからさまに溢れ返っていた——はどこへ消えてしまったのか？　この問題については本章で後に考察する）。ナチス政権がしばしば主張していた目標である「祖国の浄化」がどこまで本気だったのか理解していなかったのだとか、その浄化にあれほど非人間的な手法が用いられているなんて考えもしなかったのだというドイツ人の主張はどこからどう見ても説得力がない。たとえ戦時中にせよ、大量逮捕と何百万もの人間の消失に気がつかないはずはないのである。そして殺人が行なわれていることを薄々知っていながらもそれを止めるために何もしなかった人というのは、少なくとも倫理的に有罪である。

戦後のドイツ人が自らの過去を否定したことの予期せぬ結果が、一九六〇年代末のドイツ社会の分裂である。戦中戦後に生まれた新世代のドイツ人の多くはホロコーストにおける無実を訴える両親世代の主張を拒絶した。当時の西側社会を席巻したヒッピー革命は西ドイツにおいてはより暗い色調を帯び、反政府運動は警察によって暴力的に鎮圧された。過激な学生や活動家はドイツの支配階級における密かなナチス復活を疑い、大衆革命を叫び始めた。

実際には西ドイツ政府にファシズムへの反動などは存在しなかった。だが若い世代——一般に戦争やホロコーストについて語ることすら拒否する親によって育てられた——はそれを信じようとしなかった。古い世代のドイツ人がホロコーストやジェノサイドを消極的にせよ支持したことに対する集合的な恥辱を感じていたことは間違いない。だがその恥辱を抑圧することで、そして自明な過去の事実を空虚に否定することによって、彼らは自分たち自身の子供に、彼らに対する不信と恐怖を植え付けたのだ。

その結果、赤軍派——バーダーマインホフ団という名称の方が有名——のような左翼過激派は彼らを迫害した社会に対する直接攻撃を是とした。百貨店は放火され、銀行は襲われ、大企業の経営者は誘拐・殺害され、西ドイツ警察署や米軍基地は爆破された。

この都市テロリズムの自己正当化を上手く要約しているのが、グドルン・エンスリンの檄文——

一九六八年の学生集会で作成された――である。赤軍派の創設を手伝うために失踪する直前のことだ。

奴らはわれわれ全員を殺すだろう。諸君はわれわれが直面しているのがどのような豚であるかを知っている。これはアウシュヴィッツ世代である。諸君はアウシュヴィッツを作った連中と話し合うことはできない。奴らは武器を持ち、われわれは持たない。われわれは武装せねばならない！

エンスリンは被害妄想であり、明確に誤っていた。だが彼女が育った偽りの世界を思えば、彼女の誤解に共感せずに済ますことは困難である。そして最終的に祖国の恥辱に向き合ったのは彼女の世代のドイツのベビーブーマーなのだ。それを完全に認めることによって彼らは祖国の前途と性質を良い方向へと劇的に転換した。現代のドイツがアドルフ・ヒトラー、ナチス党、〈最終的解決〉からわずか二世代後であるとはとうてい思えない。

ヨーロッパのユダヤ人はホロコースト（元来は中英語の単語で、全燔祭の献げ物を意味する）の犠牲者の多数派であった。だが反ナチス主義者、宗教的反体制派、共産主義者、ロマ、同性愛者、先天的障害者、特定の被征服民、ソヴィエト軍の虜囚もまたナチスによって産業的規模で殺害された。

ほとんどの犠牲者は射殺かガス殺されたが、多くの者は単に強制収容所に隔離され、病気と飢餓で死ぬに任された。奴隷労働を強制された者も多い――ドイツの軍需産業、鉱山、そしてI・G・ファーベンやアルフリート・クルップなどの私企業で――そこで飢餓状態の糧食で消耗死するまで働かされた。少数の者は致命的かつ非人間的な医学実験に使用された。そして多くの者はドイツ人の娯楽のために死ぬまで殴られ、あるいは拷問された。

ホロコーストの最終的・決定的な死者数は未だ不明である。なぜなら敗北したナチスは意図的に逮捕、移送、処刑の記録のほとんどを湮滅したからだ。しばしば引用される六〇〇万人のユダヤ人が殺されたという数字は、実際には推測に過ぎない。戦前のヨーロッパの国勢調査で九〇〇万のユダヤ人が記録され、戦後は三〇〇万人になったという事実に基づくものだ。ホロコースト否定論者は、そのいずれの数字もそもそも全く精確とは言えない、それに「六〇〇万」という数字は戦時中に海外逃亡した無数のユダヤ人を計算に入れていないと熱心に言い募る。

無論、その種の主張はジェノサイドに関する基本的な点を見失っており、そしてそれこそがジェノサイドと単純な大量虐殺とを区別しているものなのだ――ジェノサイドは本質的に数の問題ではなく、意図と結果の問題である。例えばアテナイ人がメロス島で殺したのはわずか一五〇〇人で、奴隷として売ったメロス島人はたぶんその三倍程度であろうが、それによって彼らはジェノサイドの罪を負った。一九四四年の五月と六月、その屠殺場としての機能が最高潮に達した時、アウシュヴィッツ収容所だけで一二時間当り六〇〇〇人が殺されていた。いずれの場合も虐殺者たちは一つの文化全体を根絶しようとしていた。最終的な屍体の数に関わらず、ジェノサイドはジェノサイドなのだ。

ナチスの主要なスケープゴートであるユダヤ人はホロコーストの主要な標的であった。だがそれ以外の者もアーリア人の遺伝子材料にとって危険であると見做されていた。少なくとも一〇〇万人のロマが殺された。そして二〇〇万人ほどのポーランド民族が。そして二万五〇〇〇人のスロヴェニア人。そして二〇〇から三〇〇万のソヴィエト軍の虜囚。これらの人々はいずれもナチスにとって人間以下のものであったが、人間と交雑可能であるから「至上人種アーリア人」を遺伝子的に害し得ると見做された。

共同体を除染しようとするナチスの試みにおいては一万人ほどの同性愛者、一〇万人のフリーメイソン、二五万人の先天的障害を持つドイツ市民、五〇〇〇人のエホバの証人、そしておそらく一五〇万人の多様な反体制派もまた殺された。大まかに、そしてかなり控えめに見てもホロコーストの死者数は一三〇〇万人ほどになるだろう。そしてその数字の中にはナチス占領下の地域で弾圧と恐怖政治によって占領を維持しようとするドイツ人の努力の過程で処刑された何千もの人は含まれていない。このような死は公式にはナチスによる組織的な大規模ジェノサイドの試みの一部とされない。彼らは単にドイツの帝国主義的妄想の犠牲者に過ぎない。

「民族衛生学」というナチスの観念は優生学の理論の延長線上にある。品種改良によって人類を根本的に再設計し改良することができるという仮定――すなわち人間を乳牛や競走馬のような家畜として扱うということである。だが他の国における優生学はせいぜい「優秀な人」が多くの子供を持てるように減税を提案する程度のものであった（そして彼らの言う「優秀な人」というのは基本的に、裕福になることによって自らの遺伝的優秀性を示した人という意味である）。最悪でも、アメリカ合衆国において州政府が何千人もの「望ましからざる者」――先天的障害者、犯罪常習者、そしてネイティヴ・アメリカンなど――が子供を作らないように医学的に不妊化する政策を実施した程度である。

ナチスの民族衛生学の試みはそこからさらに必然的な一歩を踏み出していた。彼らは繁殖する価値のない者は呼吸する価値もないと考えた。彼らが人間以下、頽廃者、危険分子とみなした者を絶滅させることは、何はともあれ社会を清潔にする行為とされた。人間への疫病の蔓延を防ぐために鼠を殺すのと同様である。そして無論、国家緊急時や戦争時においては養うべき口は少ないに越したことはない。

知的な正当化のためにナチスはチャールズ・ダーウィンの進化論とフリードリヒ・ニーチェの神秘哲学の中から入念に選択した理論を指摘する。だがこの両者とて、もしも長生きしてナチズムを目の当たりにしていれば慄え上がっていただろう。ダーウィンは終生人道主義者であり奴隷制に反対していた。そしてニーチェはリヒャルト・ヴァグナーの熱烈な反ユダヤ主義ゆえに、この作曲家との親しい関係を絶ったという。一方ナチスの指導者たちは何百万もの人間を殺すことで——クズどもを撲滅してドイツ人を浄化することで——神のような超人種を生み出すことができると真摯に信じていたのだ。

この疑似科学的な自己欺瞞のみならず、ナチスはまた人種問題に対する彼らの「最終的解決」は彼ら、ナチスが物語における真の被害者であるという事実によって正当化されると熱烈に信じていた。そのジェノサイドの試みは正義の行為であると信じていた。入念に固められた「大いなる反ゲルマン的陰謀」という神話は、ナチスの活動のあらゆる領域を心理的に鼓舞した。彼らが拷問し殺害した人間は彼らの目から見れば、正真正銘の犯罪者なのだった。彼らの野蛮な行為の全ては、曰く「国際的なユダヤの陰謀」と、第一次世界大戦でドイツを敗北させた政治的な「背中への一刺し」を考慮すれば、完全に正当化される。

ナチスの信ずるところによればユダヤ人、国際的資本家、民主主義者、共産主義者、そして彼らが嫌うその他全ての者はドイツ人の自然な運命——広大なる帝国を、ひいては世界を支配する——を転覆させようとする陰謀に加担している。ドイツ人が第一次世界大戦に敗北し、その後経済崩壊に陥ったのは、彼らの目から見ればこの陰謀の明確な証拠なのである。さらに彼らの信じ込んでいるところによれば、彼らはこれらの敵を相手に生死を賭けた戦闘の最中にある。なぜならドイツの世界支配を防ぐ唯一の方法はドイツ民族を完全に撲滅することだからだ。そこで彼らはジェノサイドの遂行は彼ら自身の破滅に対する究極の防御であると信じ込んでいた。

　近代の一見啓明的な社会が妄想と野蛮の下向き螺旋に落ち込んでしまうのには幾つかの理由がある。最基層の本能的レベルにあるのはムカつきの悪用である。ムカつきという自然の本能には特定の目的がある――悪いものを食わないようにすることだ。われわれの純然たるムカつきのほとんど全ては腹の底からのものである――胸が悪くなるような恐怖の本能的感覚だ。われわれはしばしば、実際には倫理的憤慨や些細な嫌悪感を感じている時にも胸がムカついたという表現をするが、これは単なる誇張に過ぎない。実際のムカつきとは科学的に言って、偶然腐った林檎を囓ってしまった時に感ずる類いのものだ。

　食べ物と関係していないものや考えに純然たるムカつきを実際に感じるのは人間の精神と文化の複雑さの所為である。思い起こして頂きたいが、人類の進化史のほとんどと比べれば原始的な部族社会ですら高度に複雑である。一方、現在のわれわれが居住する多面的な社会と生活様式は秘教的な、あるいは霊妙な観念すら本能的反応の誤用を引き起こす。例えばあなたは自由市場資本主義、同性婚、あるいはナザレのイエスといった観念にすら純然たる愛を感じるかも知れない。あるいはこれらの観念のどれか、あるいは全てに対して純然たるムカつきを覚えるかも知れない。この反応はあなた自身が入念に考えた知的プロセスの結果であろう。だが同時にあなたの生育環境、あるいはあなたの文化の部族主義によって潜在意識の中に刻印された何かかも知れない。

　本能的なムカつきの感覚は極めて強大な力であり、しばしば親、教師、あるいは政治的指導者によって人々の行動統制に用いられる。親として私は自分の子供たちのトイレ・トレーニングをしたが、それはカーペットに排便などされた日には食事が台無しになってしまうからというのもある。私が強制的に彼らの幼稚な行動パターンを矯正する理由はいくらでも思いつく——特に、私自身の両親が、私が正しくない排便行動に対してムカつくよう訓練したからだ。われわれはこのようなムカつきは自然だと感じるかも知れないが、どこでもいいから下水設備のないところへ旅行すれば、必ずや体内の老廃物の片付けに対する異なる文化的姿勢を見ることになるだろう。糞の臭いの好きな人は誰もいないが、不適切な場でのその臭いによって引き起こされるムカつきのレベルはあなたの文化的規範によって支配されている。それと、毎日毎日、あるいは毎時毎時、どの程度それを嗅がねばならないかと。

ムカつきは全体的な文化的支配にも用いられる。作家でジャーナリストのジョージ・オーウェルは、一九三七年に発表したイングランド北部の貧困に関する報告『ウィガン波止場への道』で物議を醸した。皮肉なことに、自由市場資本主義による労働者階級の鉱夫や工場労働者の搾取に対する彼の耳障りな攻撃はその物議の主要な原因ではなかった。それは以下のような宣言であった。

この問題にこそ西側の階級の違いに関する本当の秘密がある。すなわち、ブルジョワ出身のヨーロッパ人が、たとえ自分が共産主義者のつもりであっても、よほどの努力をしない限り、労働者を自分と対等だとみなすことができない理由がそこにあるのだ。それは次の短く恐ろしい言葉に要約される。この言葉は昨今では口にされないが、私の子供の時代には半ば公然と使われたものだ。その言葉とは、下層階級は悪臭がするというものだった。

下層階級は悪臭がする——これこそ私たちが教えられたことなのである。まさに、この点に、乗り越えがたい障壁があることは明らかだ。身体の中に染み込んだ感情ほど、好悪の感情の中で根源的なものはないからだ。人種的偏見や宗教上の差別、教育や気質や知性の違い、あるいは道徳観念の違いといったものでさえ乗り越えることができる。しかし、身体の中に染み込んだ嫌悪感はそうはいかない。殺人者や男色者に親近感を抱くこともあり得ないことではないが、口臭を放つ男――それも習性的――には親しみを感じることはできない。

オーウェルは政治的左派の批評家から情け容赦のない批判を浴びた。彼らはこれを彼すなわちジョージ・オーウェルが労働者階級は不快で臭いと考えていると述べていると読んだのである。実際には同書を読了した者は誰であれ、そんなことは戯言だと解るだろう。オーウェルは労働者や失業者に対する尊敬の念を記録している。彼らは彼自身の目から見ても、しばしば中流階級の銀行家や上流階級の鉱山主にもひけを取らぬほど自らを清潔に保っていた。実際オーウェルの指摘によれば、彼らが住むことを余儀なくされている荒ら家の不潔な状況のせいで、このような清潔な労働者階級の人々は快適な同時代人よりもさらに衛生的にする必要があるのだ。

実際オーウェルはかつてパリとロンドンで皿洗いや浮浪者として生活していたこともあり、本物の頽廃の臭いをよく知っていた。実際に彼が指摘していたのは――中流階級の左翼にとっては不愉快なことに――彼の（および彼らの）世代は、ある種の人々――彼ら自身の階級ではない――は不潔で、ゆえに自動的に本能的なムカつきを覚えるべきだと信ずるように育てられているのが普通であるということだ。

現代社会の多くは既に意識の上ではこのレベルの反応と無定見な偏狭とを通り過ぎた。だが常に他部族の人間が不合理なムカつきの標的とされる危険は存在している——ちょうどナチスが政策として全てのユダヤ人、黒人、スラヴ人に対して行なったように。まさにこのような考え——これらの人々はわれわれの社会集団から拒絶された部外者である——こそ、専門家や政治家や親たちがこれらの人々——たぶん敵兵、テロリスト、犯罪者、あるいは不法入国者——は嫌悪されて当然なのだと説く時、われわれの心に刻印されるものなのだ。そしてもしもそれが充分に強く刻印されれば、この社会的拒絶は腹の底からのムカつきともなりうる。

　ユダヤ人をドブネズミのように不潔に描く、あるいはユダヤ人は密かに食べ物に糞を混ぜて「善良で清潔なドイツ人」に売りつけていると示唆するナチスのプロパガンダを思い起こされたい。あるいは真珠湾の後にアメリカ人が日常的に用いた日本人に対する三語の記述——「汚く臭い倭猿《ダーティ・スティンキング・ジャップス》」を。ユダヤ人も日本人も世界に冠たる清潔な文化を持っているという事実はこのような思考の暴走機関車に対しては何の影響も及ぼさない。いずれの場合も民族憎悪にムカつきを追加するのはある意味自動的だが、間違いなく双方の、政治的には全く異なっている国々の宣伝機関によって促進されている。そしてムカつく相手なら殺すのははるかに容易となる——両政府による大衆への宣伝活動、そして特にそのエリート部隊、例えば収容所の監守である親衛隊員への洗脳において情け容赦なく利用された事実である。

　国全体が統制を失う——そして狂戦士の憤激に等しいものに突入してしまい、時には何十年も後にようやく自らの為したことの真の恐怖に気がつく——二つ目の理由は、人間にはテレパシーがないということだ。あるいは少なくとも周囲の人々の頭の中で何が起こっているかを確実に知る術がない——そしてしばしば真の状況がどうなのかについて誤った推測をしてしまうということである。

多くのドイツ人が戦後、自分は常に反ナチス感情を抱いていたと述べた理由は、それが一般的に事実だからだ。一部のドイツ人、おそらく少なからぬ少数派は実際に熱狂的な親ナチスであった。だが彼らの多くは若い男たち——ナチズムが最も讃美した社会集団——であり、その多くは終戦までに戦場で死んだ。戦争を生き延びたドイツ人のほとんどは初めからナチスに対して疑いを抱いていたか、あるいは一連の出来事に眼を開かれて疑念を育んでいた。ならばなぜ彼らは反対することもなく黙ってナチスを支持したのか？　その理由はドイツの政治学者エリザベート・ノエレ＝ノイマンが一九六六年に発表した「沈黙の螺旋」理論によって巧みに、そしてかなり詩的に説明されている。ノエレ＝ノイマンの指摘によれば、開かれた議論が——時には銃殺隊によって——制限されている社会においては、世論は少数の非代表的な集団によって操作されうる、もしもその集団が声高に意見を主張する権利を持っているならば。例えば一九三三年にアドルフ・ヒトラーが首相に指名された時、多くのドイツ人は彼を一種の冗談だとみなした——チャーリー・チャップリンのような風采の酷い大法螺吹きだと。彼らによればヒトラーは混乱を防ぐための短期的な一時凌ぎであった。役割さえ終えればヒンデンブルク大統領——真の支配者——が彼をお払い箱にするだろうと。彼らは知らなかったが、ヒンデンブルクは既に耄碌して死にかけており、ヒトラーは冗談などではなかったのだ。

新首相はその権力基盤を固めるに迅速で容赦無かった。内閣を解散し、帝国議会の火災（疑わしいほど都合良く起こった）に続いて戒厳令を敷き、労働組合と反対政党を非合法化し、しかる後に彼自身の党の一部門——突撃隊——を政治的便法として粛正した。一年もしない内にドイツ国内でヒトラーとナチスに直接異を唱えることは自殺行為であることが明らかとなった。

国内の反対の声が沈黙し外の世界からのメディアがあらかた締め出されると、多数派だが烏合の衆である懐疑派やあからさまな反ナチス派ドイツ人は孤立を感じた。たとえ志を同じくしていると確信している相手にも、私的な場ですらもの言えば唇さむしを決め込むようになった。もしもナチスのスパイの耳にでも入ったら？　そしてもしも同じ考えの友人や親戚が後で逮捕され、自己保身のためにあなたを裏切ったりしたら？　迂闊なことは言わぬが花、きっといずれそのうちに何とかなるだろうと。

これがエリザベート・ノエレ＝ノイマンの言う「沈黙の螺旋」である。国内のコミュニケーションが制限あるいは検閲されると、ネガティヴなカスケード効果が生じ、反抗的な人々はますます孤立し、有効な反対集団を形成できなくなる。そしてこの状況が長く続くと、彼らは反抗は不可能だと信じるようになる。そうなればこの挙国一致のように見える流れに順応し、命じられたことを何でもやるという状態になるのはあと一歩である――その命令が、残虐行為に加担せよというものであったとしても。

それゆえに全体主義の政府は外部の目から見れば余りにも強力で、人形遣いのように国民を操作しているように見える。だがこのような政府は、握った手を緩めたと見るや――例えば敗戦、経済破綻、あるいはインターネット検閲の不備などによって――その瞬間に全てにひびが入り、崩壊してしまう。

その好例がソヴィエト連邦の崩壊である。一九八六年四月二六日、ウクライナ北東のチェルノブイリ原発がメルトダウンして爆発し、大量の放射性物質を大気中に放出した。この災害での死者はわずか三一人、だが最終的には九八万五〇〇〇もの人がチェルノブイリのメルトダウンによって引き起こされた環境の放射能汚染のために主として癌によって早死にするとされている。[*2]　この災害の直接的な余波で、ソヴィエトの国家元首ミハイル・ゴルバチョフはＵＳＳＲ内部の連絡と言論の自由の欠落こそがこの破局を引き起こした主要な要素であったことを認識した（管理者たちはチェルノブイリが老朽化と整備不良のために崩壊の瀬戸際にあることを知っていたが、誰一人としてそのような悪い報せを上司に敢えて報告する者はなかった）。そこでゴルバチョフはソヴィエト連邦の厳格な検閲法を部分的に緩和することを許可した。人々は徐々に互いに自由に話し始め、すぐさま彼ら全員が成果の上がらないソヴィエトの共産主義体制に対して失望していたということに気づいた。「叫びの螺旋」とでも言うべきものがますます反政府活動を促し、そして一九九一年にはソヴィエトの全体主義は完全に崩壊した。だが思い起こして頂きたいが、チェルノブイリ以前の六五年に及ぶソヴィエトの支配において沈黙の螺旋は圧制で統治する者たちに成功裏に仕えてきたのだ。

そして全体主義体制の外に住む者もあまり自画自賛ばかりしてはいられない。大企業家、野心的な政治家、メディア王、政治的に偏向したニュースソース――いずれも現代の民主国家にありふれている――もまた沈黙の螺旋を生み出しうるということに留意する必要がある。彼らは彼らのお気に入りの事業への純然たる反対に正当に耳を貸す人が滅多にいない状況を作り出すことでこれを行なうのだ。

例えば喫煙と癌の相互関係は一九三七年には既に知られていた。ナチス・ドイツのケルンを拠点とする研究チームが行なった統計分析に明らかに示されていたのである。だが合衆国政府が遂に煙草の危険性を認めたのは一九六四年――癌リスクに関する知識が山のような医学研究と無数の早死によって裏付けられた時――になって初めてである。他の国々もそれ以後、徐々にそれに倣った。以来、煙草産業（時に一纏めにして「ビッグ煙草」と呼ばれる）は安全法案の引き延ばし工作と訴訟沙汰に血道を上げている。だが肺癌が現代における最も恐ろしい死に方の一つであることを考慮すれば、彼らは瞠目すべき成功を収めていると言える。

政治家は徹底的な、そして大枚を叩いたロビー活動を受けてきた。純粋な研究が握り潰され、尊敬すべき医学研究者が中傷を受けた。反煙草運動団体は訴えられた。そして潜在的に誘惑に弱い人々は強引な広告キャンペーンの標的とされた。その中には——異なる時に——若い女性、保健条例の手ぬるい国々、そして子供までが含まれていた。裁判で不利になることを恐れた煙草会社は自分たちで行なった肺癌との関連を裏付ける医学研究のデータを隠蔽することまでした。

だが喫煙はどこでも合法のままである、少なくとも全世界の年間六〇〇万件もの死亡の直接原因であるにも関わらず。[*3] これは毎年の全世界の交通事故死者のおよそ六倍。あるいはお好みなら二年に一度新たなホロコーストが起きているのと同じと言っても良い。喫煙は一般に政治家や有力メディアによって「個人の自由」の名の下に支持されている。だがこの言い訳は麻薬の使用にまで拡張されることはない。それが毎年人間を殺す数はかなり少ないが、有力かつ彼らと関係した産業にカネをもたらすこともないからである。

ここにもまた本章の主題によって、そしてあらゆる人間の残虐性によって提起される明白な問題がある——明白な精神異常のないごく普通の人がいかにして、それと知りつつ戦争犯罪やジェノサイドと同様に明らかな残虐行為に加担するのか？　これまでの数章においてわれわれは幾つかの社会的・心理的説明を検討した。だがまだ考察していない単純な説明がある……。

人間にとっての基本的な真実は、われわれのほぼ全員が自分自身を自らの個人的なライフストーリ

＊2　Alexey Yablokov, Vassily Nesterenko and Alexey Nesterenko, 'Chernobyl: Consequences of the Catastrophe for People and the Environment' (first published in Russian in 2007, and republished, in English, by the New York Academy of Sciences in 2009)

＊3　数字は世界保健機関より。

ーの英雄、あるいは少なくとも主人公とみなしているということだ。われわれの生涯に及ぶ視点――目のすぐ後、両耳の間から見たもの――は世界を唯我論的に理解させる傾向がある。実際、大人になるための第一歩は、他の人間は誰であれ自分ほど重要ではないという子供っぽい自分中心の迷妄を克服することだと言える。だが完全な自己滅却――キリスト教や仏教のような宗教の究極の霊的ゴール――はほとんどの人間の心理的な力の及ばぬところにある。われわれは全員、いずれかの程度の利己心の段階にあり、それによってわれわれは常に自分自身を舞台の真ん中に置くのだ。

実際、より不埒な人間ほど、よりこの自己強化的視点に傾くように見える。シリアルキラー、戦争犯罪者、児童虐待者は自らを、そして自らの犯罪を正当化することで知られている、取るに足らぬ幻想と苦々しい自己正当化という不安定な神殿を築くことによって――そしてほとんどの、あるいは全ての責任を犠牲者に押しつけることによって。これらの人間捕食者の警察供述書はまるで誤解された聖人の自伝のように読める。彼らは単に自分の犯罪が自分自身の所為であるということを受け入れられない、なぜならそうすることは彼らの人生で最も重要な人物を傷付けてしまうことになるからだ――つまり彼ら自身を。

何にせよ、自分自身の過ちを自分自身の所為にする正直さとヴィジョンを持ち合わせた人はほとんどいない……外部からの影響にほんの少しも言及することのない者は。古典的な例としては――「これは生まれ育った環境の所為なんだ」とか「そうすることが義務だったんだ」とか「単に仕事をしただけだ」とか「確かにやった、お前等がそうさせたんだ」とか「全部移民の所為だ……あるいは不信心者の所為だ……あるいはわれわれの大義に対する叛逆者の所為だ」。そして常に繰り返される大人気の言い草、「自分はただ命令に従っていただけです」そして「悪魔にやらされた」そして「それが神の意志だった」。

理性的に考えてみればこのような自己正当化は通常、馬鹿馬鹿しいほど根拠薄弱に見えるが、それが人間の残酷さの根源的な潤滑剤であることは否定し得ない。子供を強姦する兵士、強制収容所の監守、全体主義国家の無慈悲な高官、そして嘘つきの政治ロビイスト――いずれも自らを悪人と見做さないための基本的な精神的ブロックを見つけ出している。実際にその考え自体に深く憤っているのかもしれない。そしてその憤りが後に次の犠牲者に向けられる。

これら全ては心を凍てつかせるかも知れないが、将来に対して楽天的になれそうな歴史上の証拠もまた豊富にある。ナチスの視点から見てすら「最終的解決」の政策は完全な失敗であったことを思い起こすべきである。ドイツの占領地域で標的とされ、実際に絶滅させられた集団は存在しない。そしてそのための資源と人力における膨大なコスト――概ね無害な大量の人々を狩り出し、逮捕し、輸送し、投獄し、殺すために用いられた――がドイツの戦争遂行努力を壊滅的なまでに崩壊させたのだ。実際、ホロコーストに費やされた不要な出費がなければ、ナチスはあの戦争に勝っていたかもしれない。

戦後、ホロコーストの実体が明らかになると、受容しうる政治上の主義としての全体主義的ファシズムは完全に信頼を失った。早くも一九三八年――ナチズムの死のちょうど七年前――ジョージ・オーウェルは『カタロニア讃歌』においてファシズムは最早止めることの出来ない力となりつつあると警告していた。彼は未来の世界が共産主義者とファシストの絶対主義に分裂し、民主主義の残骸は転移する全体主義体制の間で押し潰されてしまうのではないかと危惧していた。

だが一九四五年半ばまでにファシスト全体主義は公的な政治上の主義としては終焉を迎えた。確かに第二次世界大戦以降、ナチスのように振舞った政治指導者は数多くいたが、公然とナチスの理想と政策に対する忠誠を認めたのは境界線上の気違いだけである。二〇世紀における最も男らしい（そして脳無しの）政治上の主義の一つは敗戦によってではなく――「理想は結局のところ防弾である」――彼らの大量ジェノサイド未遂に対する世界的な嫌悪によって破壊されたのだ。

大英帝国の軛からインドを解放するために誰よりも功績のあった男モハンダス・K・ガンディは、自伝の中にこう記している（『真理へと近づくさまざまな実験』一九二七）――

絶望すると、私はあらゆる歴史を通じて、真実と愛の道が常に勝利を収めてきたことを思い起こすのだ。暴君や殺人者はいた、そして一時、彼らは無敵に見えた、だが結局のところ、彼らは常に敗れる。それを思いなさい――常に。

だがわれわれは自分が常に悪人どもを倒す善人であると糠喜びする前に、マハトマ・ガンディが一九四二年に『平和と戦争における非暴力』で述べていることを思い起こすべきである――

狂気の破壊が全体主義の名の下に行なわれようと、自由や民主主義という聖なる名の下に行なわれようと、死者や孤児や宿無しにとって何の違いがあるだろうか？

ジェノサイドはジェノサイド。戦争犯罪は戦争犯罪。拷問は拷問。強姦は強姦。そして殺人は殺人である――誰が、どんな理由でそれを行なおうと。何であれそれと異なることを言う者は、何かを売りつけているのだ。

第18章　あなたに残虐行為をさせ得る者

　では絶対主義の指導者たち――スターリン、ヒトラー、毛沢東のような――は何ゆえにしばしば支配下の人民にかくも不要な損害を与えるのか？　実際、かなりの程度まで絶対権力と妄想的無能は混じり合っているように見える。これは少なくともある意味では最高指導者のミスは、彼らの部下の中に敢えてその失敗の真実を告げる者がほとんどいないという事実によって拡大されるためである。独裁的指導者は非現実の泡の中に住んでいる、それは彼らの周囲にいる者の恐怖と野心によって生成されたものである。批判と凶報は彼の反応を恐れるあまり握り潰される。吉報と偽りの吉報が過剰に強調されて彼を寛大な雰囲気にする。このような指導者が偏執狂の傾向を帯びるのは不思議でも何でもない、特に彼らが確信できる唯一のことは部下たちの多くが是非とも彼の金襴緞子の衣鉢を継ぎたがっているということなのだから。

　そして、甘やかされた子供のように、全能の指導者はしばしばその未熟な放逸によって状況を悪化させる。例えばヒトラーは自分自身の部隊の損耗数を聞きたがらないことで本部将校団の不評を買っていた――そのような報せは疎ましく意気消沈させるという理由で。

　その包括的かつ感動的な書物『スターリングラード　運命の攻囲戦 1942-1943』において、歴史家アントニー・ビーヴァーは赤信号のためにヒトラーのお召し列車が暫く停車させられた話を書いている。そのすぐ隣には東部戦線から帰還したドイツ傷病兵の満載された列車があった。ヒトラーは彼らを見舞いに行くこともなく、手を振ってみせることすらなかった。ただ陰鬱に席に座り込み、使用人に個室のブラインドを下ろすよう命じただけだった。

戦況が押し詰まるとヒトラーは世捨て人のようになり、ベルリンの掩蔽壕に閉じ籠もった。側近は彼がすぐ外の都市の破壊を見たくないためだろうと思った。だがこれは爆撃されたベルリン人たちへの憐れみのためではなかった。実際、終戦時にヒトラーは側近たちに侮蔑的に溢していた、戦争に負けたのはドイツ人が彼の指導を受ける値打ちも無い連中だったからだと。総統アドルフ・ヒトラーがベルリンの廃墟を見たくなかったのは、その瓦礫はまさに、まだ戦争に勝つことができるという彼の入念に培養された、そして基本的に子供じみた幻想が全くの嘘であることの明白な証拠だったからだ。

ヒトラーは自らの誤った判断の結果への対峙を拒絶したために、重要な軍事的結果を引き起こすこととなった。戦争末期、彼はしばしば実際には既に壊滅している部隊を動かす命令を出した。時に将校たちは敢えて損耗に関する真実の全てを報告しようとせず、あるいはそうした場合においても彼は信じようとしなかったからである。その結果、反撃に次ぐ反撃が失敗に終わるのを見て、ヒトラーはますます自分の命令が叛逆者によって台無しにされていると信ずるようになった。そしてこの妄想はますます彼の作戦指導の効力を減じた。

現代の絶対者による独裁の危険性に関する最も啓明的な宣言は、アルベルト・シュペーアによって出された。かつてのヒトラーのお抱え建設監督であり、後には軍需大臣となり、そしてこの独裁者の数少ない親しい知己の一人であった（ヒトラーには、その言葉の一般的な意味での友人はいなかったようだ。だがそれは彼の僭越な絶対権力の副作用の一つかも知れない。誰が自分を即座に処刑できる力を持つ人物と心から打ち解けることができようか?)。

シュペーアは戦後、命を懸けた裁判を受けた――罪状はナチスの〈最終的解決〉という大規模ジェノサイドへの加担。ニュルンベルク裁判の他の被告人とは異なり、シュペーアは率直に罪を認めた。特にホロコーストに関して何かを知っていたわけではないが――軍需大臣であった時に――進行中の事態の証拠を見たという。その時には何もしないことを選んだが、真実を知った今、自分は有罪だと思うと。自分は権力の罠に捕われており、ゆえに今、その責任を引き受けねばならないとシュペーアは語った。もしも法廷が死刑の判決を下すなら、それを正義と見なそうと。

シュペーアは禁固二〇年の判決を受け、その間、密かにトイレットペーパーに手記を書いた。今日においてもアルベルト・シュペーアは議論の的となる人物である。一部の歴史家によれば、彼は単に他の「自分はただ命令に従っただけ」というニュルンベルクの戦犯よりも狡猾なだけだったという。確かに法廷での彼の自責に対する裁判官の同情こそ、彼が吊されなかった最大の理由である。

信じようと信じまいと、シュペーアはニュルンベルクの裁判官が判決を下す直前の最後のスピーチにおいて、印象的な見解を述べた。

ヒトラーは、この近代技術の時代における工業国最初の独裁者であり、国民を支配するのに、ラジオやスピーカーをフルに利用した。そして、八〇〇〇万の人間が、ただ一人の人間の意志に服従した。電話、テレックス、無線によって、命令を直ちに下部組織に伝達することを可能にした。そこでは、命令が絶対のものであるがゆえに、何ら批判されることなく遂行された。数多くの官公庁や役人たちは、命令を無批判に受け入れていた。彼らは、国民を隅々まで監視し、犯罪の秘密保持を可能にした。アウトサイダーにとっては、この国家機構はまとまりのない電話交換室のもつれ合った電線のように見えたに違いない。しかし、このように国家は一つの意図に操られ駆使されていたのである。昔の独裁者は、自主的に行動できる程度の高い部下を必要とした。技術時代における権威体制はそれを必要とせず、通信手段ただそれだけで仕事を組織化できるのだ。その結果として、無批判に命令を受け取るというタイプの人間が出来上がるのだ。[*1]

テクノロジーの高度化、通信の高速化、そして命令系統におけるヒューマン・リンクの減少によって意志決定とその決定の遂行の間の時間的ギャップは短くなる。オートメーションはまた意志決定の過程から人間味や倫理の影響を除去する。本来なら反対意見を表明していたはずの人間自体がいなくなるのだから。そして決定と遂行の間の時間を促進することによって、テクノロジーは命令系統における人間が命令に対して思考し反対する時間をますます奪う。言い換えればオートメーションの増大は残虐行為のリスクを増大させる。

シュペーアはまさに核兵器の時代の払暁において現代世界の主要なリスクの一つを指摘したのだ。錯乱した、あるいは誤った情報を与えられた指導者は理論上、命令一つで何千もの、あるいは何十億もの人間を殺しうると。主としてこのリスクのゆえに、核兵器を発射するただ一つの「巨大な赤いボタン」は常に妄想的なハリウッド式ファンタジーであった。大量破壊兵器に関してそのようなリスク

*1　Albert Speer, *Inside the Third Reich* (Chapter 35, page 520) (1970)

を負う政府など存在しない。災厄の確率を減らすために、常に人間の命令系統が置かれているのだ。

だがシュペーアが述べた最も印象的な論評とは、気の狂った、あるいは邪悪な命令ですら「命令が絶対のものであるがゆえに、……無批判に受け入れていた」ということである。いかなる軍隊においても、国家の指導者その人から直々に無線で伝えられた命令を拒む士官はそう多くはいない。

無論、ヒトラーやスターリンのような指導者が倫理的にいかがわしい命令を戦場の兵士に直々に伝えることは滅多に無い。誰しも自分自身の手は汚したくはないのだ、他の誰かにそうさせる権限を持っているなら。そして結局のところ、指導者には守るべき名声がある。実際、アドルフ・ヒトラーがホロコーストの大虐殺について知っていたかどうかについてすら疑問は残されているのである。彼が知っていたという文書や証言上の証拠は無い。ゆえに彼の部下たちが彼を守ろうとして、現代の政治学で「説得力のある反証」と呼ばれるものを彼に与えたという可能性もある。だがこの主張は無意味でもある、なぜならヒトラー自身が意図的に〈最終的解決〉を引き起こすことを可能とするような恐怖と憎悪の国家的時代精神を創り出していたのは間違いないのだから。そして彼は疑いなく、もしもそれについて実際に知っていたとしてもホロコーストに承認印を捺していただろう。

命令系統のお陰で指導者たちは通常、倫理的にいかがわしい問題への直接介入を回避できる。命令が下されると、それは彼らの手を離れる。以後、命令系統の各リンクに当たる者が、「自分たちは単に命令を順送りにしているだけだ」と考えることで少なくとも免罪されたような感覚を得られる。そして現場で命令を実行する者は、自分の上にいる多くの者がその行為を承認したに違いないと考えることで良心の呵責を和らげることができる。

だが命令系統はより極端な、あるいは狂気の命令に対してブレーキとして働く場合もある。その命令の伝達経路上の一人一人――シュペーアの言う「高品質アシスタント」――が自分に与えられた疑問のある命令を破棄し、変更し、あるいは骨抜きにする倫理的権限をその肩に担っているかも知れないのだ。そして彼らの決定を単に伝えるだけで、何十人もの人間がそれを知ることになるという事実を考慮するだけで、指導者は中断するかも知れない。結局のところ、命令系統における下位者は全員が証人でもあるのだ。たとえ指導者が独善的で、自分の行動を裁判で裁かれる可能性を恐れないとしても、それでもなお歴史の審判は恐れるかも知れない。

一九四二年一月二〇日に行なわれたヴァンゼー会議を思い起こして頂きたい。そこではナチスの「ユダヤ問題に対する最終的解決《ディ・エンドレーズンク・デア・ユーデンフラーク》」が計画され、発動した。実際にはそれ以前からホロコーストの大量虐殺は数年にわたって非公式に、無秩序に行なわれていた。だがわずか数時間の内に、ヴァンゼー会議の参加者たちはそれを特定目的のための死の収容所の計画的創設も含めて再組織化し、政府の政策としての公式承認を与えたのだ。

だが歴史はいずれ彼らの決定――ドイツ占領地域からの全てのユダヤ人および「有害者」の根絶――を礼賛すると信じていたと言いながらもなお、会議の参加者たちは厳密な秘密の内にそこに集まっていた（その会議の議事録はただ一部のみが戦後まで残ったが、それは当該の参加者がこれを湮滅する前に自分自身が強制収容所へ送られて死んだからである）。そこにいた本物のナチスの高官はただ一人――「プラハの屠殺人」親衛隊大尉ラインハルト・ハイドリヒだけである。それ以外のナチス高官はいずれも周到にその会議には代理人を送り込んでいた。

この当時、すなわち一九四二年初頭、枢軸国は地球上で最も強力な軍事連合であり、事実上あらゆる戦線で勝利を収めていた。だがナチスの指導力は明らかに、自分たちは〈最終的解決〉に関しては何も知らなかったと主張できるように手を打っていた、想像を絶することが起こって戦争に負けた時のためである。そして無論、それこそが生き延びたナチスの指導者たちが逮捕された際にしたことである——ホロコーストに関しては全く何も知らないふりをしたのだ。

もしもヴァンゼー会議の時点でこれらナチの指導者たちが無事に逃げおおせることにもう少し本気になっていれば、アウシュヴィッツ＝ビルケナウ、トレブリンカ、ベウジェッ、ソビボル、ルブリン、ヘルブノのガス室は造られず、何百万人もの命が助かっていたかも知れない。

ならば、何ゆえに政治指導者はそもそも自らの国民に残虐行為を命ずるのか？　なぜ基本的人権を制限するのか？　抗議団体を暴力的に鎮圧するよう機動隊に命ずるのか？　戒厳令を発令するのか？　適法な政敵を処刑するのか？　不要な戦争を宣言するのか？　そして人口学上の問題を解決する唯一の方法がジェノサイドであると決定するのか？

歴史上のほとんどの戦争や大虐殺の根源は、少数の人々の決断に遡りうる——ほとんど常に、何らかの指導者である。経済、人口、歴史、あるいは「群衆の狂気」を論ずることもできる。だが大量殺戮にいたる道のどこかで、通常は指導者や指導者たちがその道を推進したり指導したりするのである。作家ジェイムズ・ゴールドマンの一九六六年の戯曲『冬のライオン』で、アキテーヌの女王エレノアは我が子である戦争好きな幼君を歎く——

ああ仔豚たち、私たちこそ戦争の種。歴史の力ではなく、時代ではなく、正義ではなく、正義の欠如でもなく、大義でもなく、宗教でもなく、理想でもなく、政府でもなく、その他全てのものでもない。私たちが殺戮者なのです。私たちが戦争を産むのです。私たちが内なる梅毒のようにそれを遂行するのです。屍体は野で川で腐る、生きている者が腐っているからです。

第5章で述べた通り、一七世紀の哲学者トーマス・ホッブズは人間の紛争の動機は三つの基本的な影響にあると考えていた――攻撃、予期、名声への欲求である。非人間的な行動を部下に強いる指導者の中には、これら三つの動機が簡単に見出せる。

彼らの攻撃的傾向はたぶん、そもそも彼らを指導者たらしめたものである。全ての敵を倒し、あるいは転覆させ、しかる後にあらゆる挑戦者に対して自らの地位を無慈悲に維持する。苦境の予期もまた重要な政治的スキルであるが、それは容易に危険な偏執狂に転移する。これは長年統治する多くの指導者の宿痾のように思える――特に専制的な独裁者の。そして名声と大衆に認められることへの絶えざる欲求は、そもそも多くの人が政治を志す根本的な性格特性であると言われている――もしそうでないなら、あらゆる政治家は官僚のように匿名となるだろう。典型的な指導者は特にホッブズの言う流血を引き起こす三つの主要な動機の影響を受けやすいとするなら、多くの指導者がいとも簡単に不要な暴力を命じてしまうことは驚きでも何でもない。

だが、政治的リーダーシップの暗黒面に関してこれほど機械的でない説明を探すとすれば、われわれはホッブズが生まれる七〇年前に執筆した一人の社会理論家の作品を見なければならない。今日においてすら、その名が狡猾、欺瞞、無慈悲な権力獲得と同義語となっている著述家である。実際、彼は特に、そして常に、不道徳な、あるいは紛う方無き邪悪の代名詞として描かれる唯一の政治哲学者である。

ニッコロ・マキャヴェッリは一四六九年に生まれ、フィレンツェ共和国――ルネサンス運動の中心となった裕福な北イタリアの都市国家——の軍将校、将軍、外交官であった。ローマ帝国崩壊後、イタリアおよびヨーロッパ全土は暗黒時代に陥っており、文化、技術、学問の全てが音を立てて停止していた。人口の極一部が読み書きできるだけの教育を受けられる段階にまで這い戻るのに一〇〇〇年を要したのである。そしてその間に書かれたものはほとんどなかったので、彼らが——特にイタリアにおいて——読んだのは現存していたギリシア・ローマの古典作家たちの書物であった。「ルネサンス」とは文字通りに言えば再誕、再発見を意味する。そして一三世紀の哲学的・科学的思考の復活によって引き起こされた知的爆発は、ヨーロッパを文化の停滞地から、人間の創造性の最前線へと連れ出した。

イタリアはルネサンス生誕の地であったかも知れないが、同時にまた当時において地球上で最も混沌とした国々の一つであった。多くの小規模な公国や王国に分裂し——常に内乱、そしてフランスや神聖ローマ帝国（ドイツ）などの隣国からの侵略に曝されていた——イタリアはまさに貴族に絶対権力が与えられればどうなるかという完璧な見本であった。国全体が過剰な特権を持つ者、自己強化を図る者、そして無能な者たちの玩具であった。マキャヴェッリの故郷であるフィレンツェ共和国はイタリアの中では上手く行っている方であったが、それでもなお、大部分は裕福な商人の家による利己的な寡頭政治で統治されていた。

一四九四年、フィレンツェは、この名目上の共和国を過去六〇年にわたって君主のように支配してきたメディチ家を追放した。一四九八年から一五一二年までの間、ニッコロ・マキャヴェッリはフィレンツェ軍の設立者、常勝将軍、そして教皇への大使として仕えた。大使として、彼は（それまでの）歴史上、最も物議を醸した教皇であるアレクサンデル六世を間近に見た。即位前の名はロドリゴ・ボルジア。

ボルジア家はスペイン系で、教皇アレクサンデルは他の大司教から酷く恨みを買っていた……彼らはほとんど全員がイタリア人であった。ボルジア家はまた情け容赦のない野心を抱いていた、カトリック教会に対しても、また自らに対しても。アレクサンデルは教会のための地上の帝国を夢見ており、その大部分を彼の三人の私生児に支配させようと目論んでいた。

大使マキャヴェッリに最大の感銘を与えたのはアレクサンデルの長男チェーザレ・ボルジアであった。もともと父はチェーザレを聖職者にするつもりであったが、彼は枢機卿の地位を返上した史上初の男となった。それから前任の指揮官——チェーザレ自身の弟ジョヴァンニ——の謎の死後、彼は教皇軍の指揮官に就任した。当時、あるいはそれ以来、チェーザレがその殺害を命じた、あるいは彼自身が殺したということを疑う者はほとんどいない。多くの点でチェーザレ・ボルジアは元型的なルネサンス貴族である。狡猾、無慈悲、野心的、利己的、そして自己欺瞞。ニッコロ・マキャヴェッリは彼の経歴を入念に記録している。

教皇アレクサンデル六世は全時代を通じて最も腐敗した教皇として歴史に名を留めているが、これはある意味では、彼の物語が彼の死後、政敵によって書かれたからである。確かに彼は嘘つきで、偽善者で、目的のためには手段を選ばなかった——だがその政敵たちとて五十歩百歩である。アレクサンデルは一五〇三年、七二歳で、マラリアか毒殺のいずれかで死んだ。だがこの時、彼はまだ自らの宗教的疑似帝国の基礎を固めるには至っておらず、ゆえにボルジア家は権力の座から凋落した。

一五一二年、メディチ家がフィレンツェに返り咲き、再び有力な君主となった。マキャヴェッリはこの新たな支配者に対して叛乱を企てたとして逮捕され、拷問された。だが彼は最終的には釈放され、追放された。地方の農場に住み、そしておそらくは死ぬほど退屈したのだろう、マキャヴェッリは小さな本を書き、それはヨーロッパを揺るがすこととなった。

『君主論』は一見したところ、何の変哲も無い作品である。マキャヴェッリ以前の多くの著述家が「君主の鑑」として知られる作品を書いていた。それは基本的に統治者に統治の仕方を教えるものである。だが彼以前の全ての君主入門書はいずれもカトリック教会という全てを支配する眼の下に、異端審問官によって書かれたものであった。ゆえにそれらは異口同音に、君主は可能な限りキリスト教徒であれと説いていた——すなわちキリスト教倫理に規定されるカトリックであれと。ゆえに他人が飢えている時に富を蓄積するのは良いが、教会の威厳に然るべき敬意を払うことは忘れてはならない。君主はまた謙遜で、平和を愛し、忍耐強くあらばならない。だがマキャヴェッリはあからさまに、そんなことは危険なまでに馬鹿げた戯言であると考えた。

『君主論』において彼は君主に説く、いついかなる時においても適切な行動を執れ、部外者の命令など無視しろと。その部外者の中には教会の教義や、必要とあらば自分自身の良心の呵責も含まれる。マキャヴェッリは「目的は手段を正当化する」という金言を創ったわけではない。だが創ったも同然である。この金言は常に誤って『君主論』が発祥とされるし、そして彼の基本的な主張を上手くまとめている。小説家アイザック・アシモフも『君主論』の中心思想を一言で要約している。「正しいことを行なうのに、倫理観に邪魔をさせるな」。

政治家にとっては、とマキャヴェッリは言う、破局と失敗は常に目と鼻の先に在る。権力闘争、戦争、叛乱は常にある危機である。ゆえに君主は表向き有徳に見えるようにするのは良いが、裏では仕事の達成に必要なことは何でもしろと彼は助言する。

すなわち、慈悲深く、信義に篤く、人間性に富み、正直で信心深く見え、実際にそうであるのは有益である。しかしそうでない必要が生じた時にはその正反対の態度を執ることができ、そうする術を知るように、自らの気質をあらかじめ創り上げておくことが必要である。*2

もしも親切で穏当で賞賛に足る道が明らかに最善手なら、間違いなく指導者はその道を行くべきである。だがマキャヴェッリの豊富な経験によれば、このような優美なやり方が最終的に勝利することは滅多に無い。殺人、裏切り、嘘、その他の不道徳な行為はいずれも好適な手段であるとマキャヴェッリは言う、もしも状況がそれを必要とするならば。もしも不道徳な君主が最終的に勝ったなら、誰がその勝ち方を問題にするというのか?

戦争は、とマキャヴェッリは言う、人間の生活に不可欠な部分であって、避けることはできない。常に平和的たらんとする君主はこの野蛮なる真実を信奉する者によってすぐに倒されてしまうだろう。かくして戦争と征服は君主の責務の根本的な部分となる。これらの戦争が、より大きな目的――例えばマキャヴェッリの心にとって極めて大切な、イタリアの政治的再統一――に資するならばなお良いが、良かれ悪しかれいずれにせよ紛争は起こるものである。

マキャヴェッリの人間観は特に荒涼たるものに見える。君主は悪たらねばならないと彼は言う。なぜなら君主が支配しようとする民衆は一般に悪だからである。だがここでもまた彼は単に実利的であるに過ぎない。幸福で満ち足りた民衆を統治する君主への助言など大概が冗漫である。そのような助

*2 Niccolo Machiavelli, *The Prince* (Chapter 18)

言は不幸で憤懣遣る方無い民衆を統治する際にのみ必要なのだ――そのような民衆は自らの怒りから、悪を為そうとするからである。彼はまた喝破した、民衆というものは一般に自分に与えられたものに対して不満を抱いている。なぜなら常に何かに到達した瞬間にさらに遠い目標を狙うのは人間の性だからだ――そして欲しいものがすぐに手に入らない時に指導者を非難することも。

もしもこれがエリート主義的に見えるなら、マキャヴェッリが平民よりもさらに邪悪で純然たる危険であるとみなしていた唯一の集団が君主とその同類の支配者であったということに留意すべきだろう。彼は歯に衣着せず言う、人間の指導者は一般に信頼できず、利己的で愚かであると。歴史上のほとんどの指導者はほとんどまともな仕事をしていないと彼は言う、そしてしばしばその地位に就いた時よりも国を悪化させている。だが、と彼は付け加える、このような弱い競争相手には、より分別があって賢明な君主が成功する余地がある。

不満分子の扱いについては、マキャヴェッリは「人民は喜ばさねばならない、さもなくば抹殺せねばならない」と言う。つまり潜在的な味方には恥も外聞もなく諂い、敵は情け容赦なく潰せというのだ。もしも君主が些細な不正をすれば、その犠牲者は常に復讐しようとする。だがもしもその同じ君主が同じ状況で類を見ないほど残酷であれば、犠牲者は怯えて逆襲など考えもしないか、もしくは死んで無力化されている。

マキャヴェッリによれば、意図的な野蛮と残酷は君主にとって主要なスキルである。彼自身が拷問を受けた身でありながらそう言うのだ（彼は「吊し刑」を受けた。これは背中で両手を縛られ、手首に綱を巻かれて天井まで巻き上げられる。これによって両肩が外れて酷い苦痛を味わう。次に犠牲者の両足に錘を結びつけ、その苦痛をさらに増す。吊されたままで数時間放置しても、実際に死ぬ危険はほとんど無い）。さらにマキャヴェッリは、彼が獄中で衰弱していた際に他の者が拷問を受ける叫びを聞いた体験を歌った感動的な詩まで書いている。にも関わらず彼は政治指導者は必要とあらば獅子のように残忍かつ強欲であれと主張するのだ。そして同時に支配者は狐である必要もある――目的を達するために洞察や欺瞞も駆使せねばならない。理想的な支配者は狡猾さと残忍さを継ぎ目なく結合できる――自分が蔑ろにしているキリスト教倫理規定に表向きだけは従いながら。

彼は同書の中で多くの事例を挙げているが、中でも傑出しているものが一つある。それはマキャヴェッリの個人的な知り合い――チェーザレ・ボルジアに関するものだ。父である教皇の政治的策謀によってチェーザレはロマーニャと呼ばれるイタリアの地方の支配者となった。不運にも、地元住民はこの支配者の交替に恐れを抱くことなく、叛乱の危機が迫った。

チェーザレの答えは、残酷無慈悲で悪名を轟かせていたラミーロ・デ・ロルカをその地の司政官に任命することであった。デ・ロルカは不満分子を潰すための白紙委任《カルト・ブランシュ》を与えられ、ボルジア自身はその地を去った。デ・ロルカが驚倒すべき残酷ぶりを見せつけて全ての不満分子を一掃してしまうと、チェーザレ・ボルジアは帰還した。彼は自らの不在中に起こったことをこれ見よがしに非難し、チェゼーナの広場でデ・ロルカを一刀両断にしてしまった。

以後ロマーニャには平和が訪れ、民衆はチェーザレを英雄とみなしたとマキャヴェッリは満足げに記している。無実の人々（ほぼ間違いなくデ・ロルカ自身も含めて）が間違いなく、チェーザレの狡猾な計画の結果として苦しんで死んだ。だがもしもその地に叛乱や内戦が起こっていたなら、その数はその比ではなかっただろう。目的はそれを成し遂げるために使われた手段を正当化したのである。

実際、チェーザレ・ボルジアは父である教皇アレクサンデル六世の急死後もロマーニャ公爵という権力の座にしがみついていたかも知れない。だが、とマキャヴェッリは痛ましげに付け加える、チェーザレは新たに任命された教皇を信頼するという過ちを犯したのだと。ボルジアは裏切られ、力を奪われ、追放され、そして一五〇七年、スペインで傭兵隊長をやっていた際に受けた傷が元で死んだ。

マキャヴェッリはチェーザレ・ボルジアを理想的な君主とみなしていた――獅子のように残酷で狐のように狡猾だが、同時にカトリック的品位というパブリック・イメージも維持していたと（例えば、彼が弟を殺し、妹と寝ていたことを証明できた者はいない）。マキャヴェッリによれば、彼の致命的な失策は新教皇が彼を滅ぼそうと企んでいるかもしれないと疑うべき時に、実直にも彼を過大に信頼し過ぎたことである。

マキャヴェッリの『君主論』の原稿はメディチ家に献呈され送付された――彼の愛した共和国を征服し、彼を投獄、拷問、追放した張本人たちである。その実用主義的哲学に忠実に、彼は自らが望むもの――権力と財産を手に入れるために、そのような悪徳は無視していたのだ（らしくない高圧的態度で、彼は君主たる者、良き助言者には富と名誉と権力で報いねばならないと説いている）。

だがこの恩知らずな受取人がマキャヴェッリの存命中にその本を読んだ証拠は無い。そしてメディチ家は間違いなく、追放を解いてくれれば政治顧問として彼らに仕えるという彼の申し出を黙殺した。同書は一五三二年にようやく一般読者のために出版された。マキャヴェッリの死の五年後である。それは直ちにカトリック教会によって禁書とされ、ヨーロッパ全土にアングラなセンセーションを巻き起こした。人々はあたかもポルノグラフィのように、違法に印刷された同書を熱烈な恥辱と共に読んだ。ヘンリー八世の大法官トマス・クロムウェルのような有力者も同書を常に携帯した。司教が聖書を携帯するように。

だが『君主論』が常に人気があったと言うのは正しくない。その情け容赦の無い皮肉は過去五〇〇年の間、無数の著名人の批判を浴びるところとなった。倫理と政治は切り離すべきであり、政策の中で混ぜ合わせるべきではないとの主張は、ありとあらゆる理想主義者と理論家——マルクス主義者からナチスまで、バートランド・ラッセルのようなリベラルな哲学者（彼は同書を「ヤクザの手引書」と呼んだ）からありとあらゆる宗教の原理主義者まで——から総攻撃を受けることとなった（英語にあるサタンの異名であるOld Nickは、たぶんマキャヴェッリのファーストネームから来ている）。現代アメリカの新保守運動のゴッドファーザーであるレオ・シュトラウスは、にべもなくマキャヴェッリを「悪の教師」と呼んでいる。

だがそのシュトラウスすら、マキャヴェッリ自身は基本的には善人であったと認めている。彼は間違いなく品位や善などという人間の価値観を否定はしていない。実際、マキャヴェッリは元祖人文主義者——人間の生命と理性をいかなる宗教的・政治的ドグマよりも優先する哲学——の一人でもある。

マキャヴェッリの他の著作——そして『君主論』の中でも、外交とは無関係な部分——を見れば、彼が常に共和主義者であり、民主主義の先人であったことは明らかである。彼は民衆によって運営される国家の方が一般的に、組織においても人々の幸福の点でも君主国家よりも優れていると述べている。マキャヴェッリはただ、民主国家による惑星を実現させる方法が解らなかっただけなのだ。そして彼の知る世界があのようなもの——権力に狂った教会、頽廃した貴族とほとんど全員が文盲、偏狭、そして狂信的愛国主義者である民衆から成る世界——であったのだから、彼が実用主義者であったのは無理からぬことでもある。

実用性は『君主論』におけるマキャヴェッリの主張の主要要素である。融通の利かない倫理が何の役に立つというのかと彼は問う、もしもそれが単に状況を悪化させるだけだとしたら？　彼にとって重要なのは状況の事実だけだった。霊妙な観念など彼の政治分析の中に入り込む余地は無い。立証不可能な神学だの純然たる倫理哲学だのに屈することを拒絶したために、マキャヴェッリは――ニコラウス・コペルニクスやレオナルド・ダ・ヴィンチと並んで――近代科学原理の先駆者の一人として数えられることとなった（この三人は全員が同時代人で、マキャヴェッリとダ・ヴィンチは実際に知り合いだった可能性もある――いずれも傑出したフィレンツェ人だった――という事実は留意すべきである）。

マキャヴェッリの人道的な個人的見解と、『君主論』で示されたシニシズムとの間の矛盾は、彼が実際に描いていたのは密かな諷刺であったことを示している――イタリア・ルネサンス諸国の支配者や聖職者の中に彼が実際に目撃した偽善と不道徳を描いた風刺文学である。

二〇世紀イタリアのマルクス主義哲学者アントニオ・グラムシによれば、マキャヴェッリはメディチ家がおそらく彼の本を鼻であしらうことを知っていたに違いないという――結局のところそれが彼らに教えているのは、彼らが既に知っていることであり、それどころか政治権力の追求と使用において自明のものとして行使していることに他ならないのだから。実際、歴史証拠が示す所によれば、ルネサンス世界のあらゆる支配階級は生まれた時からマキャヴェッリ流の情け容赦の無い偽善を活用するよう常々教育されていた。彼らは「獅子にして狐」でなければならなかった、なぜならそれこそが生き延びるための唯一の手段だったからである。だがマキャヴェッリはまた、死後に友人たちが彼の本を間違いなく出版し流通させるよう手配していた。これによってその不穏な啓示が世界の君主以外の人々の手に届くようにしたのである――彼自身が異端審問の拷問を免れるようになった時に。

この観点から見れば『君主論』はジョナサン・スウィフトの一七二九年の随筆『アイルランドの貧

民の子供たちが両親及び国の負担となることを防ぎ、国家社会の有益なる存在たらしめるための穏健なる提案』と同工異曲の諷刺である。スウィフトの「穏健なる提案」は、貧民（特にアイルランドの）は自らの子供を食用に供すべきと主張している。人口と貧困の問題に対する真面目腐った解答として提示された『穏健なる提案』は、それがブラックジョークであると理解できなかった人を激怒させた。無論、自らもアイルランド人であるスウィフトが間接的に強調しているのは、貧困と社会的不平等が毎年大量の貧しい子供たちを殺しているという事実である。この強制的な喰人の提案に激怒した人々は、次には彼ら自身がそのような殺人に対して全く何もしていないという事実に直面せねばならない。

マキャヴェッリは実際に、ジョナサン・スウィフトのような風刺的なユーモアの感覚を持っていたのかも知れない。友人への手紙の中で、彼は邪悪な聖職者は正しい聖職者よりも神学教育には有用であると述べている、なぜなら——

私は以下のことが、天国へ行くための真実の道であると信じているからだ。地獄へ行く道を学び、それを避けること。

では『君主論』が庶民たるわれわれに、われわれ自身の支配者について教えてくれることとは何か？　同書の体系的分析から解るのは、支配者は実用主義者たらねばならない、さもなくばすぐさま権力の座から転がり落ちるということである。ルネサンス期ヨーロッパにおける戦争、叛乱、暗殺は、ほとんどの現代民主主義国家の政治家の生活からは程遠いように見えるかも知れない。だが、票を巡る争いや党内の分裂、主導権争いなどは言うほど違っているだろうか？　そして現代の独裁政権の場合は――あるいは、国家の非常時における民主的指導者の場合ですら――マキャヴェッリの情け無用のルネサンス君主との共通点はさらに圧倒的なものとなる。

政治的キャリアの原動力は、その時点における必要性である。キューバ危機の際の英国の首相ハロルド・マクミランは、彼が最も恐れたのは何だったかと問われたことがある。彼は簡単明瞭に答えた。「事件だよ、君ぃ、事件だ」。どんな指導者の回想録を読んでも、彼らがそのキャリアのほとんどを危機また危機の連続を乗り越えて過していることが見て取れるだろう。もしもこれらの危機の多くが――後から考えてみれば――自業自得だったり錯覚だったり、あるいは政治的内部抗争の閉鎖的な世界の外にいる人にとっては全く意味の無いものだったとしても、当事者の恐怖感が減じられるものではない。

いつ何どきにも苦難が差し迫っているという感覚は、重要な政治権力を持つ者に常に付きまとう。本章の始めに述べたように、彼らはその地位、および周囲の人間に対する潜在的な不信のゆえに、自分が日常的な非政治的世界から切り離されていると感じるかも知れない。彼らはおそらく権力の座にいない者たちの恩知らずぶりに憤っている。なぜなら連中ときたらただただ延々と不満と批判を繰り返すばかりだからだ。複数の政党からなる民主主義では、敵対する政党の脅威というものが常にある。彼らはいかなる場合においてもこちらを倒そうとしているのだ。そして独裁者にとっては、あまりにも多くの政策ミスを重ねれば、自分の命運が銃殺隊の前で終わることになる可能性が比較的高い。

無論、ほとんどの政治家はこのような生活を――そのほとんどを――生き甲斐にしている。さもなくば政治家などやってられないだろう。多くの指導者は政治家人生の「切った張った」の疑似暴力を愛していると主張している。だがこの種の感情的消耗を何年も、あるいは何十年も続けて、何らネガティヴな作用を示さないでいられるのは稀な人間である。

これらの中で最悪なのは、何世紀もの間に数えきれぬほどの残虐行為の原因ともなってきたものだが、正しい行動を選択しうるのは自分たち――指導者――のみだという妄想である。無論、大方の場合、それこそがリーダーシップの本質である。この種の自信を備えているという事実こそ、しばしばわれわれ、すなわち庶民が彼らに権威を委任した理由なのだ。だが権力、孤独、そして絶え間なく続く「事件」のプレッシャーが組み合わさると、時には悲惨な決断が下されることとなる。そしてもしも問題の指導者が弱みや躊躇を見せられないと感じたならば、その政策を継続せねばならないと感じるかもしれない、それが破局への道であることが明らかになった後でも。

無論、この場合の「指導者」とは集団である場合もある。たぶん大臣たちによる「閣議決定」だろう。二〇〇三年に合衆国／連合王国のイラク侵攻をもたらしたそれのような。あるいは個々の指導者たちの継承かもしれない。一九六〇年代から一九七〇年代初頭に掛けてヴェトナム戦争へのアメリカの介入を継続した三人の合衆国大統領のように。二つの例を挙げたが、いずれも彼らの決断の全てが悲惨なものであったというわけでは決してない。そして彼らの全体的な意図が穏健で人道的なものであったことはほぼ確実である（コメディアンのスパイク・ミリガンは言った、「ヒトラーだって悪気は無かったんだ」）。だが歴史はますます彼らの全般的な政策を悲惨とみなすようになって来ている。双方の人々を殺し不具にしたことと、究極的には彼らのリーダーシップが支持しようとしていた大義のためである。

別の例を挙げよう。強制収容所というものを発明したのは大英帝国である。一八九九年から一九〇二年に南アフリカで戦われた第二次ボーア戦争時のことだ。その政策は元々、広大な敵意のある領域に薄く展開する反抗的な人々を統制することにあった。農地を焼き、捕えた民間人――ボーア人と黒人——を強制収容所に移住させることは、叛乱鎮圧のための賢明でかなり人道的な措置と思われた。だが収容されたのは主として非戦闘員である女子供——男たちはライフルを持って身を隠した——で、収容所自体、運営の面でも補給の面でも全くの無能だった。そこでゲリラ戦は収まらず、強制収容所では二万六〇〇〇人が飢えと病で死んだ。

英国政府は、この悲惨な強制収容所の話がマスコミによって世界に報道された時の衝撃と怒りをやり過ごした——その無慈悲で無能な政策を終戦まで継続する程度には。だがこの収容所が大英帝国のイメージにもたらした長期的なダメージは計り知れない。敵国は英国の非人間性をここぞとばかりに宣伝した。同盟国はうんざりし、幻滅した。そして帝国の「被支配民族」は、自分たちも英国から離脱しようとすればあんな無慈悲な目に遭わされるのかと訝った。ボーア戦争の強制収容所政策は大英帝国の最終的な崩壊の促進に大いに役立った。

マキャヴェッリの『君主論』の主要語句は——

必要やむを得ぬ場合の戦争は正しく、他に何らの望みがない場合、武器もまた神聖である。*3

彼はこれを純粋に信じていたのか、それともメディチ家が聞きたがりそうなことを書いたのか、それとも彼らの狭量な自己正当化を諷刺していたのか。マキャヴェッリはここで、リーダーシップ思考の主要要素を指摘している。何であれ、自分がしていることは絶対的に必要なことだという不動の信念である。ゆえに指導者の言う最も良くある言い訳はこれなのだ、「心苦しい決断だった、だがそれ以外に選択肢はなかった」。

例えばガリレオ・ガリレイ。一六三三年に異端審問の前に引き出され「拷問具を見せられた」。これに恐れを為した彼は、地球は宇宙の中心ではなく実際には太陽の周りを回っていることを証明した自らの研究を撤回する。カトリック教会の指導者たちは（非公式には）ガリレオが正しいということをよく知っていた。だが彼の地動説は彼らにとっては不都合な真実であった。こと天文学の分野において聖書と教会の教えが正しくないということを示すことによって、彼は彼らの権威を切り崩した。まさに教会が持てる名声の全てを動員せねばならないという時に。

これは当時においては正しかった。プロテスタンティズムを粉砕、もしくは少なくとも併呑しようとするカトリック・ヨーロッパの野蛮な三十年戦争の最中にあっては。さらに、教養ある商人階級が勃興し、支配階級の貴族の権力を脅かす社会経済革命の最中でもあった。教会の権威、権力、収入は既存の秩序に懸かっていたが、それは揺れ動いていた。ガリレオを痛め付けて自説を撤回させた教皇ウルバヌス八世と枢機卿たちは――彼ら自身にも解っていた通り――悪を為していたが、それはさらに強大な悪に対抗するためであった。

だがプロテスタンティズムは敗北せず、貴族たちは商人との権力争いに敗れ続けた――資本主義の勃興による封建主義の崩壊である。教会は――真実を犠牲にしてカトリック諸国における真理の最終権威の地位を保持を図る――賭けに負けた。今日まで教会はほとんど四〇〇年にわたって、科学研究を無慈悲かつ偽善的に弾圧しようとした決断を嘲笑されている。ガリレオの撤回以前、教会は科学の味方でありパトロンであると見做されていた。そしてもしも自らの教条主義を改革し新たな学問を受

＊3　Niccolo Machiavelli, *The Prince* (Chapter 26)

け入れていれば、それはその後も続いていただろう。だが教会はそうしなかった、そして宗教と科学はそれ以来、ますます異なる道を歩んでいると見做されている。

無論、苦しい決断をする指導者たち――例えば可哀想なウルバヌス八世――にはほとんど常に悪気はない。必要に迫られてやむなくやったのだと感じている。だが意図的に何らかの恐るべきこと――たとえば、真実を隠蔽する、他国を征服する、丸腰の抗議団体への発砲を命ずる、一つの人種集団を丸ごと抹殺しようと試みる――を命ずる決断は、常に将来の世代から疑問を突きつけられる。そして一般的に彼らはその恐るべきことを不要であり不正であるとみなすのである、至極当然のことながら。

An End to Murder by Colin Wilson and Damon Wilson
Copyright © 2015 by Colin Wilson and Damon Wilson
First published in the English language in the United Kingdom in 2015 by Robinson,
an imprint of the Little, Brown Book Group, London
Japanese translation rights arranged with Little, Brown Book Group Limited, London
through Tuttle-Mori Agency, Inc., Tokyo

殺人の人類史　上

2016年12月1日　第1刷印刷
2016年12月15日　第1刷発行

著者――コリン・ウィルソン＋デイモン・ウィルソン
訳者――松田和也

発行人――清水一人
発行所――青土社
〒101-0051　東京都千代田区神田神保町1-29　市瀬ビル
［電話］03-3291-9831（編集）　03-3294-7829（営業）
［振替］00190-7-192955

印刷所――ディグ（本文）
方英社（カバー・表紙・扉）
製本――小泉製本

装幀――高麗隆彦

Printed in Japan
ISBN978-4-7917-6961-2　C0000